Les grands ministres qui ont fait la France

Sous la direction de
Jean-Christian Petitfils

Les grands ministres qui ont fait la France

LE FIGARO HISTOIRE / PERRIN

92, avenue de France
75013 Paris
Tél. : 01 44 16 08 00

ISBN : 978-2-262-10777-2

Dépôt légal : octobre 2024

Mise en pages : Peter Vogelpoel

Sommaire

Avant-propos
par Jean-Christian PETITFILS 9

1. Suger (1080-1151). Premier ministre ?
par Éric BOURNAZEL 15

2. Guillaume de Nogaret (vers 1260-1313).
La mystique de l'autorité royale en action
par Philippe JOSSERAND 37

3. Jacques Cœur (vers 1395 / 1400-1456).
Un homme d'affaires au service de la royauté
par Didier LE FUR 51

4. Michel de L'Hospital (1503/1507-1573). La modération au pouvoir
par Jean-François SOLNON 63

5. Sully (1559-1641). Le ministre d'Henri IV
par Isabelle ARISTIDE-HASTIR 79

6. Richelieu (1585-1642). Le service de Dieu, la gloire du roi
et la grandeur de l'État
par Jean-Christian PETITFILS 97

7. Mazarin (1602-1661). Principal ministre
par Olivier PONCET 117

8. Jean-Baptiste Colbert (1619-1683).
Un révolutionnaire au Grand Siècle
par Jean-Christian PETITFILS 133

9. Guillaume Dubois (1656-1723). Le complice du Régent
par Thierry SARMANT 149

10. Choiseul (1719-1785). L'accoucheur de la France citoyenne
par Edmond DZIEMBOWSKI 163

11. Talleyrand (1754-1838). Ministre et traître ?
par Charles-Éloi VIAL ... 181

12. François Guizot (1787-1874). Le gouvernement de la raison
par Laurent THEIS ... 199

13. Adolphe Thiers (1797-1877). Ses trois vies
par Georges VALANCE ... 215

14. Jules Ferry (1832-1893). Le progrès dans l'ordre
par Samuël TOMEI ... 233

15. Waldeck-Rousseau (1846-1904).
L'homme qu'on n'attendait pas
par Christophe BELLON ... 251

16. Georges Clemenceau (1841-1929).
Un ministre réformiste en milieu agité ou hostile
par Sylvie BRODZIAK ... 269

17. Aristide Briand (1862-1932). Le pèlerin de la paix
par Jean-Yves LE NAOUR ... 289

18. Léon Blum (1872-1950).
Le premier socialiste à la tête d'un gouvernement
par Jean-Numa DUCANGE ... 305

19. Robert Schuman (1886-1963). L'horizon européen
par Jean-Pierre RIOUX ... 321

20. Antoine Pinay (1891-1994). La politique de la confiance
par Sylvie GUILLAUME ... 335

21. Pierre Mendès France (1907-1982). Un grand destin inachevé
par Éric ROUSSEL ... 351

22. Georges Pompidou (1911-1974). L'héritier
par Arnaud TEYSSIER ... 365

Notices biographiques ... 385

Avant-propos

Vieux pays « venu du fond des âges », éprouvé de siècle en siècle par les ressacs et les stridences de l'Histoire, secoué de fièvres insurrectionnelles, meurtri par les combats fratricides et les luttes intestines, fracturé par les guerres civiles et les révolutions, en butte de surcroît à de périodiques invasions dévastatrices, la France a été l'œuvre de la volonté humaine plus que le produit de la géographie.

Même si elle plonge ses racines dans la spiritualité du baptême de Clovis et l'héritage culturel de l'Empire carolingien, elle n'apparaît en vérité qu'au traité de Verdun en 843 avec le démembrement de l'immense territoire du légendaire empereur « à la barbe fleurie » et son partage entre ses petits-enfants, Charles II le Chauve, Lothaire Ier et Louis II le Germanique. Telle fut la *Francia occidentalis,* lointaine préfiguration de la France actuelle, qui disposait d'un territoire – étroit, mais allant tout de même des Flandres aux Pyrénées, de la Bretagne à la Meuse –, d'une frontière difficile à défendre et d'un embryon de pouvoir central, extraordinairement affaibli par la multiplication des souverainetés et des grandes seigneuries féodales. Ce fut d'abord l'ambition de ses rois – les derniers Carolingiens et surtout les Capétiens, directs et indirects – d'accroître pièce à pièce leurs domaines propres et d'étendre leur suzeraineté, puis leur autorité sur le reste du royaume, tout en cherchant à accroître celui-ci par des alliances matrimoniales ou des guerres de conquête. Le sentiment national ne naîtra qu'à la bataille de Bouvines (27 juillet 1214), et encore pour la partie nord du royaume seulement. Quant à la langue unificatrice, le français, son rôle n'apparaîtra que plus tard.

Pour la direction des affaires, les rois prirent l'habitude de tenir conseil avec leurs proches : princes du sang, cardinaux et archevêques, grands officiers de la Couronne, puissants vassaux, invitant même à la table des délibérations quelques légistes bourgeois. Ce Conseil, d'abord informel, aux attributions trop vastes, se délesta, à partir de Philippe le Bel, de deux cours autonomes, le Parlement et la Chambre des comptes, puis, sous Louis XI, du Grand Conseil, constitué pour les procès réservés, tandis que le pouvoir gouvernemental proprement dit conserva le choix des principales orientations intérieures et extérieures.

Ce Conseil qui changea plusieurs fois de nom – Conseil des affaires, Conseil étroit, Conseil d'en haut à partir de 1643 (parce qu'il se tenait au premier étage des résidences royales), Conseil d'État... – était le lieu où siégeaient les ministres, « hommes publics chargés des principales fonctions du gouvernement », selon la définition du Littré. Avant même de diriger des départements ministériels – cette tâche incomba d'abord à des secrétaires d'État spécialisés : Affaires étrangères, Guerre, Maison du roi, Marine, Religion prétendue réformée –, ces hommes étaient, étymologiquement et politiquement, des « serviteurs » (du latin *minister*, le serviteur), le souverain conservant seul le pouvoir de décision.

Ils ont donc servi la monarchie de droit divin puis, après la révolution de 1789, se sont adaptés aux autres formes de gouvernement : Directoire, Consulat, Premier Empire, Restauration, monarchie de Juillet, IIe République, Second Empire, IIIe République, État français, IVe et Ve Républiques. Leurs prérogatives ont évolué sensiblement au fil du temps. Rarement isolés face au chef de l'État, ils faisaient partie généralement d'un cabinet ministériel placé, à plusieurs reprises, sous la responsabilité d'un unique chef d'orchestre : principal ministre au temps de l'Ancien Régime, président du Conseil sous la Restauration, la monarchie de Juillet, les IIIe et IVe Républiques, Premier ministre sous la Ve.

Parmi ces ministres il y en eut de grands, voire de très grands, qui ont travaillé au développement et au rayonnement de la France, avec un dévouement sans bornes, quels que fussent par ailleurs leurs défauts, leur soif de pouvoir, d'honneurs ou d'argent. Clercs ou laïques, nobles ou bourgeois sous la royauté, hommes de droite ou de gauche, cléricaux ou anticléricaux sous la République, honnêtes ou machiavéliens, marqués par la fibre patriotique ou la fibre sociale, tous ont eu le sens de l'État et de l'intérêt général, le désir de peser sur le destin des Français. Au rebours de certains politiciens à courte vue, n'ayant laissé aucune trace de leur passage, ils ont su faire preuve de force de caractère et de volontarisme, cherchant à répondre aux aspirations de leur époque ou, mieux encore, à les anticiper, au risque d'endurer de leur vivant d'immenses vagues d'impopularité.

La galerie des vingt-deux ministres à laquelle nous nous sommes arrêtés surprendra peut-être certains, en choquera d'autres, en raison de leurs préférences personnelles. À l'extrême gauche, on s'exaspérera sûrement d'y voir figurer Adolphe Thiers, le « fusilleur de la Commune », qui fut aussi le « Libérateur du territoire » et le premier président de la IIIe République ; à l'extrême droite, la personnalité de Léon Blum, victime en février 1936 d'une tentative de lynchage de la part des Camelots du roi, provoquera sans doute plus que des agacements. Quant à François Guizot, sa mémoire souffre encore de la flétrissure des marxistes de tout poil pour son « Enrichissez-vous par le travail et par l'épargne », symbole capitaliste de la décadence bourgeoise ! À la vérité, le critère de sélection ne réside pas dans une approche subjective, mais dans l'œuvre accomplie. Or, tous ont bien servi le pays dans sa longue marche à travers les siècles par plus d'indépendance et d'émancipation. C'est grâce à ces hommes dévoués, autant qu'aux rois ou aux présidents de la République, aux grands chefs militaires ou aux grands artistes, que la France est devenue ce qu'elle est.

Ce livre se voulant avant tout œuvre d'histoire, il a été jugé préférable d'exclure la période immédiatement contemporaine, en respectant la règle prudentielle des cinquante ans. Il faut en effet « laisser du temps au temps », selon la formule mitterrandienne, de façon que s'opèrent la sélection, la réévaluation des postures et des êtres, tant les ressorts de l'admiration ont besoin d'un certain recul.

On s'est arrêté en 1974 à la mort de Georges Pompidou, qui fut à la fois un grand Premier ministre et un grand président, qui porta le pays à un degré de prospérité inégalé. On ne s'étonnera pas en conséquence que ne soient évoqués ici ni Valéry Giscard d'Estaing, ni Jacques Chirac ni François Mitterrand, même si leurs carrières ministérielles sont en partie antérieures, ni *a fortiori* Michel Rocard, Simone Veil ou Nicolas Sarkozy. Pour traiter des vingt-deux figures retenues, les meilleurs spécialistes, universitaires, archivistes paléographes, historiens, chercheurs de renom ont été choisis en fonction de leur spécialité :

L'abbé Suger a été traité par Éric Bournazel, **Guillaume de Nogaret** par Philippe Josserand, **Michel de L'Hospital** par Jean-François Solnon, **Jacques Cœur** par Didier Le Fur, **Sully** par Isabelle Aristide-Hastir, **Mazarin** par Olivier Poncet, **le cardinal Dubois** par Thierry Sarmant, **Choiseul** par Edmond Dziembowski, **Talleyrand** par Charles-Éloi Vial, **Guizot** par Laurent Theis, **Thiers** par Georges Valance, **Jules Ferry** par Samuël Tomei, **Waldeck-Rousseau** par Christophe Bellon,

Clemenceau par Sylvie Brodziak, **Briand** par Jean-Yves Le Naour, **Blum** par Jean-Numa Ducange, **Schuman** par Jean-Pierre Rioux, **Mendès France** par Éric Roussel, **Pinay** par Sylvie Guillaume, **Pompidou** par Arnaud Teyssier. Nous nous sommes chargé, pour notre part, des chapitres consacrés à deux « monstres » de l'Ancien Régime : **Richelieu** et **Colbert**.

Assurément, il y eut d'autres grands ministres. On pense, pour la période ancienne, au cardinal d'Amboise, principal conseiller de Louis XII, à Louvois, à Turgot, à Calonne ou, pour la Restauration, à Armand Emmanuel Du Plessis, duc de Richelieu. Leurs noms n'ont pas été retenus comme ceux de quelques autres plus proches de nous, non qu'ils aient démérité, mais on a préféré, dans la limite de ce volume, s'arrêter aux plus caractéristiques d'entre eux.

Précisons enfin qu'il ne s'agit pas ici d'un travail de science politique destiné à établir à travers les âges une typologie des pouvoirs ministériels et de l'étendue des prérogatives des ministres en fonction des systèmes politiques globaux, mais d'un ouvrage qui, tout en s'adressant à un large public, traite le plus sérieusement possible aussi bien de la personnalité extrêmement différente de ces hommes que de la richesse de leurs réalisations.

*

Mes remerciements les plus chaleureux vont à Benoît Yvert, directeur général des éditions Perrin, à son adjoint Christophe Parry, directeur éditorial, qui ont permis la parution de ce livre sans équivalent dans l'historiographie française, et bien sûr à mon ami Laurent Theis, qui a mis, comme d'habitude, sa vaste culture et sa stimulante sagacité au service du travail éditorial.

Jean-Christian Petitfils

1

Suger (1080-1151)

Premier ministre ?

par Éric BOURNAZEL

Suger est un personnage complexe, tour à tour voué à l'état religieux : oblat, moine et enfin abbé (1122), gestionnaire du vaste patrimoine de l'abbaye de Saint-Denis, apôtre de l'art gothique et, dans le même temps, dédié à la vie séculière, courtisane : compagnon, familier puis conseiller, voire ministre des rois Louis VI (1108-1137) et Louis VII (1137-1180), dont il fut le régent du royaume durant la deuxième croisade (1147-1149). Il tient une place unique dans l'histoire de France dont il fut à la fois l'acteur engagé et le narrateur intéressé.

Suger est issu d'une famille de gros paysans apparentés à la petite chevalerie, possessionnés à Chennevières-lès-Louvres sur des dépendances dionysiennes. Ils sont apparentés à la puissante famille de Garlande, qui domine l'entourage royal sous le règne de Louis VI. À peine âgé de dix ans, l'enfant Suger, en qualité d'oblat, a été « donné... (par son père) au Seigneur », à Saint-Denis, afin d'y être élevé dans la profession de moine. Il fut admis à la maison de l'Estrée, non loin de l'église abbatiale, pour y acquérir une culture « orientée… vers l'explication de la sainte Écriture et l'apprentissage de la prière », avec l'étude du latin et du calcul et, plus tard, de la grammaire et de la rhétorique. Suger a acquis une vaste érudition qui maîtrise les Écritures dans toutes leurs expressions et les œuvres patristiques des premiers siècles ; il cultive la littérature latine classique, et ne dédaigne pas les poètes : Horace, Juvénal, Térence, Lucain, Ovide, dont il connaît de larges extraits. Surtout, il est très attaché à l'important fonds d'archives de l'abbaye. Ses goûts le portent vers l'histoire et tous ces traités, réunis dans la très riche bibliothèque, relatant la vie de saint Denis ou la geste des rois des Francs, bienfaiteurs de l'abbaye, Dagobert, Charlemagne, Louis le Pieux ou Charles le Chauve. Il y ajoutera, pour les Capétiens, sa contribution en écrivant, entre 1137 et 1143, *La Geste de Louis* (VI) *le Gros* que prolongera une *Histoire de Louis VII*, inachevée à cause de la mort de son auteur.

L'abbé est un excellent administrateur qui, en 1144-1145, consacrera tout un traité, *De administratione*, à sa gestion des immenses possessions de Saint-Denis. Cette œuvre sera couronnée par « la reconstruction (progressive) du monastère et de l'abbatiale de Saint-Denis », entreprise vers 1129, dont la consécration finale, en juin 1144, fera l'objet d'un second traité, *Écrit sur la consécration de l'église de Saint-Denis*, relatant les miracles qui ont permis d'orchestrer, dans la pierre et « le nouveau style ogival », une « théologie (gothique) de la Lumière ». Outre son testament, rédigé en 1137, nous disposons de chartes ou de diplômes dont il a été l'auteur ou à l'origine, et d'une correspondance avec les principaux acteurs de la vie religieuse ou politique de son temps. Ces documents peuvent être complétés par la

Vie de Suger, l'ouvrage que Guillaume, moine bibliothécaire de Saint-Denis, admirateur du défunt abbé, lui a consacré.

À leur avènement, Louis VI et Louis VII sont entourés d'une bande de jeunes chevaliers, pas encore établis, et de clercs, appartenant au même milieu chevaleresque, voire de plus humble extrace encore. Souvent, ce sont des cadets de famille issus des villes et des gros châteaux que le roi possède ou contrôle au cœur de l'Île-de-France. Certains exercent au palais des fonctions de grands officiers : chancelier, sénéchal, chambrier, bouteiller, connétable ; d'autres occupent de moindres offices : chapelains, clercs de la chancellerie, chambellans, échansons, simples chevaliers. L'ensemble constitue la « mesnie royale / *familia regis* », la suite du Capétien qui l'accompagne dans ses déplacements, forme ses maigres troupes et l'assiste dans ses choix politiques. Admis dans ce cénacle, le moine Suger saura y demeurer d'un règne à l'autre, gagnant la confiance et l'amitié du roi, au point d'apparaître comme l'un des principaux ministres, voire le premier et principal inspirateur de l'un et l'autre Capétien, père et fils.

L'apprentissage du pouvoir

Le moine Suger a fait ses premières armes, sous la direction de l'abbé Adam (1094-1122), au sein de cette école d'administration un peu particulière que constitue la gestion domaniale de Saint-Denis. L'abbaye apparaît comme une organisation hiérarchisée de domaines / *villae* et sous-domaines / prévôtés, obédiences, confiés à des administrateurs locaux contrôlés par le pouvoir capétien. Leur fonction est de pourvoir aux besoins des moines et du monastère et aussi de servir à l'entretien des contingents de vassaux royaux qui y sont stationnés, à charge pour eux de fournir au roi l'ost ou la chevauchée : le service guerrier que les chevaliers doivent à leur seigneur. De la gestion monastique au gouvernement royal, la voie de Suger était toute tracée.

L'administration monastique

En ces périodes troublées, les nombreux domaines qui constituent le patrimoine des grands établissements religieux sont souvent en butte aux convoitises des châtelains voisins. Saint-Denis n'y échappe pas qui doit périodiquement s'employer à remettre de l'ordre dans ses possessions. Au seuil du XIIe siècle, l'abbé Adam s'attaque à cette œuvre de redressement, mettant à contribution le moine Suger, dont il connaît les qualités. En mars 1107, à La Charité-sur-Loire, le jeune homme s'est déjà illustré en défendant contre l'évêque de Paris, Galon, les intérêts du monastère auprès du pape Pascal II. Avec son abbé, il a accompagné le pontife à Châlons-sur-Marne pour y rencontrer les envoyés de l'empereur d'Allemagne, Henri V.

Dès 1107, Suger se voit confier l'« administration / *obedientia* » de la prévôté de Berneval, au pays de Caux, en proie aux empiétements des officiers du duc normand Henri Ier Beauclerc, roi d'Angleterre (1100-1135). Le jeune prévôt y fait triompher la voie du droit, après de « multiples procès ». En 1109, véritable promotion, Suger est affecté, en qualité de prévôt, à la gestion de Toury, un « chef-domaine » à la tête d'autres *villae*, au cœur de la Beauce. La prévôté, naguère prospère, subit les exactions de son puissant voisin Hugues, sire du Puiset, et de ses sbires qui pillent les réserves paysannes et dépouillent les tenanciers. Un véritable vent de révolte s'est levé, portant l'affaire devant la justice du roi. Durant le mois de juin 1111, Louis VI se rend à Toury pour faire exécuter le jugement de sa cour, portant confiscation des biens d'Hugues. Au siège qui s'ensuit du Puiset, le jeune moine n'hésite pas à participer, en confectionnant « des chars chargés de bois secs enduits de graisse et de sang coagulé » prompts à déclencher les incendies destinés à consumer les portes. Acculé dans sa tour, Hugues ne tarde pas à se rendre.

Durant son abbatiat, Suger continuera de s'occuper personnellement de la gestion du patrimoine dionysien, s'attachant à l'accroître à chaque occasion. Une de ses prises majeures sera la récupération du prieuré d'Argenteuil qui, dès le temps du roi Pépin, avait appartenu à Saint-Denis. Charlemagne y avait établi des moniales avec, à leur tête, sa fille Théodrade. À la mort de celle-ci, le prieuré aurait dû retourner à Saint-Denis, mais les troubles du règne de Louis le Pieux l'avaient empêché. Fort de son dossier, Suger a obtenu de la papauté, en 1129, l'expulsion des religieuses d'Argenteuil que justifiaient la stricte application du droit et le « scandale » que constituait « leur mauvaise vie ». Il en profitait pour régler ses comptes avec Abélard dont la « sœur dans le Christ », Héloïse, était la prieure du couvent. La mère supérieure et ses nonnes furent recueillies au Paraclet, en Champagne, un oratoire fondé par Abélard en 1122. Cette récupération procura à l'abbé de Saint-Denis un bénéfice considérable qui lui permit de financer les travaux gigantesques de rénovation du monastère et de l'abbatiale.

Cette activité inspira à Suger le traité, *De administratione*, sur sa « gestion domaniale », rédigé en 1144-1145 en forme d'autocélébration, sans se soucier de rendre hommage à ses prédécesseurs, à commencer par Adam, auquel il devait tant. Autour de lui, on soulignera que cette immense œuvre administrative ne l'a jamais détourné du service du roi : « il s'acquittait de l'un et l'autre office de telle manière que la cour n'empêchait pas les devoirs du cloître et que le monastère ne l'éloignait pas des conseils royaux ».

La compagnie royale

Dans la tradition carolingienne, le Capétien continue de réunir de grandes assemblées, rassemblant les principaux dignitaires du royaume. Mais la réalité du gouvernement est ailleurs, au niveau de la mesnie royale, le premier cercle des familiers dont certains deviendront les conseillers du roi.

L'arrivée de Suger dans l'entourage royal date de 1118. Certes, il a pu y faire auparavant des apparitions et son nom figurer dans quelques actes en qualité de souscripteur ou de témoin. En juin 1106, il représente Saint-Denis au concile de Poitiers, ce qui implique l'autorisation du Capétien. En mars 1107, Philippe Ier l'envoie à La Charité-sur-Loire accueillir Pascal II, qu'il accompagne à Châlons-en-Champagne. En novembre 1118, Louis VI le dépêche à Maguelone pour obtenir du pape Gélase II une rencontre avec le roi à Vézelay. En ce temps-là, les Garlande dominent le palais capétien. La charge la plus importante, le sénéchalat, est détenue (1120-1127) par le clerc Étienne de Garlande qui y a succédé à son frère Guillaume (1118-1120) – lui-même successeur de son aîné Anseau (av. 1104-1118) – et cumulera cette dignité avec la charge de chancelier, détenue depuis 1106 et exercée jusqu'en 1127, alors qu'un autre de leurs frères, Gilbert, tient l'office de bouteiller (1112-1127). Eu égard à une telle emprise, l'admission de Suger au sein du palais et sa carrière dans la familiarité royale n'ont pas pu se faire sans le concours des Garlande, d'autant qu'il leur est apparenté.

Dans sa *Geste du roi Louis VI*, Suger ne tarit pas d'éloges sur les exploits guerriers des sénéchaux Anseau et Guillaume. Lorsqu'il évoque la querelle opposant, en 1127, le Capétien à son intrigant chancelier qui prétendait à l'hérédité du sénéchalat, et la disgrâce qui s'ensuivit, l'abbé se garde bien d'accabler son ancien mentor.

À partir de 1118, les diplômes royaux accordés à Saint-Denis sont désormais rédigés par les moines eux-mêmes, sur les conseils de Suger, et parfois de sa main. Étienne, toutefois, conserve la haute main sur la chancellerie et son emprise sur le gouvernement est totale. Elle sera même déterminante pour faire accepter à Louis VI l'élection abbatiale de Suger, en 1122, opérée « sans consulter le roi ». De son côté, l'abbé saura se laisser convaincre par le chancelier-sénéchal d'autoriser Pierre Abélard, alors moine de Saint-Denis, à résider où il le souhaitait. Suger se souviendra de ce qu'il devait à Étienne : à la fin de 1132, Garlande retrouve la charge de chancelier. Quant au sénéchalat, il avait été très vite attribué au comte Raoul de Vermandois, cousin germain du roi.

L'appartenance à la mesnie royale est source de profits. Comme son ami Étienne de Garlande, Suger a su se constituer un solide patrimoine, sans commune mesure avec la modestie supposée de ses origines. Dans les années 1130, il achète une maison à Paris, près de la porte Saint-Merry, afin de se rapprocher du palais, au cœur de la Cité. Les legs contenus dans son testament donnent une idée de sa richesse. Il offre à l'Église de Paris de superbes vitraux. Durant la croisade, le régent Suger, « pour qu'il ne manque rien à l'honneur du royaume », restaura les demeures et fortifications royales, et versa aux chevaliers les soldes et cadeaux coutumiers. « Tout cela, il le paya de sa propre munificence, sans le prendre sur le trésor royal ou sur le bien public ». Surtout, l'abbé a consciencieusement thésaurisé pour le compte de Saint-Denis et la seule contemplation de tous ces trésors suffit à le plonger dans des états extatiques.

Ce qui caractérise, à la fin du règne de Louis VI, le gouvernement capétien, c'est son aspect collectif. La réalité du pouvoir est aux mains des familiers les plus proches, devenus ses « conseillers » attitrés dont certains, à l'instar de Suger ou de Raoul de Vermandois, interviennent aussi en qualité d'amis, « très rare[s] » ou « très cher[s] ». Avec le temps, ces réunions informelles où le Capétien s'abandonne, au milieu des siens, plaisantant sur son manque chronique de moyens financiers, « Nous, en France, nous n'avons rien... si ce n'est du pain, du vin et de la joie ! » ou déplorant les méfaits de l'âge et de l'obésité, « Si jeune, en effet, j'avais su, ou si du moins vieux je pouvais... », mais aussi délibère sur les affaires en cours ou à venir, arrêtant les décisions ou octroyant les diplômes, se sont institutionnalisées. L'existence de « conseillers » va de pair avec la naissance d'un véritable « Conseil », exprimé par les formulaires de la chancellerie : « après avoir tenu conseil avec ses familiers ». Ainsi en est-il de ce diplôme clef – rédigé par l'abbé – accordé en 1124 par Louis VI à Saint-Denis, « en présence du vénérable abbé Suger... fidèle et familier en nos conseils ».

En octobre 1131, lorsque le fils aîné de Louis VI, Philippe, meurt dans les rues de Paris d'une chute de cheval, ce sont ces mêmes conseillers, « intimes et familiers », qui, arrachant le roi à sa douleur, l'incitent à faire sacrer au plus vite son puîné Louis (VII) à Reims pour préserver ses droits dynastiques. En 1137, c'est « après avoir tenu conseil avec ses familiers » que Louis VI, à la veille de sa mort, accepta l'alliance que lui proposait le défunt duc d'Aquitaine, Guillaume X, comte de Poitiers, avec le mariage de leurs enfants respectifs : le prince et roi désigné Louis et la princesse Aliénor, l'héritière du duché ainsi réuni au domaine de la Couronne. Depuis son palais, au sein de sa maisonnée, le vieux roi organisa « un noble cortège d'apparat » pour conduire son fils à Bordeaux où il sera couronné duc d'Aquitaine par son mariage, sous le commandement du comte palatin Thibaud de Blois-Champagne et du sénéchal Raoul de Vermandois. Sont également du voyage quelques familiers, dont naturellement Suger : le conseiller par excellence parmi les conseillers, celui « sans qui les rois (Louis VI et Louis VII) ne tenaient aucun conseil ».

Un conseiller écouté

L'association de Louis (VII) le jeune au trône par Louis VI, le 25 octobre 1131 à Reims, resta « faussement collégiale », car le vieux roi, jusqu'à sa mort le 1er août 1137, continua de gouverner avec ses fidèles conseillers, dont Suger, dévoué à l'un et l'autre Capétien, qui admirent sa force d'âme et son sens de la majesté royale. Au demeurant, nous ne savons rien de la manière dont le prince Louis a été initié politiquement et si l'abbé y a réellement participé.

« L'âme du Conseil »

Au début du règne de Louis VII, invoquant l'intérêt de la majesté royale, Suger n'hésite pas à intervenir dans le conflit qui oppose le jeune roi à sa mère, Adélaïde de Savoie. La reine mère, dans sa « légèreté féminine » et par esprit de lucre, craint d'être ruinée par les « libéralités » consenties par son fils aux nécessités du gouvernement. Soutenue par le sénéchal Raoul de Vermandois, elle exige d'être mise en possession de son douaire, le palais royal de Compiègne, afin de pouvoir s'y retirer « loin des tracas du royaume ». Un double départ salué par Suger en ces termes : « Vous pouvez répudier la France, elle ne manquera jamais de prétendants », qui consacrent la prééminence conservée, en 1137-1138, par l'abbé et ceux de la vieille garde palatine qui se considèrent comme « les débiteurs du royaume » au titre des « bienfaits » reçus du feu roi.

L'influence de Suger se retrouve dans la politique d'alliance avec le comte Thibaud de Blois-Champagne qui prolongeait le renversement amorcé par Louis VI dès 1136, en faisant du trop puissant vassal et adversaire d'hier le désormais « protecteur » du jeune roi. Le comte accepta un temps de jouer ce rôle, mais la composition ne lui convient guère. En septembre 1138, les habitants de Poitiers, capitale du duché d'Aquitaine, se constituent en commune, bravant l'autorité de leur nouveau duc ; à la révolte bourgeoise qui gagne d'autres cités s'ajoute la rébellion châtelaine en Poitou et en Vendée. Sommé par Louis VII de lui apporter l'aide de son ost, Thibaud se dérobe en arguant qu'il lui faut obtenir « le conseil de ses propres barons », ce qui n'était pas faux… mais permettait de gagner du temps et de ne rien fournir. L'abbé, envoyé par le roi négocier, n'obtiendra pas davantage.

« Sur le conseil de Suger et de quelques amis », le roi, sur ses biens propres, leva une troupe de deux cents chevaliers qui suffit à dissoudre la commune et à mater la révolte nobiliaire. Toutefois, cette fin d'année 1138 marque une réelle perte d'influence de l'abbé dans l'entourage royal, en voie de remaniement. Avec le temps, les anciens serviteurs de Louis VI finissent par disparaître, ainsi du vieux connétable Hugues de Chaumont, auquel succède Mathieu de Montmorency, le nouvel époux de la reine mère Adélaïde. Raoul de Vermandois, de retour dans la proximité du roi, y recouvre sa charge de sénéchal. En 1139, Algrin, proche de Suger, perd la chancellerie au profit du clerc berrichon Cadurc, cependant qu'à partir de 1141, l'influence de la jeune reine Aliénor se fait sentir sur le roi comme en son Conseil, au grand désespoir du très misogyne abbé de Saint-Denis.

Au sein du gouvernement capétien se forge une sorte de clivage entre les « faucons », l'aile dure réunie autour de Raoul de Vermandois, et les « colombes », dont Suger, Algrin et Joscelin, l'évêque de Soissons, défenseurs de la modération et du compromis, auxquels il faut ajouter le très ambigu saint Bernard. Pourtant, durant cette première partie de son règne, jusqu'au 22 avril 1144, Louis VII, trop souvent présenté comme bigot et irrésolu, va manifester de réelles aptitudes à l'exercice de la dignité royale, face à ses grands vassaux et surtout face à la papauté qui n'arrivent pas à prendre au sérieux cet « enfant roi ». Ainsi en est-il de son obstination à obtenir le service d'ost et accessoirement de conseil auquel s'est engagé, avec la caution de Suger, Thibaud de Blois-Champagne, qui pousse le Capétien à se lancer seul dans un raid hasardeux, mais victorieux, sur le Poitou, en octobre 1138. Il renouvellera ses exploits guerriers en 1142-1143, cette fois aux dépens de la Champagne, pour se venger du comte palatin, qui a refusé de le suivre dans ses revendications sur le comté de Toulouse. Assiégé dans son château de Vitry, Thibaud a dû accepter les conditions de paix formulées par Suger et Joscelin de Soissons.

En 1141, une forme d'union se constitue dans l'entourage capétien, pour définir les prérogatives royales dans l'élection de l'évêque de Poitiers, contre les prétentions du souverain pontife soutenu par saint Bernard. Mais, cette même année, Suger et les modérés sont mis en échec par l'obstination du jeune roi, appuyé par Aliénor et le clan Vermandois, à imposer sur le siège épiscopal de Bourges le chancelier Cadurc. Après l'élection, le 24 septembre 1143, d'un nouveau pape, Célestin II, l'apaisement revient au palais durant l'année 1144 qui consacre l'influence retrouvée de Suger au sein du Conseil. Dans le même temps, Louis VII obtient de Geoffroy d'Anjou la cession du château de Gisors, au cœur du Vexin normand, et l'hommage du comte pour la Normandie, dans le cadre d'une certaine conception féodale de la royauté conforme à l'image proposée par l'abbé.

Le 11 juin 1144, à Saint-Denis, Louis VII procède à la consécration solennelle de la nouvelle abbatiale : cet hymne de lumière élevé à la gloire de Dieu et en l'honneur de « Monseigneur Saint-Denis »... Et pour la plus grande gloire de celui qui en a été le promoteur inspiré.

Primus inter pares

Cette affirmation de l'autorité de Suger au sein du Conseil royal ne se démentira plus jusqu'à sa mort en 1151. Elle rejaillit aussi sur le roi et sur son couple, où la naissance en 1145 de Marie de France sera perçue comme un gage de cet apaisement retrouvé au sein de la maisonnée royale « pour le plus grand bien du royaume ». Toutefois, cette prépondérance de Suger sur le gouvernement capétien ne prendra tout son sens qu'en l'absence du roi – et aussi de la reine – durant la croisade, entre 1147 et 1149. L'initiative en revient à Louis VII, pour venir au secours des chrétiens d'Orient massacrés, le 24 décembre 1144, dans le comté d'Édesse, mais le vœu exprimé par le roi, lors de l'assemblée de Bourges l'année suivante, ne suscite guère d'intérêt chez les grands barons. Néanmoins, l'idée fait son chemin, à Vézelay tout d'abord en mars 1146, puis, en février 1147, à Étampes, où deux régents sont élus pour pourvoir au gouvernement du royaume : le vieux comte et fidèle de Louis VI Guillaume II de Nevers, qui, trop âgé, refuse, et Suger, qui lui n'acceptera que pour autant qu'il aura été également mandaté par la papauté, seule compétente en matière de croisade. Il obtiendra satisfaction des mains du pape Eugène III, le dimanche 20 avril, jour de Pâques, dans l'abbatiale restaurée de Saint-Denis, en présence de Louis VII, qui lui adjoindra « deux corégents » : Samson de Mauvoisin, archevêque de Reims, et le sénéchal Raoul de Vermandois.

Dès le départ du roi, en juin 1147, la triade tourne à l'avantage d'un seul. En droit comme en fait, Suger exerce la véritable régence, puisant dans la désignation pontificale une autorité renforcée, notamment pour les questions d'« ordre spirituel », sans pour autant cesser d'être l'« homme du roi ». Pour l'abbé, c'est « le très glorieux roi de France Louis qui, sur le conseil des archevêques, des évêques et des grands du royaume, avec l'assentiment du seigneur pape, lui a confié le soin de l'administration du royaume ». Dans ses lettres et jusque dans les diplômes royaux, il se présente comme un véritable « vice-roi », ou encore comme « lieutenant » ou « tenant lieu » de roi. Une des tâches du principal régent sera de pourvoir au financement de cette coûteuse entreprise. Pour y parvenir, il suscite le zèle des prévôts, mobilise les fonds publics pour les expédier outre-mer, ou puise dans le trésor du monastère, voire dans ses biens personnels.

« De par son office », l'abbé se sent investi d'une mission de protection du royaume. Les périodes d'interrègne sont celles de tous les dangers, aussi bien pour la paix du roi que pour celle de l'Église. Les désordres annoncés ne concernent plus seulement les exactions habituelles de la petite féodalité châtelaine. Ils se retrouvent dans les atteintes à la majesté et à l'autorité royales au plus haut niveau, aggravées par l'absence prolongée du Capétien qui en a poussé certains, parmi les plus puissants barons, à déserter la croisade. Le frère puîné de Louis VII, le comte de Dreux Robert, fâché avec son aîné, a regagné la France, où il complote ouvertement, avec le soutien du sénéchal Raoul de Vermandois et du chancelier Cadurc. Suger convoque à Soissons une assemblée réunissant archevêques, évêques et autres grands laïcs pour faire face à cette situation qui met en péril « le royaume et l'Église de Dieu », englobés en un même combat que réunissaient les deux glaives, temporel et spirituel.

L'office de l'abbé, en forme de ministère régalien, concerne également le roi sur le double corps duquel il lui appartient de veiller. Celui en majesté, dans la plénitude de ses prérogatives royales, qu'il sait rappeler à ses devoirs et aux risques que fait courir sa trop longue absence ; mais aussi le jeune homme, dans sa personne physique, qu'il incite à ne pas s'exposer plus longtemps, au mépris du « serment qu'il a prêté au royaume en recevant sa couronne », et auquel il demande de préserver son couple jusqu'à son retour. Dans la part apostolique qui lui revient, le régent Suger veille sur la régularité des élections religieuses, comme celle de Goslin à l'évêché de Chartres que, selon l'usage, il investira de son temporel (droit de régale) après que celui-ci aura « prêté fidélité au roi et au royaume ». Il procède aussi à la réforme de certains établissements religieux, ainsi pour l'église Notre-Dame de Paris, en proie aux disputes des chanoines, ou encore, en 1148, pour Sainte-Geneviève, afin d'y substituer des moines bénédictins aux chanoines séculiers.

En dépit de certaines résistances, le régent Suger a rempli sa mission. Guillaume, son biographe, insiste sur le rôle prééminent de l'abbé dans l'exercice de la régence : armé de son « double glaive, l'un matériel et royal, l'autre spirituel et ecclésiastique », il a su maintenir le royaume dans son intégrité ; tour à tour énergique ou conciliateur, il a suscité la reconnaissance à la fois du roi ou du pape et l'admiration des plus grands dans tous les ordres, en méritant « à toujours d'être appelé, tant par le peuple que par le prince : "Père de la Patrie" ». Louis VII, dès son retour, s'entretiendra en secret avec le seul Suger sur la situation du royaume et l'état de ses forces vives, compte tenu de certains bruits dont la rumeur lui était parvenue.

À partir de là, le rôle de l'abbé est pleinement confirmé dans le gouvernement capétien. Plus que jamais, il apparaît comme un conciliateur dédié à l'ordre et à la tranquillité du royaume. En juillet-août 1150, dans le cadre de la liquidation de la succession d'Henri Ier Beauclerc et sur fond de refus éventuel d'hommage, Suger prend l'initiative d'écrire à Geoffroy Plantagenêt, comte d'Anjou et duc de Normandie, ainsi qu'à son épouse, l'impératrice

Mathilde, pour déplorer la querelle qui les oppose au Capétien. Il incite le prince à retrouver « l'amour du seigneur roi, auquel il doit son titre », et à rechercher « la paix » tant qu'elle peut être établie, à savoir tant que Louis VII n'a pas conclu de traité avec les adversaires de l'Angevin. Parallèlement, l'abbé adresse une lettre au roi pour qu'il diffère l'expédition projetée contre Geoffroy, en subordonnant celle-ci au conseil que pourront lui donner les grands, au titre de leur fidélité « au royaume et à la couronne ». Sans tarder, Suger annonce à Geoffroy qu'avec l'appui du comte Thierry de Flandre, il a obtenu de Louis VII une trêve « pour traiter de la paix ».

Enfin, c'est dans le domaine religieux que Suger a conservé l'essentiel de ses prérogatives. Comme durant la croisade, c'est de lui « que les évêques élus obtiennent leur consécration et que les abbés sont ordonnés ». L'affaire la plus délicate est celle de la réformation, voulue par le roi et le pape, de la prestigieuse abbaye de Saint-Corneille de Compiègne, en y substituant des moines de Saint-Denis aux chanoines dont la vie était par trop dissolue, et en procédant à l'élection d'un nouvel abbé, Eudes de Deuil, qui a accompagné Louis VII lors de sa croisade et en écrira la narration. Cette réforme se heurte à l'opposition violente du trésorier du chapitre, Philippe, frère du roi, soutenu par la reine mère Adélaïde, dans le douaire de laquelle l'abbaye est située, et aussi d'Henri, évêque de Beauvais, cet autre frère de Louis VII, que l'abbé engage à ne rien entreprendre contre « le seigneur roi et la couronne à laquelle nous tous [...] sommes soumis par droit de fidélité ».

Cette mise en garde, en forme de rappel à l'ordre capétien, ne calma peut-être pas les esprits. Elle en dit long cependant sur l'idée que l'abbé de Saint-Denis se fait de la majesté royale et sur son sens éminemment politique.

L'ordre royal capétien

Suger n'est pas à proprement parler un théoricien ni même un penseur. C'est un acteur de la vie politique qui, par sa culture, notamment historique, et sa place dans le gouvernement capétien, a parfaitement saisi les évolutions de son époque et a su en récupérer les courants dominants dans une perspective militante, acquise à la cause de la royauté et de son monastère.

La royauté féodale

À son avènement, en 1108, Louis VI avait dû lutter, d'une part, pour remettre de l'ordre dans son propre domaine au détriment de ces petits seigneurs et châtelains querelleurs et pillards qui étaient aussi ses vassaux et, d'autre part, pour se faire reconnaître au niveau des princes et des comtes, ainsi du duc de Normandie qui, depuis 1066, est également roi d'Angleterre, son égal en dignité

Dans sa *Vie de Louis VI*, la notion de « majesté royale » est constamment invoquée par Suger pour mettre en scène la geste de son héros. Louis VI, devenu roi par l'héritage de ses ancêtres et par l'onction divine, ne peut plus continuer de batailler comme au temps de sa jeunesse « plus qu'il ne sied à la majesté royale ». Elle constitue la référence suprême qui doit guider le roi dans ses deux fonctions essentielles : la justice et la paix, qui ne souffrent pas « de rester sans vengeance », « car ce n'est pas en vain que (le roi) porte un glaive ». Dans les actes royaux, elle se conjugue avec des verbes qui en expriment l'« autorité », qu'il s'agisse de permettre ou de sanctionner, ordonnée à la notion romaine de « *res publica* » et clairement dissociée de la personne du roi. « Il ne convient pas à un roi de transgresser la loi, car le roi et la loi ressortissent à la même majesté dans le commandement », affirme l'abbé, qui invite le Capétien à « pourvoir à la défense de la chose publique ».

Dans les écrits de Suger, la Couronne, reliée à l'idée de royaume, ne se définit plus seulement en tant que « cercle de métal précieux orné de pierreries qui vient rehausser la dignité royale » ; elle est également perçue comme le symbole permanent et désincarné de la fonction royale, le véritable titulaire des droits et prérogatives exercés par le Capétien. La couronne comme les insignes royaux n'appartiennent pas au roi mais au royaume et sont naturellement destinés à lui survivre. Et l'on retrouve là le thème des « deux corps », dont la partie « mystique » est comme absorbée par la couronne et par le royaume. L'abbé fait de la fidélité engagée au roi et au royaume la condition coutumière de la remise des *regalia* aux évêques et abbés lors de leur élection. De même, les hauts barons laïques sont eux aussi « débiteurs des bienfaits ou bénéfices royaux », au titre de la fidélité féodo-vassalique. Et l'on voit bien ici que l'idée moderne d'État qui procède de la notion de Couronne ne s'est pas construite contre la féodalité, mais bien à partir d'elle.

Cet idéal de royauté suzeraine sur l'ensemble des seigneurs et vassaux, tenant les uns des autres, n'est pas allé immédiatement de soi, qui s'est heurté au zèle de Suger à défendre les intérêts de son monastère. Au début du règne de Louis VI, la reconquête de la partie française du Vexin s'est accompagnée d'une énergique reprise en main de ce domaine dionysien par la royauté. Pour justifier ces interventions, l'abbé a cru opportun de faire de Louis VI le feudataire de l'abbaye pour le comté de Vexin. À ce titre, celui-ci aurait dû prêter hommage, « si il n'était pas le roi » : la dignité royale dispense le Capétien du rituel, malgré tout humiliant, de la vassalité. Cela n'était pas nécessairement une nouveauté. Ce qui est neuf, en revanche, c'est que le roi se reconnaisse le feudataire de l'abbaye et se retrouve occuper une place seconde et intermédiaire dans l'échelle des fiefs au sommet de laquelle il prétend. N'en déplaise à l'abbé, les rapports privilégiés que le roi est censé entretenir avec le saint du monastère peuvent justifier le fait, mais n'en dissipent pas l'équivoque.

Le roi de saint Denis

Depuis la fin du XIe siècle se manifeste un mouvement pour rattacher, par l'intermédiaire de saint Denis, la royauté capétienne à la dynastie et à la légende carolingiennes, ainsi en relevant le prénom de Louis. À cette fin, tout un travail de faussaire est orchestré par les moines dionysiens et les palatins royaux, notamment durant l'abbatiat de Suger entre 1122 et 1151.

Au cours de la première moitié du XIIe siècle, le sanctuaire s'approprie une *Histoire de Charlemagne et de Roland* : le *Pseudo-Turpin*, attribué au légendaire archevêque compagnon du vieil empereur. Dans leur récit, les dionysiens introduisent un faux diplôme – attribué à Suger – de donation de Charlemagne à leur abbaye : le pseudo-Charles y affirme tenir son royaume de Dieu par l'intermédiaire de Denis ; en reconnaissance de cette seigneurie, il dépose sa couronne sur l'autel et confie au monastère la garde des insignes royaux. Depuis les temps mérovingiens, Denis est considéré comme le protecteur des rois francs ; à partir de Suger, cette protection individuelle s'adresse également au royaume. « Denis est le patron spécial et, après Dieu, le protecteur sans pareil du royaume. » Désormais, le monastère apparaît comme la nécropole naturelle des défunts royaux, qui doivent y léguer couronne et insignes. Louis VI a tardé à déposer à Saint-Denis la couronne de son père Philippe Ier qui, lui, a oublié de s'y faire inhumer et fut enseveli à Saint-Benoît-sur-Loire. Sur les conseils de Suger et de ses palatins, il s'y est résolu en 1120, « conformément au droit et à la coutume ».

En relatant cet événement dans sa *Vie de Louis VI*, l'abbé le situe en 1124 – ce n'est pas un hasard ni une distraction –, lorsque le royaume est menacé d'être envahi par l'empereur d'Allemagne, Henri V. Pour y faire face, les grands barons ont répondu présent, et c'est là la première manifestation d'un sentiment national. Louis VI, flanqué de l'abbé et de ses familiers, s'est rendu à Saint-Denis. Après y avoir déposé la couronne de son père, il a pris « sur l'autel des Saints Martyrs l'oriflamme au titre du comté de Vexin qu'il tenait d'eux en fief ». « Puis, volant vers l'ennemi à la tête d'une poignée d'hommes – "l'ost (des chevaliers) de Saint-Denis, dévoué à la Couronne" au milieu desquels combat le roi –, il invite la France à le suivre. » Pour Suger, ce rite d'investiture par l'oriflamme, la flamme d'or, concerne tout le royaume, tenu de saint Denis. Ce seul cérémonial que complète la mobilisation des grands suffit à impressionner l'adversaire, qui renonce à combattre. Par ce « raccourci chronologique », Suger, en exaltant la puissance bénéfique de Denis, justifie la dévotion de Louis VI à l'égard du saint. Il contribue aussi à affirmer la suprématie de Saint-Denis, et de son abbé, en tant que « tête de toutes les églises du royaume », y compris Reims, dans la ligne de la pseudo-donation de Charlemagne. On peut se demander également si ces prestigieuses références n'ont pas aussi servi à justifier, d'un point de vue plus régalien, le rôle de Suger durant la croisade, au détriment des privilèges pontificaux. « L'abbé, quoique pasteur d'un seul monastère, l'était pareillement de toutes les églises du royaume », écrira justement le moine Guillaume. En 1149, Suger voit dans l'archevêché de Reims « la pierre précieuse qui orne le sommet de la couronne du royaume » : une couronne dont son monastère a la garde...

Ce rayonnement dionysien, si ardemment souhaité, subira une véritable éclipse dès la fin du règne de Louis VII. Le remariage du Capétien, en 1160 et en troisièmes noces, avec Adèle de Champagne se traduit par l'affirmation de Reims et du parti champenois dans l'entourage royal, au détriment du clan flamand, plus proche de l'héritier du trône, le prince Philippe, en rupture avec son père et marié le 28 avril 1180 à Isabelle de Hainaut, nièce du comte de Flandre. Quant au vieux Louis VII, dépassé par les événements, dédaignant la nécropole dionysienne de ses ancêtres, il se fera inhumer en septembre dans l'abbaye cistercienne de Barbeau, en Champagne, dont il est le fondateur.

Avec l'avènement de Philippe II, le futur Auguste, les efforts de l'abbé Suger vont à nouveau porter leurs fruits. Le jeune prince, à la veille de son sacre, a trouvé en Denis un sauveur et un guide. Devenu pleinement roi, il ne l'oubliera pas, qui versera sur l'autel des Saints Martyrs les quatre pièces rituelles imposées par le pseudo-Charlemagne en hommage à saint Denis. « Servir Dieu, c'est régner. »

Bibliographie sélective

Bournazel Éric, « Suger and the Capetians », dans *Abbot Suger and Saint-Denis. A symposium*, édité par Paula Lieber Gerson, New York, The Metropolitan Museum of Art, 1986, p. 55-72.

—, *Louis VI le Gros*, Paris, Fayard, 2007.

Bournazel Éric et Barral i Altet Xavier, *Les Hauts Lieux du Moyen Âge en France*, Paris, Bordas, 1990.

Bournazel Éric et Poly Jean-Pierre (dir.), *Les Féodalités*, Paris, PUF, 1998.

Bur Michel, *Suger. Abbé de Saint-Denis. Régent de France*, Paris, Perrin, 1991.

Dufour Jean, *Recueil des actes de Louis VI roi de France (1108-1137)*, sous la direction de Robert-Henri Bautier, Paris, Académie des inscriptions et belles-lettres, 1992-1994.

Gasparri Françoise, *Suger de Saint-Denis. Abbé, soldat, homme d'État au XIIe siècle*, Paris, Picard, 2015.

Grosse Rolf (dir.), *Suger en question. Regards croisés sur Saint-Denis*, Munich, R. Oldenbourg Verlag, 2004.

Poly Jean-Pierre et Bournazel Éric, *La Mutation féodale X^e-XIIe siècle*, Paris, PUF, 3e éd., 2004.

Sassier Yves, *Louis VII*, Paris, Fayard, 1991.

Suger, *Vie de Louis VI le Gros*, édité et traduit par Henri Waquet, Paris, Les Belles Lettres, 1964.

—, *Œuvres*, édité et traduit par Françoise Gasparri, Paris, Les Belles Lettres, 1996, t. I et II.

Theis Laurent, *Dagobert*, Paris, Fayard, 1982.

2

Guillaume de Nogaret (vers 1260-1313)

La mystique de l'autorité royale en action

par Philippe JOSSERAND

Garde du sceau et maître de la politique capétienne au début du XIVe *siècle, Guillaume de Nogaret, juriste et administrateur expert, fut l'un des tout premiers serviteurs de l'État royal dont, contre la papauté notamment, il a voulu affirmer l'entière souveraineté jusqu'à en faire une véritable mystique.*

« Une chose amère, une chose déplorable, une chose assurément horrible à penser, terrible à entendre, un crime détestable, un forfait exécrable, un acte abominable, une infamie affreuse, une chose tout à fait inhumaine, bien plus, étrangère à toute humanité, a, grâce au rapport de plusieurs personnes dignes de foi, retenti à nos oreilles, non sans nous frapper d'une grande stupeur et nous faire frémir d'une violente horreur ; et, en pesant sa gravité, une douleur immense grandit en nous, d'autant plus cruellement qu'il n'y a pas de doute sur l'énormité du crime, déborde jusqu'à être une offense pour la majesté divine, une honte pour l'humanité, un pernicieux exemple du mal et un scandale universel[1]. » L'occasion qui vaut à un acte de Philippe IV le Bel de s'ouvrir par un tel préambule est exceptionnelle, car elle vise à faire arrêter tous les Templiers du royaume de France, et celui dont la rhétorique a produit cet ordre secret émis le 14 septembre 1307 l'est tout autant, puisqu'il s'agit – même si le texte ne le nomme pas – de Guillaume de Nogaret, l'un des conseillers les plus puissants du monarque, celui qui s'est attaché aux grandes affaires religieuses du règne au point d'incarner la mystique de l'autorité royale à la faveur d'une action, parfois violente, qui a nourri une véritable légende noire. Dans l'idée que l'on se fait encore de Nogaret, Anagni a masqué tout le reste : ce coup de force perpétré contre le pape Boniface VIII le 7 septembre 1303, communément qualifié d'« attentat », a entraîné l'excommunication du serviteur du prince, qui, perçu comme cruel, vindicatif, voire machiavélique avant l'heure, a été tenu pour l'âme damnée de Philippe le Bel, au risque d'occulter son action et de méconnaître le ministre qu'il fut.

Le trouble de la postérité

Si, de nos jours, Nogaret, contrairement à bien des légistes de Philippe le Bel, n'est pas totalement oublié, il le doit pour une bonne part à sa légende noire. Les historiens qui, depuis le début du XXIe siècle, s'attachent à sa figure et à son action en sont conscients, qu'ils œuvrent à l'échelle de la France ou à celle du Midi. La « sinistre réputation » du conseiller royal n'a pas manqué d'être soulignée par Sébastien Nadiras, qui, pourtant,

1. Georges Lizerand, *Le Dossier de l'affaire des Templiers*, Paris, Les Belles Lettres, 2012, p. 16-17.

a mis au jour sa pratique du pouvoir. De cette image détestable, la responsabilité incombe aux auteurs du XIXe siècle qui se sont élevés contre l'absolutisme monarchique. Le légiste passait alors pour l'avoir fait émerger. Michelet l'en a critiqué, comme Renan, qui estimait qu'il « avait blessé trop profondément les idées religieuses de son temps pour que la légende ne se donnât pas carrière à son sujet[2] » ; et, au début du XXe siècle encore, Langlois, qui en fit la « hache » de Philippe le Bel, dans une claire référence à Fouquier-Tinville, écrivait qu'il travailla à « assombrir, par ses imaginations baroques, son affreuse rhétorique et ses brutalités hypocrites, la mémoire de son maître et le temps où il a vécu[3] ».

« Victime » dans son image d'une part de la postérité, notamment depuis le XIXe siècle, Nogaret n'en est pas pour autant innocent, ayant pris part activement à deux affaires qui ont marqué les esprits – constituant des violations du droit et, dans le second cas, tout autant de la justice –, l'« attentat » d'Anagni et le procès intenté contre les Templiers. Dans l'imaginaire collectif, le soufflet claqué à Boniface VIII et les bûchers des frères demeurent, et, contre toute historicité, on les trouve régulièrement imputés à Nogaret. Le 11 mars 1314, à lire Maurice Druon, il aurait, lui aussi, subi la malédiction du grand-maître du Temple Jacques de Molay : « Pape Clément ! Chevalier Guillaume ! Roi Philippe ! Avant un an, je vous cite à paraître au tribunal de Dieu pour y recevoir votre juste châtiment ! Maudits ! Maudits !

---

2. Ernest Renan, « Guillaume de Nogaret, légiste », dans *Études sur la politique religieuse du règne de Philippe le Bel*, Paris, Calmann-Lévy, 1899, p. 216

3. Charles-Victor Langlois, *Saint Louis, Philippe le Bel, les derniers Capétiens directs (1226-1328)*, dans Ernest Lavisse (dir.), *Histoire de France illustrée depuis les origines jusqu'à la Révolution*, Paris, Hachette, 1901, t. 3, 2e partie, p. 126.

Tous maudits jusqu'à la treizième génération de vos races ! » Peu importe qu'il fût alors trépassé depuis près d'un an, car sa mort, brutale, a de longue date fait place au mystère sulfureux, une chronique de la fin du XIVe siècle l'attribuant à la rage, qui l'aurait amené à tirer la langue honteusement devant toute la cour. Pareille chute, atroce, serait pour Nogaret le reflet d'une carrière terrible, assurément bien loin de la vérité historique.

Un Languedocien expert du droit

Grâce à Bernard Gui, chroniqueur digne de foi, on sait que Guillaume de Nogaret, né autour de 1260, était « de Saint-Félix, au diocèse de Toulouse », où, en 1271, des membres du lignage, décrits comme nobles, ont prêté serment de fidélité aux commissaires royaux lorsque Philippe III le Hardi recueillit la succession de son oncle Alphonse de Poitiers. Ce secteur du Lauragais, au cours du siècle qui a précédé, a été un haut lieu de l'hérésie cathare, qui, à en croire Boniface VIII et ses partisans, aurait séduit les ancêtres directs de Nogaret jusqu'à ses père et mère. L'accusation, trop ouvertement polémique, a été écartée en règle générale par les historiens. Un certain Jacques de Nogaret, pourtant, est mort sur le bûcher vers 1229, dont on a fait, un peu vite, le grand-père du légiste ; en réalité, celui-là se serait appelé Raymond et aurait été un parfait, actif jusqu'au début des années 1240[4]. S'il ne semble pas avoir été brûlé, sa condamnation, probablement posthume, a sans doute valu à sa descendance de perdre son rang noble, et c'est elle qui aurait poussé le père de Guillaume, quelque temps après la venue au monde de l'enfant,

4. Yves Dossat, « Guillaume de Nogaret, petit-fils d'hérétique », *Annales du Midi*, 53, 1941, p. 391-402.

à abandonner le Lauragais pour s'installer à Montpellier, dans une terre dépendant du roi d'Aragon, où les suspects d'hérésie, inquiétés dans les domaines capétiens, pouvaient espérer trouver un refuge.

Homme du Midi, Nogaret s'est attaché au droit, qui y fleurissait alors, en particulier à l'université de Montpellier, où il a fait ses études. Jusqu'à son départ du Languedoc en 1295, il s'est partagé entre l'enseignement et des activités de conseil pour l'évêque de Maguelone ou les rois de Majorque et de France. Le premier document le citant, témoin d'une constitution de procureurs et de l'approbation d'un arbitrage, le qualifie d'« expert » en mars 1282. Cinq ans plus tard, Nogaret est « docteur ès lois », et, désormais professeur de droit, il s'est intégré à l'entourage de l'évêque Bérenger Frédol, pour qui il a œuvré à la mise en place de l'accord sur Montpellier conclu en 1293 avec Philippe le Bel en vertu duquel, contre une rente annuelle de 500 livres, le prélat permettait au roi de prendre pied dans l'opulente cité commerçante dont il lui cédait la suzeraineté et l'hommage. Porteur de conceptions régaliennes, un mémoire qu'il aurait écrit à l'intention du roi sur les prérogatives temporelles de l'évêque a pu lui valoir d'être nommé juge-mage de la sénéchaussée de Beaucaire. En poste en septembre 1293, il a travaillé auprès du sénéchal, réalisant des tâches que celui-ci n'était pas en mesure de remplir, et, deux ans durant, tandis qu'avec sa femme, Béatrix, il développait son assise foncière autour de Tamarlet, près de Lunel[5], il s'est formé à des missions judiciaires, commerciales, politiques et administratives qu'un professeur ordinairement ne traitait pas.

5. Louis Thomas, « La vie privée de Guillaume de Nogaret », *Annales du Midi*, 16, 1904, p. 161-207.

Un conseiller assidu à la cour

Postérieure à l'été 1295, la venue de Nogaret à Paris n'est pas précisément datée : plus qu'à l'appui du légiste méridional Pierre Flote ou de Bérenger Frédol, peut-être est-elle due à la réussite de la réunion au domaine royal de la seigneurie de Lunel, conclue à l'automne, où le juriste s'est investi. La promotion, au départ, reste modeste. En 1296, Nogaret a été envoyé comme enquêteur en Champagne : dans le comté, gouverné par Philippe le Bel du chef de sa femme, Jeanne de Navarre, il a exercé des missions locales d'encadrement et de réforme qui l'ont rapproché d'un cercle d'officiers alors en pleine ascension, avec Gautier de Châtillon, Béraud de Mercœur et même Enguerrand de Marigny, à l'origine panetier de la souveraine. Ainsi a-t-il pu avancer dans la haute administration jusqu'à devenir conseiller du roi. Ce titre, extrêmement labile, peut donner une idée de son statut dès lors qu'on l'applique à la *curia regis* tout entière, peuplée d'hommes servant au Parlement, à la Chambre des comptes et, pour certains seulement, au Conseil du roi. Dans cette dernière instance, Nogaret est attesté pour la première fois le 19 juillet 1300, mais, un an auparavant, alors qu'il siégeait depuis 1298 au Parlement, il avait déjà obtenu d'éminentes faveurs de Philippe le Bel, qui l'anoblit, le faisant chevalier, et lui concéda peu après une rente perpétuelle de 200 livres à prendre sur le Trésor.

Cité précédemment au Parlement comme « maître », Nogaret reçut dès lors le titre de « seigneur », et son nom, souvent, eu égard à l'évolution de sa carrière, ne nécessita plus même de qualification. Ses responsabilités s'accrurent et ouvrirent à des missions variées. Bien qu'il fût envoyé à Rome en 1300 pour signifier à Boniface VIII l'alliance entre la France et l'Empire, Nogaret s'est spécialisé dans les affaires intérieures, défendant les droits du roi à Montpellier, à Figeac et dans les châtellenies bourguignonnes de Pontailler et de Saulx. Après la mort de Pierre Flote, lors de la défaite de Courtrai en 1302, il prit en main la politique religieuse du royaume à laquelle, dès l'année précédente, il s'était mêlé à la faveur du conflit avec l'évêque de Pamiers Bernard Saisset, porté à la tête de ce diocèse nouvellement créé sans que le Saint-Siège en eût avisé le souverain. L'affrontement avec Boniface VIII mobilisa toute son énergie : c'est Nogaret qui, le 12 mars 1303, au Louvre, dénonça les crimes imputés au pape et appela à la réunion d'un concile pour le juger ; et, en juin, lorsque le roi se fut rallié à sa demande, c'est lui qui partit pour s'exécuter en Italie. L'« attentat » d'Anagni aurait pu détruire sa position : le légiste fut dès lors considéré comme excommunié, mais Philippe le Bel lui a conservé sa faveur, faisant plus que doubler sa rente annuelle et lui attribuant plusieurs seigneuries à Calvisson, Marsillargues et Manduel pour le confirmer dans sa responsabilité de la politique du royaume.

Le maître d'œuvre de la politique royale

Le 22 septembre 1307, à Maubuisson, en même temps que le Conseil du roi traitait de l'arrestation des Templiers, il fut décidé de confier le sceau à Nogaret. La coïncidence, comme l'écrivait déjà Jean Favier, « a été souvent soulignée, sans que le problème qu'elle pose ait été résolu ». Sa compréhension, toutefois, grâce à Sébastien Nadiras notamment, a avancé. Dès le printemps 1306, Nogaret a exercé des responsabilités à la chancellerie, faisant qu'à l'occasion il porta le grand sceau. Le fait d'être investi de celui-ci en Conseil du roi était pour le légiste un office – qu'il a gardé jusqu'à sa mort – davantage qu'une dignité. La charge, administrative plus que politique, représentait pour lui une grande masse de travail qu'il a assumée à la tête d'une vingtaine de notaires.

Si Nogaret était « garde du sceau » et non « chancelier » – fonction qui n'était plus pourvue depuis Philippe II Auguste –, la faveur du roi, mieux qu'un simple officier révocable, en fit un grand officier de la Couronne et même le premier. Ainsi, à en croire Jean Favier, la nomination de l'automne 1307 avait-elle pour but de « renforcer l'autorité de Nogaret », de « manifester publiquement la part qui est et va être la sienne dans l'affaire des Templiers ». Sébastien Nadiras a avalisé l'idée, parlant d'« une opération de communication politique », qui a conduit certains acteurs – et pas uniquement étrangers – à donner le titre de chancelier à Nogaret, établi au sommet du gouvernement du royaume.

« Avec un peu d'exagération, et de provocation, écrivait Élisabeth Lalou, on peut dire qu'il y a un gouvernement puisqu'il y a Nogaret. » Jusqu'à sa mort, en avril 1313 – même si les deux dernières années furent probablement difficiles –, le légiste a occupé un rôle politique et administratif de tout premier plan. À la tête de la chancellerie, il y a introduit une nouveauté majeure, l'enregistrement systématique des actes, faisant ouvrir un registre pour les lettres scellées de cire verte, à valeur perpétuelle. Par-delà, il restait plus que jamais l'animateur de la politique de Philippe le Bel. La garde du sceau l'a amené à se déporter hors de ses domaines traditionnels, en s'investissant dans les affaires de Flandre, où, comme au centre et dans l'ouest du royaume, il a travaillé sans relâche à étendre les droits du roi. Sous son égide, les questions religieuses, traversées par l'affrontement franco-pontifical, ont pris un tour inédit de violence[6]. Assisté de Guillaume de Plaisians, dont la carrière a épousé la sienne, du Languedoc à

6. Julien Théry, « Une hérésie d'État. Philippe le Bel, le procès des "perfides templiers" et la pontificalisation de la royauté française », *Médiévales*, 60, 2011, p. 157-185.

Paris[7], Nogaret, au prix de menaces répétées contre Clément V, a mené en interaction étroite l'affaire du Temple, celle de l'évêque Guichard de Troyes, accusé d'avoir empoisonné la reine Jeanne, et celle – ancienne mais poursuivie – du procès contre la mémoire de Boniface VIII, en lien avec sa propre justification dans l'« attentat » d'Anagni. Maître de l'heure, il a ainsi érigé l'autorité royale en une véritable mystique.

Un doctrinaire de l'État tenu pour corps-Église

Ainsi que l'a relevé Jacques Krynen, « toute sa carrière, Nogaret a agi en homme de savoir et en doctrinaire de l'État ». Du Languedoc à la cour, il a toujours œuvré pour préserver et accroître le bien et le droit du roi : jamais les pariages – ces accords de partage de seigneurie qui furent un moyen d'acquérir à la Couronne bien des terres – n'ont été si nombreux sous le règne de Philippe le Bel qu'en 1307-1308, développés par le légiste en priorité dans le centre et l'ouest du royaume, aux limites des possessions anglaises, où, dans les années suivantes, il a obtenu le rattachement au domaine des comtés de la Marche et d'Angoulême. Pragmatique, Nogaret utilisait à cet effet tous les éléments pouvant servir sa cause, tirés du droit romain, dans lequel il avait été formé, comme des droits canonique, féodal ou coutumier. Ce droit plural lui livrait les notions d'« utilité publique » et de « nécessité », privilégiées par exemple dans l'affaire de Saulx, alors qu'ailleurs, en Bigorre, il faisait du roi le détenteur du fisc, l'ancien domaine impérial, et assimilait ses prérogatives aux « fonctions

7. René Verdier, « Guillaume de Plaisians, itinéraire d'un légiste », dans Roger Lauxerois (dir.), *Vienne au crépuscule des templiers*, Grenoble, Presses universitaires de Grenoble, 2014, p. 83-91.

publiques » revendiquées à partir de son substrat juridique romain. Ce dernier était la base de sa pensée politique, mais Nogaret, très tôt, l'a mis au service d'une conception nationale, qui l'a amené dès 1294 à rappeler aux Montpelliérains refusant de prendre part à l'ost que la ville était « dans et du royaume de France ». Au sommet de son pouvoir, il n'a cessé de faire valoir une telle ligne, soulignant auprès des communautés du Val d'Aran ou d'autres que l'appartenance au royaume générait des obligations au service du roi qu'il identifiait à l'intérêt de l'État.

L'action personnelle de Nogaret imprima à la politique capétienne une logique nouvelle qui, en plus d'affirmer la supériorité du monarque, consistait, comme l'a souligné Julien Théry, à « en transfigurer le pouvoir, pour lui donner les prétentions religieuses et absolutistes d'une théocratie royale ». En 1296, à peine le légiste arrivé à Paris, un petit traité polémique sur les prérogatives respectives du pape et du roi de France, *Antequam essent clerici* (*Avant qu'il y eût des clercs*), a ouvert cette voie qu'à partir de l'affaire Saisset, en 1301, les écrits capétiens scandant la querelle avec Boniface VIII ont reprise et développée. Le roi prit ainsi une posture d'identité logique avec Dieu, comparable à celle qui, depuis la réforme grégorienne, fondait au plan des principes la théocratie pontificale. L'image de la chrétienté comme corps se trouvait transposée à l'échelle nationale : le royaume de France devenait un corps-Église et Philippe le Bel, qui le gouvernait, se substituait au pape dans la position de défense de la foi – ce qui rend compte en dernière analyse du procès du Temple, auquel Nogaret s'est personnellement mêlé, pesant sur la comparution de Jacques de Molay devant la commission d'enquête pontificale le 28 novembre 1309. En investissant la monarchie capétienne des prérogatives de la papauté théocratique, le légiste a fait du roi un « pape en son royaume », et, à ce titre, il s'est révélé en France le pionnier de la religion royale et de la mystique de l'État.

Tel qu'en lui-même ? Les troubles d'une personnalité

L'action de Nogaret, malgré sa force et son ampleur, n'est pas toujours facile à saisir, et, si les historiens lient son tour particulier à la personnalité d'exception du légiste, celle-ci reste l'objet de bien des controverses. La conduite de la politique royale a pu échouer à produire les résultats escomptés jusqu'en des affaires importantes : en 1311, Boniface VIII n'a pas été jugé *post mortem* et, l'année suivante, l'ordre du Temple, quoique aboli par le concile de Vienne, n'a pas été condamné. Nogaret, qui avait fait siennes ces deux causes, a donc dû transiger. Certes, jusqu'à sa mort, il est demeuré dans l'entourage du monarque, qui le fit l'un de ses exécuteurs testamentaires, mais il y a perdu de son aura, et Jean Favier a suggéré que, après 1311, Marigny, pragmatique et réaliste, l'aurait quelque peu éclipsé. Contre cette idée, Sébastien Nadiras, se fondant sur l'augmentation de la commande d'actes par Nogaret qui se produit alors, a estimé que le légiste se serait concentré sur sa fonction de garde du sceau et que, vieillissant, il aurait aspiré à « une existence plus tranquille », choisissant de « se cantonner dans des tâches plus courantes, administratives et routinières, mais indispensables au fonctionnement de l'État ». Peut-on réellement parler d'un choix ? Cet éloignement – au sens où le légiste, s'il reste acteur de la politique royale, n'en a plus l'initiative – relève presque de la disgrâce, et, à l'instar de Jean Favier, je pense que Marigny « aura ouvert les yeux du roi sur la stérilité de certaines positions prises », d'autant que Nogaret, par sa façon d'agir, a pu heurter Philippe le Bel.

Doit-on croire à un problème Nogaret ? L'intelligence du légiste n'est pas en cause, les contemporains vantant déjà sa « clergie », non qu'il fût clerc, mais parce qu'il appartenait aux serviteurs lettrés de la Couronne. Sa puissance de travail impose le respect, qui, jusqu'au bout, a alimenté ses dossiers de façon soutenue. Expert de l'écrit, qu'il a pratiqué abondamment, Nogaret s'y est avéré prolixe, parfois confus, cédant à une rhétorique enflammée, utilisée pour amplifier ses griefs, créer des figures coupables ou donner force à de véritables obsessions, au premier rang desquelles celle du scandale et de sa correction. Il fut ainsi, Jean Favier l'écrivait déjà, « l'homme d'une idée fixe et d'une haine inextinguible à l'encontre de Boniface VIII ». Des recherches récentes ont souligné depuis que par lettres il a été jusqu'à menacer Philippe le Bel de damnation éternelle pour s'assurer que la mémoire du pape serait bien poursuivie et condamnée[8]. L'excommunication consécutive à l'« attentat » d'Anagni, levée seulement en 1311, a ici particulièrement pesé, et on saisit la « perversité » du légiste, tant au sens commun, puisqu'il a abusé de procès truqués, qu'au sens étymologique de *per-vertere*, « tourner en sens opposé », qui l'a conduit à retourner contre l'Église le capital de sacralité que la France avait acquis à son service. Philippe le Bel a-t-il pensé que Nogaret et son action se retourneraient contre lui et son image et qu'il devait en tirer les conséquences ? S'il ne l'a fait ni en 1303, ni en 1307,

8. Elizabeth A.R. Brown, « Moral Imperatives and Conundrums of Conscience: Reflections on Philip the Fair of France », *Speculum*, 87, 2012, p. 1-36, et Ead., « The Excommunication of Guillaume de Nogaret, *Letamur in te*, and the Destruction of the Templars », dans Arnaud Baudin, Sonia Merli et Mirko Santanicchia (dir.), *Gli ordini di Terrasanta. Questioni aperte, nuove acquisizioni (secoli XII-XVI)*, Pérouse, Fabrizio Fabbri Editore, 2021, p. 349-417 ; J. Théry, « The Pioneer of Royal Theocracy: Guillaume de Nogaret and the Conflicts between Philip the Fair and the Papacy », dans William C. Jordan et Jenna R. Phillips (éd.), *The Capetian Century, 1214-1314*, Turnhout, Brepols, 2017, p. 219-259, et Id., « Pourquoi le roi de France Philippe le Bel a-t-il attaqué l'ordre du Temple ? Une nouvelle alliance », dans A. Baudin, S. Merli et M. Santanicchia (dir.), *Gli ordini di Terrasanta*, *op. cit.*, p. 333-347.

on ne saurait exclure qu'il le fît plus tard et que cela valût finalement au légiste de devoir abandonner la direction des affaires du royaume.

Arracher Nogaret à l'exceptionnel, où les historiens l'ont souvent tenu, ne peut qu'aider à mieux le saisir. A-t-il cherché coûte que coûte à faire prévaloir une conception absolutiste du pouvoir royal ou fut-il conduit à l'accommoder avec la gestion pragmatique des affaires ? Il est difficile de trancher, mais il n'est pas douteux que la mystique de l'État royal a été au cœur de la pensée et de l'action du conseiller de Philippe le Bel. C'est dire avec Renan, qui – dans un tout autre style – déplorait le « si grand débordement d'arbitraire » dont le légiste s'était rendu coupable, qu'il fut « un grand ministre » et qu'« on se sent avec lui dans le pays de Suger, de Richelieu », ou, pour faire écho aux écrits plus récents de Jacques Krynen, de Colbert et d'Aguesseau, ces « grands serviteurs de l'État monarchique », portés par « une obsession de l'intérêt collectif et de la continuité du pouvoir ».

Bibliographie sélective

Favier Jean, *Philippe le Bel*, Paris, Fayard, 1977.

Holtzmann Robert, *Wilhelm von Nogaret, Rat und Grosssiegelbewahrer Philipps des Schönen von Frankreich*, Fribourg-en-Brisgau, Wagner's Universitäts-Buchdruckerei, 1898.

Josserand Philippe, *Jacques de Molay. Le dernier grand-maître des Templiers*, Paris, Les Belles Lettres, 2019 (éd. revue et augmentée, 2023).

Krynen Jacques, *Philippe le Bel. La puissance et la grandeur*, Paris, Gallimard, 2022.

MOREAU Bernard (dir.), *Guillaume de Nogaret. Un Languedocien au service de la monarchie capétienne*, Nîmes, Lucie éditions, 2012 (voir les articles de Nicolas Leroy, Maïté Lesné-Ferret, Bernard Moreau et Julien Théry).

MOREAU Bernard et THÉRY Julien (dir.), *La Royauté capétienne et le Midi au temps de Guillaume de Nogaret*, Nîmes, Éditions de la Fenestrelle, 2015 (voir les articles d'Elizabeth Brown, Caroline Decoster, Élisabeth Lalou et Julien Théry).

NADIRAS Sébastien, *Guillaume de Nogaret et la pratique du pouvoir*, thèse de l'École nationale des chartes, 2003.

—, *Guillaume de Nogaret en ses dossiers. Méthodes de travail et de gouvernement d'un conseiller royal au début du XIVe siècle*, thèse de doctorat, université Paris-I, 2012 (2 vol.).

STRAYER Joseph R., *Les Gens de justice du Languedoc sous Philippe le Bel*, Toulouse, Cahiers de l'Association Marc-Bloch, 1970.

THÉRY Julien, « The Pioneer of Royal Theocracy: Guillaume de Nogaret and the Conflicts between Philip the Fair and the Papacy », dans William C. Jordan et Jenna R. Phillips (dir.), *The Capetian Century, 1214-1314*, Turnhout, Brepols, 2017, p. 219-259.

3

Jacques Cœur
(vers 1395 / 1400-1456)
Un homme d'affaires au service de la royauté

par Didier Le Fur

Des souvenirs à oublier

Il a beaucoup été écrit sur Jacques Cœur, et les impressions des uns et des autres ont peu à peu construit un personnage bien éloigné de la figure d'origine. Une historiographie populaire en a fait un être équivoque et sulfureux, le supposant espion à la solde des puissances espagnole et ottomane, un faux-monnayeur patenté et, surtout, un alchimiste avisé : la fortune de cet homme, si rapidement acquise, ne pouvait avoir que des origines suspectes, voire magiques. À ce souvenir fort romanesque s'en substituait un autre, élaboré dès le XIXe siècle, et jugé évidemment plus sérieux puisque soutenu par de célèbres historiens : Jules Michelet et Henri Martin. Ils firent de Jacques Cœur un des plus grands financiers français. Ils soulignèrent sa vive intelligence et son sens inné des affaires. Son enrichissement ne les choqua pas puisque ce savoir-faire en la matière, il l'aurait mis au service de la France et des Français dès sa nomination comme argentier du roi

Charles VII. À son actif, le rétablissement du cours de la monnaie – si malmené par la guerre que la France faisait à l'Angleterre depuis Philippe VI – et une réforme fiscale de tout premier plan qui, par l'utilisation de la statistique, aurait abouti à une répartition plus juste de l'impôt. Cette réforme lui aurait permis, par ailleurs, d'organiser le premier recensement de la population française. Un homme si soucieux du progrès et de la justice sociale ne pouvait être oublié. Il ne le fut pas. Ce souvenir entra dans tous les livres scolaires dès le début du XXe siècle. Le titre d'argentier se mua en celui de « grand argentier » et il fut expliqué à plusieurs générations d'écoliers que cette charge était l'équivalent de celle de ministre des Finances au Moyen Âge. Ainsi, Jacques Cœur était devenu un grand homme d'État qui avait œuvré pour le bien de la collectivité. La jalousie des puissants aurait précipité sa chute par un procès inique.

Ces souvenirs, qui tordaient le cou à plus d'une réalité, des historiens contemporains les ont mis à bas par de nouvelles investigations et la lecture de sources inexploitées, comme certaines pièces du procès qui causa la perte de Jacques Cœur. Rapidement, ils purent affirmer que, si l'homme fut effectivement très riche, il n'eut jamais le niveau d'un ministre des Finances puisque l'idée même n'existait pas et que sa fonction d'argentier ne conduisait pas à l'organisation économique du royaume. Quant aux réformes qui lui étaient attribuées, il ne pouvait pas les avoir réalisées : elles étaient du ressort du chancelier et des gens de la Chambre des comptes, pour la plupart mises en place avant que l'argentier ne fréquente les allées du pouvoir. Reste que, par leurs autres découvertes, ces chercheurs servirent aussi la cause du personnage, incontestablement hors du commun. Elles leur permirent d'esquisser le portrait d'un autre Jacques Cœur, moins glorieux peut-être ; moins moderne surtout ; plus préoccupé de ses intérêts que du bien commun, assurément ; mais qui par sa puissance financière participa non au rétablissement économique du royaume, mais à la restauration du prestige de la royauté, ce qui était déjà beaucoup.

De la difficulté à devenir riche

Des premières années de la vie de Jacques Cœur, l'historien ne sait presque rien. Né entre 1395 et 1400, sans doute à Bourges, il grandit dans un milieu de marchands. Son père, Pierre, était pelletier, soit vendeur de fourrures ; son grand-père paternel, lui, était boucher. La vente de peaux et de viande rapportait gros, les Cœur étaient des gens aisés. Jacques Cœur se maria vers 1420 avec une jeune fille de son milieu. Elle se nommait Macée de Léodepart et était l'héritière d'une dynastie de drapiers berrichons. Son père, Lambert, fut un personnage puissant dans la région. Tout en conservant l'entreprise familiale, il avait été valet de chambre du duc Jean de Berri, frère du roi Charles V, puis prévôt de Bourges. Une charge qu'il cumula à la fin de sa vie avec celle de maître de la monnaie de la ville.

En ces années de guerre, Bourges n'avait pas connu le sort de tant d'autres cités de Normandie, de Champagne et d'Île-de-France. La présence du duc de Berri aida à son développement, celle de Charles VII, ensuite, au moins à son maintien. En effet, malgré l'occupation de nombreux territoires au nord et au sud-ouest par les Anglais, la partie dominée alors par Charles VII, appelée le « royaume de Bourges », restait la plus étendue du territoire français, et les stigmates de la guerre y étaient moins présents. Certes, l'insécurité causée par les hommes d'armes, les écorcheurs et autres routiers y avait considérablement ralenti les activités commerciales, mais elle n'empêcha pas les marchands tourangeaux, poitevins et toulousains de poursuivre leurs transactions, et ces commerçants entretenaient toujours des relations avec les foires de Genève et la place financière d'Avignon. Évidemment, le trafic au-delà des frontières s'était effondré ; pour autant, des liens subsistaient avec l'Italie et l'Espagne, voire avec l'Orient.

Quand Jacques Cœur reprit-il l'entreprise de pelleterie de son père puis celle de draperie de sa belle-famille ? Quels furent ses marchés, l'étendue de sa clientèle ? Les sources ne le disent pas. Mais l'homme était désireux de faire prospérer ses affaires. Ainsi le voit-on s'associer en 1427 avec Ravand le Danois, Pierre Godard et Jean Jubin pour l'adjudication de la frappe des monnaies royales en l'atelier monétaire de Bourges. Des associés peu honnêtes, toutefois. Un contrôle de la monnaie sortie de ces ateliers en établit la fraude. Le poids des pièces fabriquées était inférieur à celui exigé par les ordonnances royales. La différence était récupérée par les associés qui, par la frappe d'autres pièces à leur profit, multipliaient leurs gains. Cette pratique était ancienne, elle perdura bien après cet événement. Il y eut toutefois procès, en 1430. Pour autant, les accusés n'eurent pour condamnation qu'une peine pécuniaire. Le Danois avait largement contribué au financement du sacre de Charles VII à Reims l'année précédente.

Afin d'étendre son réseau commercial, diversifier ses activités, et peut-être aussi se faire un peu oublier, Jacques Cœur partit pour Montpellier peu après le jugement. Là, il s'associa à un marchand de Narbonne, Jean Vidal, pour un projet en Orient. Contre des draps de laine et des fourrures précieuses – soit sa marchandise – il espérait acquérir à bon prix ce qui pouvait l'aider à s'enrichir parce que fort recherché dans le royaume : les épices et les draps d'or et de soie. Jacques Cœur prit la mer en 1432. Il fit escale à Alexandrie, séjourna à Damas, puis à Beyrouth. Le périple s'acheva en 1435 au large de la Corse, par le naufrage du bateau qui transportait la cargaison du retour.

Malgré des ambitions certaines, des audaces évidentes, les premières tentatives de Jacques Cœur pour augmenter ses revenus au-delà de ses activités berrichonnes ressemblaient fort à des déconvenues. Ses espoirs de fortune furent-ils assouvis lorsqu'il reprit, à son arrivée d'Orient, le contrôle de la monnaie de Bourges ? Furent-ils consolidés quand, un an plus tard, au titre de maître particulier, il prenait à ferme l'approvisionnement de l'atelier monétaire de la capitale tout juste libérée de la présence anglaise ? Participa-t-il alors aux mesures de circonstance destinées à l'assainissement de la circulation monétaire dans la vicomté de Paris ? Rien ne le dit. D'ailleurs, il fut rapidement éconduit de son emploi parisien, par ordre du roi : il avait oublié de payer les gages de ses employés !

Argentier de l'hôtel du roi

Mais la roue de Fortune finit par tourner. La cour de Charles VII à Bourges pouvait à bon droit ouvrir ses entrées aux citadins qui lui avaient rendu des services et, selon les usages du temps, fermer les yeux sur quelques négligences commises par ces derniers. Il était encore naturel de s'enrichir au pouvoir, et ce que nous regardons aujourd'hui comme des malversations punissables pouvait passer pour des preuves d'habileté financière. Ainsi, Charles VII ne tint pas rigueur à Jacques Cœur de son passé puisqu'il le nomma en 1437 commis au fait de l'Argenterie de son hôtel. Le roi dut en être satisfait : un an plus tard, il lui donnait la direction de cette même Argenterie.

Assermenté par la Chambre des comptes qui contrôlait ses dépenses en raison des sommes qu'elle lui versait pour le dédommager de ses missions, l'argentier était à peu près l'équivalent, dans notre vocabulaire, d'un intendant ou d'un dépensier.

La charge était importante bien qu'il s'agît davantage d'un service que d'un véritable office. Elle était aussi courante. En cette fin de Moyen Âge, chaque prince et beaucoup de villes avaient la leur.

À ses débuts, rien ne le distingua de ses prédécesseurs. Est-ce à dire que par la suite Jacques Cœur élargit les attributions de la charge ? Nullement, il maintint l'office dans ses deux fonctions principales. La première, ordinaire, avait pour obligation d'approvisionner au quotidien en tous biens matériels la Maison du roi, c'est-à-dire la famille royale et ses serviteurs de tous rangs. Les biens fournis étaient principalement des vêtements, des étoffes, des fourrures, des bijoux et de l'orfèvrerie, mais aussi de l'ameublement, voire des armes ou des chevaux, avec équipement complet. L'autre, extraordinaire, était liée aux circonstances exceptionnelles, au caractère festif de la monarchie : événements liés à la vie de la famille royale, entrées solennelles, cérémonies de sacre ou réceptions officielles. En somme, l'argentier participait au confort du roi et à celui de son entourage mais aussi au prestige de la majesté royale lorsque celle-ci se mettait en scène.

Le génie de Jacques Cœur fut d'associer à son titre d'argentier de l'hôtel du roi, qui lui ouvrait toutes les portes, ses affaires personnelles. Cette confusion ne lui fut jamais reprochée, tant qu'il honorait sa charge première.

Pour accomplir ces tâches, l'argentier devait passer des contrats avec les producteurs et recueillir sur les places les diverses marchandises qui lui étaient demandées ou qu'il pouvait proposer à sa clientèle parce que susceptibles de lui plaire par leur nouveauté ou leur rareté. Fin négociant, Jacques Cœur les obtenait au plus bas prix. Il les payait d'abord avec l'argent des caisses royales et, selon le principe déjà pratiqué avec les pièces de monnaie de l'atelier de Bourges, il en conservait une partie pour les revendre à son profit. Ces affaires prirent rapidement une expansion considérable, et une organisation plus rigoureuse s'imposa.

Les migrations coutumières de la cour l'y obligèrent aussi. Indépendamment de la cohorte des marchands qui la suivaient dans ses déplacements, et avec lesquels Jacques Cœur traitait pour les biens courants, ce dernier eut l'idée de constituer un stock de marchandises à la disposition de sa clientèle, pour toujours répondre à sa demande. Jacques Cœur créa donc des magasins. Dans les années 1440, il les établit principalement à Tours. Un choix judicieux puisque cette ville était devenue le centre névralgique de la pérégrination royale. Elle était aussi à la croisée de plusieurs routes commerciales, tant sur terre que sur eau. Peu à peu, ses locaux constituèrent un complexe étonnant où se rassemblaient entrepôts, magasins de vente et d'expédition, bureaux et habitations du personnel. Celui-ci n'était pas très nombreux et était principalement berrichon. Sans qualification particulière, il était soutenu ponctuellement par des manutentionnaires de Tours. Et puis il y avait aussi les clercs pour les écritures. Mais Jacques Cœur ne fut jamais très précis sur ce sujet, et il ne reste presque rien de sa comptabilité comme argentier ou comme homme d'affaires. L'entreprise eut également ses voituriers, qui transportaient courrier et marchandises en direction de la cour, certes, mais aussi vers les différents points de vente et d'approvisionnement qu'il s'était peu à peu constitués, comptoirs divers qui ne concernaient, cette fois, que ses propres intérêts.

Les biens qu'il achetait en France, parce que la guerre avait ruiné une partie de l'appareil artisanal, étaient assez limités. Il s'agissait surtout de fourrures ordinaires ou semi-précieuses – agneaux méridionaux, vair, loup, martre et renard – et des étoffes de laine, mais avec les coloris en vogue. Pour convenir à sa clientèle exigeante et augmenter ses profits, Jacques Cœur alla donc plus loin et finit par organiser tout un réseau relationnel sur les routes commerciales épargnées par les conflits, soit de Rome à Bruges en passant par Gênes, Milan et Genève. Un relationnel qui lui apprit sans doute beaucoup puisque l'organisation commerciale qu'il mit en place ressemblait fort à ce qui se faisait déjà dans les grandes maisons de commerce du nord de l'Italie. D'Italie, justement, il rapportait les pièces d'armurerie de prestige qui n'étaient plus fabriquées dans le royaume, l'orfèvrerie et plus encore les velours, satins et taffetas de Gênes et de Florence. Par ses relais brugeois, il obtenait la serge anglaise, les draps de lin de Cambrai et les toiles de Flandre. Des biens qui manquaient et qu'il revendait à des prix prohibitifs. Il engagea parallèlement de nouveaux voyages en Orient.

De son premier séjour, Jacques Cœur avait appris que l'or y était bien moins cher qu'en France, mais aussi que l'argent y était autrement plus rare que dans le royaume. Ainsi investit-il dans les mines de plomb argentifère d'Auvergne, et, avec l'aide d'armateurs d'abord, puis après 1446 avec ses propres navires, il mit en place avec la péninsule arabique et l'Afrique du Nord un trafic régulier des plus lucratifs de pierres et de métal précieux, sans parler des autres denrées nécessaires au luxe de la cour. Habile négociant, il sut obtenir des droits de douane modestes, des exclusivités de marchandises et se familiarisa avec les lettres de change. Mais acheter, c'était aussi dépenser. Les bénéfices étaient bien plus grands lorsque le fabricant vendait non au prix du marché entre commerçants, mais à celui de la revente au client. Jacques Cœur investit donc dans les ateliers de production : l'homme d'affaires revendait à l'argentier sa production. Outre le contrôle total de la fabrication de l'industrie drapière berruyère, il prit des participations importantes dans plusieurs maisons de tissage de Tours, Orléans, Lyon, Le Puy et Montpellier. Il investit pareillement dans de nombreuses fabriques de soie florentines et chez les armuriers milanais. Il acheta des parts dans des compagnies semblables à la sienne à Gênes et à Rome. Une fortune commerciale qui se structurait sans entraves et qu'il augmenta par d'autres investissements sans rapport avec son office. À titre d'exemple, il prit à ferme l'exploitation de greniers à sel dans la vallée de la Loire et dans le Sud-Ouest.

De l'utilité d'une fortune

Sa position d'argentier de l'hôtel du roi et la marchandise qu'il mit rapidement à la disposition d'autres clients lui attirèrent les plus grands noms de la noblesse, mais aussi une bonne partie du clergé et de la bourgeoisie de Touraine et de l'Orléanais. Les plus puissants n'étaient pas les meilleurs payeurs, certains étaient même presque ruinés par la guerre, mais revendiquaient cependant le droit au prestige et à l'admiration par un train de vie. Jacques Cœur en profita. Ces hommes étaient le duc Charles d'Orléans et son demi-frère, Jean d'Orléans, le comte de Dunois, le duc d'Alençon, l'amiral de France Prégent de Coëtivy, et Charles duc d'Anjou. Certes, ils devaient beaucoup à l'homme d'affaires, sauf que, par leur nom – ils étaient tous ou presque des princes du sang –, ils attiraient à lui une clientèle plus modeste, mais solvable pour des fournitures sur lesquelles il pratiquait des plus-values parfois substantielles. Un procédé qu'il imposa d'ailleurs à tout le monde.

Des princes qui l'utilisaient aussi comme banquier. L'argentier de l'hôtel du roi devait toujours avoir avec lui des liquidités pour subvenir aux besoins en numéraire de son employeur. Jacques Cœur étendit cette activité à ses autres clients. Ainsi, le duc d'Anjou et le grand sénéchal de Normandie, Pierre de Brézé, furent ses principaux débiteurs. Le crédit n'était jamais à long terme. Dans l'incapacité de rembourser, ceux-ci lui cédaient parfois leurs biens. La richesse foncière de Jacques Cœur se constitua en partie par ces « accommodements ». Au début des années 1450,

Jacques Cœur était devenu un gros propriétaire terrien. Outre le très bel hôtel qu'il se fit bâtir à Bourges pour y exprimer sa puissance, il acquit alentour de nombreux domaines. Des achats qu'il fit aussi sur les territoires de ses « meilleurs clients », soit en Bourbonnais, en Dauphiné, et dans la Puisaye.

Mais Jacques Cœur ne fut pas seulement un affairiste un peu opportuniste. Par son sens du commerce, une offre de marchandise de qualité, toujours disponible, et une puissance financière solide construite sur un office royal, il avait incontestablement participé à la restauration de l'aura de la royauté française. En moins de dix ans, le prestige royal, si déprimé depuis l'avènement de Charles VII en 1422, s'était non seulement rétabli, mais aussi augmenté. Même régnant sur un royaume toujours amputé et surtout très affaibli économiquement, où des régions entières avaient perdu l'essentiel de leur activité économique par une désertification de leur population, le roi, dès lors que Jacques Cœur s'occupa de son hôtel, ne fut plus jamais misérable. Il offrit à son souverain et, plus largement, à sa suite l'illusion d'avoir retrouvé un rang, une dignité. Mieux, la majesté royale y aurait gagné en puissance. La cour de Charles VII en bénéficia également. Elle aussi appauvrie par les rançons à payer pour ses capitaines prisonniers des Anglais, le luxe proposé par Jacques Cœur, même à crédit, lui procura un lustre qu'elle n'avait encore jamais connu. Depuis le début des années 1440, Charles VII comme sa noblesse, en différentes circonstances, purent exprimer cette apparente puissance. L'apogée de ce système fut le séjour royal à la cour de Bourgogne en 1446, une cour réputée depuis longtemps pour son raffinement. Le roi et sa suite y impressionnèrent par l'avalanche des draps d'or portés par les uns et les autres, les bijoux et les chaînes d'or exposés, les pièces d'orfèvrerie proposées sur les dressoirs et les tables lors des festins, l'opulence des costumes lors des fêtes organisées par le roi pour ses hôtes. Non, le royaume de France n'était pas ruiné. Oui, il pouvait gagner la guerre. Cette richesse affichée fit confiance à ses nouveaux alliés. Jacques Cœur honora sa charge à la perfection.

Personnellement, il aida aussi les armées royales à la reconquête du territoire. Il participa au financement du siège de Dax en 1442 et contribua à hauteur de 100 000 écus au recouvrement de la Normandie, des sommes énormes, alors que la plus haute noblesse du royaume était à peine capable de payer ses compagnies. La gratitude royale s'exprima d'abord par un anoblissement pour services rendus, puis par une place au Conseil royal après 1447. Une position prestigieuse, mais qui n'impliquait aucune régularité de présence, loin de là, d'autant que Jacques Cœur devait voyager beaucoup pour son office et ses affaires. Fut-il présent lors de discussions financières ? Le mystère reste entier. Une chose est sûre, il ne put agir sur les réformes fiscales après la fin de la guerre avec l'Angleterre, en 1454, puisqu'il était déjà disgracié.

Pourquoi cette disgrâce ? Une rumeur colportée par Jeanne de Vendôme l'accusa d'avoir fait empoisonner la maîtresse royale, Agnès Sorel, alors qu'il était son exécuteur testamentaire. Dans les pièces du procès qui s'ouvrit le 17 juin 1451, il lui fut reproché d'avoir vendu des armes aux infidèles, mais aussi de leur avoir appris à en produire. Et puis il y eut aussi ce Somalien converti de son entourage qui aurait finalement abandonné le Christ. Jacques Cœur avait-il renié, lui aussi, la foi chrétienne ? Il fut torturé. Il n'avoua que ce qu'il avait fait, du commerce. Le verdict fut rendu le 29 août 1453, au château de Lusignan, en présence du roi. Condamné à mort, Charles VII lui laissa la vie. Il commua sa peine en prison, le temps qu'il lui paye l'amende colossale de 400 000 écus. Mais Jacques Cœur s'évada.

Commence ici la dernière partie de la vie de Jacques Cœur, elle aussi pleine de mystère. Le fugitif, après avoir traversé la France, aurait finalement trouvé refuge dans l'île de Chio, où il mourut, soit de chagrin, soit de dysenterie selon les versions récentes. Celle soutenue par la papauté au moment des faits est autre. La prise de Constantinople par les armées de Mehmet II bouleversa la chrétienté. Nicolas V puis Calixte III envisagèrent une reconquête. Jacques Cœur, alors à Rome, fut peut-être leur obligé. Selon la papauté, il participa à cette expédition qui se termina par un fiasco sur l'île de Chio. Jacques Cœur put y perdre la vie. La papauté l'assura à Henri Cœur lorsque celui-ci souhaita rapporter le corps de son père à Bourges. Selon la bulle pontificale, l'homme, après s'être écarté de la religion, serait mort en croisé. Mais de corps il ne fut pas trouvé. Aussi, une légende naquit deux siècles plus tard, elle assurait qu'il se serait réfugié à Chypre ; il y aurait coulé des jours heureux avec une nouvelle épouse, une princesse grecque qui lui aurait donné deux filles. Déjà commençait le mythe.

Bibliographie sélective

Les Affaires de Jacques Cœur. Journal du procureur Dauvet, édité par Michel Mollat, 2 vol., Paris, 1953-1954.

Contamine Philippe, *Charles VII. Une vie, une politique*, Paris, Perrin, 2017.

Mollat Michel, *Jacques Cœur ou l'Esprit d'entreprise*, Paris, Aubier, 1988.

Sablon du Corail Amable, *La Guerre de Cent Ans. Apprendre à vaincre*, Paris, Passés / Composés, 2022.

4

Michel de L'Hospital (1503 / 1507-1573)

La modération au pouvoir

par Jean-François SOLNON

« Le plus grand homme de France, si ce titre est dû au génie, à la science et à la probité réunis. »

Voltaire

Pour qui chemine à Paris devant la façade nord de l'Assemblée nationale, autrefois Palais-Bourbon, l'œil est attiré par quatre statues assises encadrant l'emmarchement qui conduit au noble portique composé de douze colonnes corinthiennes. Chacun des personnages figés dans la pierre est l'œuvre réalisée pendant le Premier Empire d'un artiste différent. Elles rappellent la mémoire de Sully – « le réformateur » –, Jean-Baptiste Colbert – « l'organisateur » –, le chancelier d'Aguesseau – « l'unificateur du droit » – et, à l'extrême gauche, un homme au crâne largement dégarni, qui contraste avec une barbe généreuse, une plume d'oie dans la main droite, et dont le costume indique le siècle – le XVIe – où il vivait : Michel de L'Hospital, dénommé « le conciliateur », dû au ciseau de Louis Pierre Deseine. Tous quatre, juristes ou administrateurs, éminents serviteurs de l'État.

Si, en son temps, l'homme a été la cible de bien des critiques, il est devenu pour les historiens de la IIIe République, et pour les petits manuels qu'ils ont inspirés, le parangon de la tolérance. Des établissements scolaires, des centres de recherche érudite, la promotion 1979 de l'ENA, des salles de mairie, des rues portent aujourd'hui son nom. Timbres-poste, médailles, gravures, statues sont à son effigie. L'Hospital décline plusieurs spécialités : juriste, chancelier de France, homme d'État, poète néolatin, auteur de nombreux écrits en rapport avec son rôle politique, protecteur de Ronsard et de la Pléiade. On en ferait à moins un personnage éminent de la Renaissance.

C'est en 1560 – deux ans avant le déclenchement des guerres de Religion – que L'Hospital est nommé chancelier de France, cette prestigieuse dignité qui ne se perd qu'avec la mort et fait de son détenteur un grand officier de la Couronne, porte-parole du roi[1], chef-né de ses Conseils, préposé au scellement des actes royaux. Successeur de François Olivier, mort le 30 mars 1560, Michel de L'Hospital est choisi pour ses compétences de juriste.

Une carrière de juriste

Né dans une famille de médecins entre 1503 et 1507 en Auvergne, cœur du royaume de France, au château de la Roche,

1. Comme le connétable est porte-épée du roi. Alors que la dignité de chancelier est inamovible – le roi ne pouvant le destituer –, le garde des Sceaux est révocable. Un même homme peut cumuler les deux fonctions, ou, au contraire, être garde des Sceaux sans être chancelier. Les lettres de provision pour le futur chancelier furent signées le 30 juin 1560, enregistrées au parlement de Paris le 2 juillet suivant. Père Anselme, *Histoire généalogique et chronologique de la maison royale de France*, 3e édition, 1730, t. VI, p. 488-489.

sis à Chaptuzat, non loin de la charmante cité d'Aigueperse, capitale de la principauté de Montpensier[2], l'homme accompagne son père, médecin et conseiller de Charles de Bourbon, comte de Montpensier et connétable de France, dans la fuite de celui-ci en Italie. Dans la péninsule, il étudie à l'université de Padoue, où il devient professeur de droit civil, puis à Rome, où il est nommé auditeur de la Rote, l'un des tribunaux de la papauté, avant que son protecteur, le connétable, ne meure au service de Charles Quint devant Rome en 1527.

Rentré en France sept ans plus tard, il réussit grâce à son mariage avec Marie Morin, fille d'un lieutenant criminel du tribunal parisien du Châtelet, à acquérir une charge de conseiller au parlement de Paris. Apprécié pour ses qualités de juriste, il parcourt une brillante carrière de magistrat, nommé notamment délégué aux Grands Jours de justice de Moulins, Riom et Tours (entre 1540 et 1546), tout en diversifiant ses compétences et variant les charges qu'il occupe comme représentant du roi au concile de Trente, contrôleur des finances, premier président de la chambre parisienne des comptes (1555), mais aussi (en 1550) chancelier privé de Marguerite de France (1523-1574), duchesse de Berry puis de Savoie, sœur du roi Henri II[3].

L'Hospital respire l'air de la cour. Henri II vient-il à partir pour la guerre dans l'est du royaume ? Familier du Louvre, L'Hospital témoigne alors de la crainte de la reine Catherine de Médicis de devenir précocement veuve. « Voulez-vous savoir ce que nous devenons, écrit-il de Paris aux combattants, ce que fait la reine, si anxieuse de son mari, ce que fait la sœur du roi et sa bru et Anne d'Este [épouse de François de Lorraine], et toute leur suite impropre à porter les armes ? Par des prières continuelles et

2. Aujourd'hui département du Puy-de-Dôme.

3. Père Anselme, *op. cit.*

par des vœux, elles harcèlent les puissances célestes, implorant le salut pour vous et pour le roi, et votre retour rapide après la défaite des ennemis. »

C'est donc à un homme compétent et loyal qu'est confiée la dignité de chancelier de France. C'est aussi, et surtout, d'un serviteur politiquement et religieusement modéré que Catherine de Médicis, actrice d'une prudente entrée en scène à l'avènement de François II, fait le premier des magistrats. Le choix de L'Hospital pour une si brillante fonction est contemporain du « tumulte », ou conjuration d'Amboise (mars 1560). D'essence essentiellement nobiliaire, celle-ci est animée par des gentilshommes convertis ou attirés par la Réforme, et vise à « délivrer » le roi François II de l'influence des Lorrains, champions du catholicisme, François duc de Guise, brillant capitaine, vainqueur de Metz et de Calais, et son frère Charles, cardinal de Lorraine, archevêque de Reims. Oncles de la reine Marie Stuart, ils gouvernent le royaume avec autorité et à leur profit, réprimant durement les protestants. Aussi, jugés étrangers au sang de France, sont-ils accusés d'exercer un pouvoir arbitraire et de gouverner en rois « absolus ».

L'apaisement avant l'entrée en scène de L'Hospital

Aux persécutions commandées par les Lorrains, la conjuration dite d'Amboise est la réponse des réformés. Dès le 12 février, le pouvoir royal est averti de l'existence de la révolte. Prudente, la cour préfère s'installer à Amboise, qu'elle juge mieux défendu que Blois. L'édit du 8 mars 1560 vise cependant à l'apaisement en distinguant la profession de foi calviniste du complot en cours contre la sûreté de l'État. Religion et politique sont donc dissociées. Les fauteurs de troubles subiront la rigueur des lois, tandis que les huguenots décidés à vivre en bons et paisibles catholiques seront amnistiés. Cette main tendue aux protestants, qui inquiète certains catholiques, est le fait de Catherine de Médicis et d'un groupe de modérés que l'on appelle alors les *moyenneurs* (comprenez médiateurs).

Une nouvelle politique religieuse est ainsi inaugurée par la mère du roi, avant même la nomination de L'Hospital à la chancellerie.

Les uns et les autres sont convaincus que la répression violente mise en place par les Lorrains pendant et après l'échec de la conjuration d'Amboise (« Ils ont décapité la France, les bourreaux ! » s'était indigné Agrippa d'Aubigné, scandalisé par la dureté des châtiments infligés aux huguenots) est illégitime et inefficace. La solution alors proposée est la *concorde religieuse*, c'est-à-dire le retour à l'unité de foi au prix de concessions disciplinaires et doctrinales consenties par les deux confessions. Ce n'est pas la tolérance religieuse, comme on l'entend aujourd'hui, alors très rarement admise. Ce rétablissement de l'unité religieuse devra être l'œuvre d'un futur concile national, où tous les courants issus de la réforme seront représentés.

La recherche de la concorde religieuse

Une fois passée la peur éprouvée par le gouvernement royal, notamment le jour, 17 mars, de l'assaut des conjurés contre l'enceinte de la ville d'Amboise, peur accompagnée d'une répression féroce, les partisans de la concorde, garantie de la paix civile, semblent devoir l'emporter. Catherine de Médicis met tous ses espoirs dans la tenue d'un concile national, avec l'appui du cardinal de Lorraine que la légende noire a dépeint abusivement comme le « tigre de la France ». La mère du roi régnant inspire, à peine deux mois après le « tumulte », un second édit favorable aux réformés. Elle persiste dans cette voie et, pour agir avec efficacité, obtient du roi la nomination de Michel de L'Hospital comme chancelier.

Attaché lui aussi à la concorde religieuse, le juriste, désormais grand officier de la Couronne, n'est pas pour autant l'apôtre de la tolérance au sens où nous l'entendons de nos jours. Car L'Hospital reste attaché à l'unité de foi. « C'est folie, écrivait-il, que d'espérer paix, repos et amitié entre les personnes qui sont de diverses religions. » La coexistence de deux confessions dans un même État lui paraît en effet impossible. Et, à ses yeux, le vieil adage du royaume – « Une foi, une loi, un roi » – est sacré, inviolable. S'il considère que les hérésies sont « des maladies de l'esprit », elles doivent être soignées par la douceur, non par la violence. Avec lui, Catherine de Médicis va œuvrer à la concorde religieuse qui est recherche de l'unité. Celle-ci sera retrouvée non pas en forçant les consciences, mais grâce aux compromis doctrinaux consentis par les catholiques et les protestants.

Pendant huit années, la collaboration entre la reine mère et le célèbre magistrat est si étroite que la postérité y a reconnu une manière de « couple politique » comme au siècle suivant Louis XIII et Richelieu ou Anne d'Autriche et Mazarin.

La crainte du désordre, par ailleurs réel, subsiste. Même si le pouvoir royal tente de l'apaiser grâce à un nouvel édit – celui de Romorantin – qui s'emploie à distinguer hérésie et sédition (non sans difficultés, ce qui le rend difficilement applicable). Même si l'assemblée des notables – sorte de Conseil du roi élargi – réunis à Fontainebleau au mois d'août plaide, sur ordre de Catherine et du chancelier, pour la convocation d'un concile national et pour la réunion des états généraux.

L'impossible réconciliation religieuse

Événement exceptionnel que cette réunion des états puisque soixante-seize ans la séparent de la précédente, au temps de la minorité de Charles VIII (1484). Les députés s'assemblent à Orléans (13 décembre 1560-31 janvier 1561) puis à Pontoise (août 1561)[4]. Une fois encore, la violence, catholique comme réformée, au service de la religion est condamnée. Dans son discours d'ouverture, le chancelier fait preuve d'un humanisme chrétien, qui fit sa gloire et dont la postérité a retenu un admirable passage : « Ôtons ces mots diaboliques, noms de partis, factions et séditions, luthériens, huguenots, papistes. Ne changeons le nom de chrétien. »

Modération qui contraste avec les menaces persistantes des protestants, leurs rassemblements armés, leurs projets de soulèvement du sud-est du royaume comme les troubles qu'ils fomentent dans le Sud-Ouest. Tout laisse croire à un soulèvement généralisé du royaume. Pourtant, Catherine, régente (ou, selon son titre : gouvernante de France) pendant la minorité du nouveau monarque Charles IX, âgé de dix ans[5], espère pacifier les esprits, à grand renfort de prudence et de ruse, grâce aux travaux des états et du concile gallican qui se réunit à Poissy, dans le réfectoire du couvent des dominicaines, du 9 septembre au 14 octobre 1561. Concile bientôt transformé en colloque par la présence des

4. Les députés aux états, qui se prétendaient liés par un mandat impératif, durent retourner devant leurs mandants. Une nouvelle assemblée, qui avait siégé d'abord à Orléans, se réunit alors à Pontoise entre le 1er et le 27 août 1561.

5. François II mourut le 5 décembre 1560. Son frère Charles lui succéda. Son jeune âge exigeait que sa mère, avec le titre de gouvernante, devînt régente.

calvinistes, dont Théodore de Bèze, disciple et porte-parole de Calvin auquel il ressemble physiquement, est le porte-parole. Là est l'espoir du chancelier et des moyenneurs.

Les états généraux se consacrent à un travail législatif considérable, élaboré à partir des cahiers de doléances et codifié par les juristes placés sous la direction de L'Hospital. Naît ainsi, le 31 janvier 1561, la grande ordonnance d'Orléans, touchant les sujets les plus variés (gouvernement du royaume, problèmes religieux, affaires ecclésiastiques, organisation de la justice, législation, finances, commerce et armée), mais qui, en raison de ses ambitions démesurées, ne fut jamais appliquée. La détresse financière du Trésor est alors rendue publique : le chancelier dévoile le 13 janvier, un mois après l'ouverture des états, l'énorme déficit des finances et la dette colossale qui atteint 43 millions et demi de livres tournois. Mais aucun des trois ordres ne veut consentir les sacrifices nécessaires. Au cœur de l'été suivant il faut à nouveau réunir les états à Pontoise pour trouver une solution. Le pouvoir royal profite d'un puissant courant d'opinion hostile à l'immense fortune ecclésiastique dont la mise à disposition de l'État comblerait le déficit. Noblesse et tiers, qui s'exemptent eux-mêmes de toute contribution nouvelle, se liguent contre le clergé. Celui-ci est contraint de céder et signe avec le roi le 21 octobre 1561 le contrat dit de Poissy.

L'assemblée ecclésiastique accorde en don gratuit 1 600 000 livres par an pendant six ans et promet de racheter une partie de la dette, pendant que le roi, pressé par le temps, procède par nécessité à des ventes massives des biens du clergé. En matière de religion, les députés du tiers et de la noblesse souhaitent qu'on puisse donner des temples aux réformés. Vœu qui ne bénéficie d'aucun soutien de l'opinion. À la différence de la régente et de son chancelier, les mentalités ne sont pas prêtes à la concorde religieuse. Les fidèles jugent sacrilège la coexistence des deux religions dans le même État. Les accepter vaudrait damnation perpétuelle : il n'y a pas de place pour deux vérités.

Les moyenneurs eux-mêmes se divisent. Les uns entendent se borner à des concessions disciplinaires et liturgiques, tandis que d'autres, dont la reine mère et Michel de L'Hospital, préfèrent débattre de l'essentiel, c'est-à-dire de la présence réelle du Christ dans les espèces consacrées, et proposer aux calvinistes une formulation de type luthérien – référence à la Confession d'Augsbourg que Charles Quint a autrefois acceptée – plus proche de la doctrine catholique. Une double opposition se manifeste alors : d'une part, les calvinistes, qui exigent plus de libertés et rejettent toute idée de compromis (dans la Cène, objecte Théodore de Bèze, talentueux orateur et polémiste redoutable – fortes paroles qui mirent le feu aux poudres –, le corps du Christ « est éloigné du pain et du vin autant que le plus haut ciel est éloigné de la terre ») et, d'autre part – aussi intransigeants –, les catholiques, inspirés par le cardinal de Lorraine, les envoyés du pape et le général des Jésuites, attachés à la vision catholique de la communion, qui reprochent à Catherine son indulgence. Tout est dit : la conception de l'Eucharistie a été le test confessionnel du colloque.

Celui-ci se clôt donc par un échec. Catherine de Médicis doit en convenir : malgré ses efforts, le colloque n'a porté « aucun fruit pour le repos du royaume ». La tentative de réconciliation religieuse a fait long feu. Les intransigeances triomphent. La régente – qui ne désespère jamais – et, parmi ses conseillers, une poignée de catholiques modérés, dont Michel de L'Hospital est l'emblème, répugnent toutefois à la guerre et, au contraire, s'acheminent progressivement vers la tolérance civile, c'est-à-dire vers l'acceptation provisoire de la différence religieuse pour préserver la paix civile toujours menacée.

Les vains efforts du chancelier

Acceptation qui provoque la colère des catholiques. Le départ de la cour du duc de Guise semble signifier que ceux-ci sont prêts à prendre les armes. Les soupçons de complicité du gouvernement royal avec les réformés se répandent. La cour, répète-t-on, est « infestée d'hérésie ». La reine mère elle-même ne favoriserait-elle pas la nouvelle religion ? Le chancelier n'est-il pas un huguenot dissimulé ? Sait-on que son épouse s'est convertie à la Réforme et que sa fille est éduquée à la huguenote ? Les réformés ne se cachent plus, comme persuadés de leur impunité. Il ne déplaît pas à Catherine de voir ses adversaires craindre le pire. L'édit auquel elle travaille en sera d'autant mieux reçu.

Pour le préparer, Michel de L'Hospital et des magistrats des parlements sont convoqués en une nouvelle assemblée de membres du Conseil. Tous, une fois encore, sont chargés de rechercher la conciliation religieuse. Ce Conseil élargi accouche d'un édit qu'elle fait signer par le roi à Saint-Germain le 17 janvier 1562. On le nomme simplement l'édit de Janvier. Il fait l'effet d'un coup de tonnerre. À la liberté de conscience accordée jusque-là aux protestants s'ajoute désormais la liberté de culte. Le roi reconnaît ainsi officiellement l'existence de deux confessions dans le royaume[6]. Oublié, le vieil adage de la royauté « Une foi, une loi, un roi », tant défendu par Michel de L'Hospital ! La maxime est aujourd'hui bafouée, reniée par celui-là même qui doit en être le garant. L'édit de Janvier contente les réformés, mais provoque la colère des catholiques.

---

6. Les protestants n'obtinrent pareils avantages pour l'exercice de leur religion qu'avec l'édit de Nantes octroyé par Henri IV en 1598. Catherine de Médicis était en avance de quarante ans sur son temps.

Les efforts de Catherine et des moyenneurs restent vains. Le dimanche 1er mars 1562, un combat sanglant oppose à Wassy, petite ville close de Champagne, le duc de Guise et son escorte à des protestants célébrant la cène dans une grange. Injures, jets de pierres. Puis les catholiques donnent l'assaut. Résultat : vingt-cinq à cinquante morts, près de cent cinquante blessés. Le royaume bascule dans la guerre civile. Les unes après les autres, les villes ouvrent leurs portes aux « mal sentants de la foi ». Le royaume de France s'effiloche, allant de sièges de ville en répétitifs édits de pacification, de chefs huguenots morts au combat à l'assassinat du chef des catholiques, le duc de Guise. L'édit de pacification d'Amboise, le 19 mars 1563, reconnaît la liberté de conscience, mais restreint la liberté de culte pour les protestants à certaines personnes et à certains lieux. Il n'en met pas moins fin à la lutte armée pour presque quatre ans. La tolérance civile est de retour, imparfaite, mais salvatrice pour le royaume. Michel de L'Hospital croit pouvoir cultiver un optimisme prudent.

La majorité du roi

Les succès militaires remportés par l'armée royale sur les huguenots, notamment à Dreux, ou le retrait des Anglais du Havre ne détournent pas la régente de son premier devoir : faire respecter l'édit. Or le parlement de Paris refuse de l'enregistrer, prenant prétexte de la minorité de Charles IX. Minorité qui réveille toujours les contestations politiques, alors que l'autorité d'un roi majeur ne doit théoriquement souffrir aucune opposition, toute révolte étant alors assimilée à un crime de lèse-majesté. Une ordonnance vieille de près de deux siècles (1374) fixe la majorité des rois à quatorze ans. Or Charles n'a que treize ans et six semaines. Faut-il encore patienter plus de dix mois

– dix interminables et dangereux mois – pour voir reconnaître la plénitude de son pouvoir ? Précipiter l'échéance de la majorité s'impose. C'est l'œuvre de Michel de L'Hospital, qui mobilise ses juristes.

D'une ambiguïté du texte, l'habile chancelier fait jaillir une interprétation favorable au gouvernement. Il n'est pas nécessaire que la quatorzième année soit accomplie : qu'elle soit entamée suffit. Avec ses treize ans passés, Charles IX peut dans l'instant être proclamé majeur.

Le chancelier ajoute une nouveauté. Pour enregistrer solennellement la déclaration de majorité, il choisit le parlement de Rouen, et non celui de Paris, jugé trop indépendant. La cérémonie a lieu le 17 août 1563. Cette déclaration de majorité autorise aussi le chancelier à préciser deux principes essentiels : la continuité monarchique et la thèse du roi législateur, le monarque étant seul à pouvoir faire les lois. Michel de L'Hospital comme Catherine et les modérés peuvent continuer d'œuvrer à la politique de tolérance civile.

L'échec de la modération

Le roi majeur ne renvoie pas sa mère à des travaux d'aiguille. Certes, la régence prend fin, mais Catherine continue de gouverner. Elle exerce son pouvoir au sein du Conseil, instrument privilégié du gouvernement monarchique, qu'elle s'emploie à composer de représentants des deux religions, neutralisés par une vingtaine de modérés acquis à la politique de pacification, au premier rang desquels l'indispensable Michel de L'Hospital.

Catherine, qui réussit à conserver son rôle d'arbitre, sait que le pari de la pacification peut être gagné. L'un de ses moyens est de faire découvrir au jeune roi son royaume. C'est un véritable tour de France qu'elle impose à sa suite. Le monarque doit connaître son royaume, voir et être vu. Ainsi s'organise le Grand Tour (1564-1566). La reine mère en profite pour rencontrer et consulter Nostradamus à Salon-de-Crau et embrasser à Bayonne sa fille Élisabeth, devenue reine d'Espagne. Le chancelier est naturellement du voyage. Ce Grand Tour est l'occasion de rétablir le contrôle du roi sur les villes et de stigmatiser le fanatisme. L'Hospital se charge de mettre au pas les parlements trop indépendants qui outrepassent leur pouvoir judiciaire. À Aix comme à Toulouse et Bordeaux, il condamne les magistrats avec la même vigueur. Ainsi, d'étape en étape, il aide le pouvoir monarchique à marquer des points. Aux fêtes et divertissements généreusement offerts participent catholiques et réformés. Ne serait-ce pas le prélude à la réconciliation ? la sauvegarde d'une politique de concorde ?

La tentative de politique modérée (1563-1567) ne dure pas. L'histoire se répète : tout s'agite de nouveau. Une nouvelle guerre – la deuxième[7] – s'ouvre en 1568. Elle s'achève provisoirement, par manque d'argent, par un nouvel édit, celui de Longjumeau du 23 mars 1568, qui ne règle rien. Les catholiques reprochent à Catherine ses prétendues faiblesses envers les huguenots, tandis que les réformés la jugent complice des violences catholiques. La reine mère reprend l'initiative, mais moins soucieuse d'accommodement, plus hostile envers les réformés.

S'est-elle convertie à la manière forte ? Son entourage plaide pour la répression. Une seule exception : le chancelier, toujours fidèle à une politique de concorde religieuse. Alors, aux catholiques du royaume comme au roi d'Espagne Philippe II, champion de la lutte contre les protestants, Catherine envoie un signe : le chancelier est remercié. Dès la fin du mois de juin 1568,

7. Jusqu'à l'édit de Nantes (1598), on en compte huit.

il est écarté du Conseil et, en septembre, doit rendre les Sceaux[8]. La reine mère renvoie un serviteur qui longtemps a partagé ses vues, mais dont la modération paraît désormais coupable. L'Hospital est sacrifié. Il se retire dans sa propriété de Vignay, au sud de Paris.

Désormais, le grand homme du Conseil est le cardinal de Lorraine. Au pouvoir sous le règne éphémère de François II, écarté à l'avènement de Charles IX, le Lorrain demeure un personnage de premier plan, toujours écouté, notamment d'Henri d'Anjou, frère du roi (et futur Henri III), qui le reconnaît comme son mentor. Admiré des uns, craint de beaucoup, le cardinal est haï des protestants qui regrettent déjà Michel de L'Hospital.

Dans la mémoire collective, le nom du chancelier, on le sait, est étroitement lié à celui de Catherine de Médicis. Mais la reine et son conseiller n'ont pas reçu le même accueil chez nos contemporains. Le célèbre magistrat semble être le versant lumineux et moderne du règne de Catherine, jugé (à tort) obscur, inquiétant et maléfique. Il est vrai que L'Hospital échoua à convaincre celle qui, selon l'opinion commune, a ordonné les massacres de la Saint-Barthélemy, auxquels le chancelier échappa avant de mourir chez sa fille en son château de Belesbat[9] le 13 mars 1573, âgé de presque soixante-dix ans, soit sept mois après la terrible tuerie du 24 août 1572.

Mais, aux yeux d'une postérité oublieuse des contingences politiques du temps, il gagne (abusivement parfois) en sa disgrâce l'auréole de la tolérance.

---

8. Les Sceaux sont alors confiés à Jean de Morvillier.
9. Département de l'Essonne.

Bibliographie sélective

Albert-Buisson François, *Michel de L'Hospital (1503-1573)*, Paris, Hachette, 1950.

Crouzet Denis, *La Sagesse et le Malheur. Michel de L'Hospital, chancelier de France*, Seyssel, Champ Vallon, 1998.

Héritier Jean, *Michel de L'Hospital*, Paris, Flammarion, 1943.

Jouanna Arlette, *La France du XVIe siècle. 1483-1598*, Paris, PUF, 1996.

L'Hospital Michel de, *Discours pour la majorité de Charles IX*, éd. Robert Descimon, Paris, Imprimerie nationale, 1993.

Petris Loris, *La Plume et la Tribune. Michel de L'Hospital et ses discours (1559-1562)*, Genève, Droz, 2002.

Solnon Jean-François, *Catherine de Médicis*, Paris, Perrin, 2003.

Wanegffelen Thierry, *De Michel de L'Hospital à l'édit de Nantes. Politique et religion face aux Églises*, Clermont-Ferrand, Presses universitaires Blaise-Pascal, 2002.

5

Sully
(1559-1641)
Le ministre d'Henri IV

par Isabelle Aristide-Hastir

Ministre des Finances et principal ministre de 1598 à 1610, Sully incarne, au côté du roi Henri, un mythe de l'âge d'or en France au sortir des guerres de Religion. Sa naissance ne le prédestinait pas aux plus hautes charges de l'État. Compagnon d'Henri IV dès sa jeunesse, il devient, grâce à sa personnalité et aux relations personnelles tissées entre eux, son conseiller et son ministre. Il parvient en douze ans à un assainissement des finances publiques et à un redressement économique de la France. Symbole de cette réussite, le trésor de la Bastille, où sont gardés en réserve plus de 15 millions de livres en excédent, après des décennies de budget déficitaire et de dettes accumulées. Sa réussite personnelle est éclatante, et il consacre les trente dernières années de sa vie à défendre et accroître son patrimoine et à construire son image pour la postérité.

La jeunesse

« *Vous êtes parvenu par mérite et services [...] ayant même commencé comme simple soldat portant l'harquebuse*[1]. »

« Monsieur de Rosny », comme on l'appelle dans sa jeunesse, est né Maximilien de Béthune en 1559. Le cadet de famille sans fortune peut, à la mort d'Henri IV, s'enorgueillir d'un patrimoine foncier très important et d'une titulature prestigieuse : marquis de Rosny, duc de Sully, pair de France, prince souverain de Boisbelle-Henrichemont.

Rosny est à Paris au moment du massacre de la Saint Barthélemy (1572), auquel il réchappe de peu. Élevé dans la foi réformée, il s'attache au jeune chef du parti protestant, Henri de Navarre (futur Henri IV), dont il est d'abord page. Il le suit quand celui-ci s'échappe de la cour en 1576 et partage dès lors les fortunes et infortunes de son roi. Les guerres civiles alternent avec des périodes de réconciliation, le jeune Rosny sert le roi de Navarre dans ses campagnes, d'abord comme simple soldat puis à la tête d'une compagnie d'hommes d'armes. Dans ces guerres de siège visant à s'approprier les places adverses, Rosny développe des compétences utiles d'artilleur, d'artificier et d'ingénieur, avec une excellence particulière pour l'art du génie militaire.

Entre deux campagnes, il s'occupe activement de ses domaines, celui de Rosny, dont il hérite en partie en 1575, et celui de Bontin, provenant de la succession de sa première femme, Anne de Courtenay (1564-1589). C'est là qu'il développe ses qualités de bon « mesnager » et d'administrateur qu'il mettra plus tard au service des affaires de la France. C'est aussi pendant ces années

1. Sully, *Œconomies royales*, t. II, p. 34.

que se forgent les principaux traits de caractère de Rosny et que se construit la relation de confiance et d'amitié entre le maître et son serviteur. En cette fin du XVIe siècle, le caractère féodal de cette relation, hérité des liens vassal-sujet du Moyen Âge où chacun a des devoirs (le fidèle se dévoue à son maître et le sert par tous les moyens, y compris en sacrifiant sa vie et sa fortune, et le maître en retour lui doit confiance, protection et avancement), se double de liens supplémentaires, de nature sentimentale, fondés sur une affection mutuelle. Les *Mémoires* de Sully (*Mémoires des sages et royales œconomies d'Estat* ou, plus simplement, *Œconomies royales*) sont émaillés de délicieuses scènes pittoresques, peut-être enjolivées, laissant apparaître Henri IV dans toute sa gouaille et Rosny partageant son intimité, ses peines de cœur, ses hésitations politiques.

Le pouvoir

Quo jussa Jovis (Je vole où Jupiter m'envoie)[2]

L'accession au trône de France d'Henri IV (2 août 1589) ne signe pas immédiatement la promotion de son protégé aux plus hautes charges de l'État. C'est seulement avec l'abjuration et le sacre d'Henri IV (1593-1594), l'édit de Nantes et la paix de Vervins (1598) que la paix, intérieure et extérieure, revient en France. Rosny a mis à profit ces années d'incertitude pour asseoir sa position auprès d'Henri IV. Il devient l'œil et l'oreille de son maître, l'homme indispensable qui sait où trouver l'argent pour payer des troupes et financer le siège d'Amiens, car la reconquête

2. Devise de Sully comme grand maître de l'Artillerie, figurant une aigle aux ailes déployées tenant la foudre entre ses serres.

de la France est une entreprise dévoreuse d'argent. Nommé conseiller d'État en 1590, Sully rentre au Conseil des finances en juillet 1596 et se trouve confronté à une violente opposition des autres conseillers, tous catholiques, formés depuis longtemps aux arcanes des dossiers et aux tractations avec les financiers, que Sully qualifie de « friponneries » et de malversations. Il se distingue en 1596 par un coup de main qui le fera qualifier de « baroudeur » par certains historiens contemporains : envoyé en mission dans les généralités d'Orléans et de Tours, il en revient avec soixante-dix charrettes chargées de 500 000 écus d'or.

En secret, il se prépare à la charge à laquelle il aspire : celle de surintendant des Finances. Il n'a aucune formation en droit (la voie royale pour accéder aux charges du gouvernement) ni aucune expérience de la gestion des deniers royaux, mais il observe et se forme. Il érige l'intégrité en vertu suprême du serviteur de l'État, dénonce et pourfend toutes les « combines » des gens de finances, s'insurge que ceux-ci paraissent en public avec pompe et magnificence et un ridicule étalage de luxe, alors que le roi n'a que des chemises déchirées et un pourpoint troué aux coudes.

Habilement, il présente avec clarté à Henri IV un « État général des finances » pour l'année 1597 qu'il a mis des jours et des nuits à élaborer. L'objectif de rétablir les finances devient pour lui une sorte de passion : il fait des recherches minutieuses dans les anciens registres du Conseil d'État, des parlements, des chambres des comptes et des cours des aides, et même dans les mémoires des anciens secrétaires d'État, car les nouveaux refusent de lui communiquer les leurs. Il en fait des extraits, dresse des rapports, rédige ordres et règlements pour pointer les erreurs et réformer la tenue des comptes.

Les efforts déployés par Rosny, son incomparable puissance de travail et ses relations avec le roi font de lui en juin 1598 le chef de l'administration des Finances : le roi rétablit pour lui la charge de surintendant des Finances qui avait été supprimée à la mort de François d'O en 1594. C'est une révolution pour l'époque : un protestant à la tête d'un des départements ministériels les plus importants, un homme encore jeune (trente-neuf ans), impétueux, alors qu'en face de lui les autres ministres sont plus âgés et plus expérimentés : le chancelier Bellièvre, nommé en 1599, a soixante-dix ans !

À partir de 1598, l'ascension de Rosny est continue : déjà gouverneur de Mantes (1597), il est nommé en 1599 surintendant des Fortifications, grand voyer de France et grand maître de l'artillerie ; en 1600, capitaine de cent hommes d'armes du roi ; en 1602, conseiller d'honneur au parlement de Paris, gouverneur de la Bastille et surintendant des Bâtiments du roi ; en 1603, voyer particulier de Paris, gouverneur du Poitou ; en 1606, capitaine lieutenant des deux cents hommes d'armes de la reine et gouverneur de Jargeau.

Ascension sociale et enrichissement vont de conserve : avec ses pensions, émoluments de charges et dons du roi, il peut en 1599 racheter à son frère sa part de la baronnie de Rosny, qui est érigée en marquisat en 1601 ; en 1602, il acquiert du duc de La Trémoille la baronnie de Sully-sur-Loire, qui est érigée en duché-pairie en 1606. C'est donc à partir de 1606 que le ministre d'Henri IV se fait appeler duc de Sully, nom sous lequel il est passé à la postérité. En 1605, il acquiert de Charles de Gonzague, duc de Nevers, la principauté souveraine de Boisbelle, en Berry, où il fera construire à partir de 1609 la ville nouvelle d'Henrichemont, avec les seigneuries de Montrond, Saint-Amand, Orval et La Chapelle-d'Angillon. Il possédait aussi la baronnie de Bontin, en Bourgogne, la seigneurie de Villebon, près de Chartres, et le comté de Dourdan. À la mort d'Henri IV, le petit cadet de famille est devenu duc et pair de France et titulaire d'une des premières fortunes de France.

Un homme d'État idéal ?

Virtute, labore et obsequio (Courage, labeur et dévouement)[3]

Sully n'est pas un grand théoricien de l'économie, mais il a développé certaines idées dans ses *Mémoires* (*Œconomies royales*) et brossé le portrait de l'homme d'État idéal[4] : il doit avoir un peu de jugement, mais surtout une grande capacité de travail, montrer beaucoup d'exactitude et encore plus de probité. Il doit être sans passion, ne doit pas maltraiter ses inférieurs, être affable avec tous, éviter le penchant pour le sexe, les jeux d'argent, cultiver la sobriété pour la boisson, les mets de table ou la parure, éviter de tomber dans les attraits du luxe et de la mode. Sans pour autant renoncer aux plaisirs et divertissements, tant qu'ils ne viennent pas dissiper sa fortune et flétrir son rang.

Ce portrait n'est pas exactement celui de Sully, surtout quant aux traits de caractère, car il est réputé irascible et cassant. Mais il ne faut pas non plus se le représenter en ministre laborieux, économe, humble et servile. Il a une haute idée de son rang et de l'État incarné par le roi, ce qui l'engage à faire des dépenses, pour lui et pour le roi, importantes, sinon somptuaires. Tout en refusant systématiquement les présents offerts par des particuliers et

3. Extrait d'une devise que Sully avait fait apposer dans son hôtel parisien : « *Virtute, labore et obsequio aeque omnia bona possideo* ».

4. Ce portrait est extrait d'une biographie de Sully par l'abbé de L'Écluse des Loges (1745), qui réécrit et enjolive les *Œconomies royales* de Sully.

les pots-de-vin, il ne néglige ni son ascension sociale, ni son enrichissement. Il justifie avec précision dans ses *Mémoires* toutes les sommes reçues du roi en dons, gages ou pensions, et l'historien contemporain ne peut, en consultant minutieusement les abondantes archives qu'il a laissées, douter de sa légendaire probité.

Son administration marque, pour les historiens, un tournant dans l'évolution de l'État. En étant à la tête de plusieurs portefeuilles ministériels et en chapeautant avec une rigueur implacable tout un ensemble de services (finances, défense du royaume, travaux publics, bâtiments royaux) aux multiples ramifications, Sully, véritable Premier ministre (le titre n'existe pas), imprime à tous les échelons de l'administration royale une dynamique qui la fait passer d'un « esprit de justice » à un « esprit de finance » : la monarchie, d'essence judiciaire, tend à devenir une monarchie exécutive et gestionnaire.

L'administration des Finances

Pour assainir la situation financière du royaume à la fin du XVIe siècle, la tâche du surintendant général des Finances est immense. Il faut amortir la dette, revaloriser les revenus publics et éteindre ou du moins limiter le déficit. L'objectif de Sully, auquel il parvint, est de remplir les caisses du Trésor royal.

La dette accumulée par Charles IX et ses successeurs est colossale : entre 200 et 350 millions de livres. La Couronne de France a emprunté auprès de la reine d'Angleterre, de plusieurs princes allemands, du grand-duc de Toscane, des cantons suisses, de plusieurs grands financiers. Elle a aussi emprunté auprès des particuliers par le moyen des rentes constituées sur l'hôtel de ville de Paris. À situation exceptionnelle, moyens exceptionnels : Sully va user de force et d'intimidation pour négocier des arrangements avec les uns, rabattre une partie de la dette avec les autres. L'opportun mariage d'Henri IV avec Marie de Médicis le 17 décembre 1600 annule la dette florentine. Quant aux rentes, Sully, après avoir fait procéder à d'amples opérations de vérification par une équipe de cinq commissaires, déclare la banqueroute en 1604. Il envisage même de revoir à la baisse tous les taux d'intérêt, mais y renonce face à un risque d'émeute.

Pour soutenir cette action énergique, Sully use aussi d'une juridiction d'exception : les chambres de justice. Composées de membres des chambres des comptes et de maîtres des requêtes, elles siègent en 1597, de 1601 à 1604, de 1605 à 1607 et de 1607 à 1608. Leur rôle est d'enquêter sur toutes les infractions commises par les officiers des Finances dans l'exercice de leurs fonctions. Les coupables sont condamnés en 1604 à un « prêt » substantiel en échange de l'annulation de toute procédure et, pour les récalcitrants, à une taxation de plus de 1 million de livres en 1608.

Augmenter les revenus publics sous-entend bien souvent augmenter les impôts. Mais Sully refuse de faire peser une charge supplémentaire sur les paysans (qui sont la grande majorité de la population française) en augmentant la taille (impôt direct payé par les roturiers) : « après tous les fléaux qui étaient tombés sur le peuple de la campagne, le surcharger encore par une augmentation dont il est la seule victime et dans le temps où il ne faisait que commencer à respirer, c'était achever de ruiner l'État et ôter pour l'avenir au roi lui-même ses plus fécondes, et en un sens, ses seules véritables ressources[5] ». C'est ainsi qu'il faut comprendre la fameuse maxime de Sully : « Le labourage et le pâturage sont les deux mamelles dont la France est alimentée et

5. L'Écluse des Loges, *Mémoires...*, t. I, p. 484.

les vraies mines et trésors du Pérou[6]. » Mieux, même : il diminue la taille, dont le produit, estimé à 18 millions de livres en 1598, oscillera entre 13 et 15 millions de livres durant le reste du règne d'Henri IV.

Il faut trouver une autre solution pour compenser ce manque à gagner : ce sera l'augmentation des impôts indirects, à savoir la gabelle (taxe sur le sel), les aides (taxes sur la vente, la fabrication et la circulation de certaines marchandises) et les traites (taxes douanières perçues au passage de certaines frontières). Le produit des impôts indirects va ainsi doubler, passant d'environ 3 millions de livres en 1600 à plus de 6 millions de livres en 1610.

Enfin, Sully se montre créatif, en inventant un droit annuel appelé « paulette » (du nom du financier Paulet, qui prit les revenus à ferme), qui procure au Trésor royal une forme de revenu immédiat, mais qui eut cependant des conséquences funestes dans les règnes suivants : en proposant une taxe annuelle équivalente à 1/60e de la valeur des offices pour permettre au titulaire de transmettre sa charge, même sur son lit de mort, Sully consacre la vénalité et l'hérédité des offices.

La méthode Sully

Sully est un bourreau de travail : il se lève à 4 heures du matin et pendant deux heures, selon son expression, nettoie le tapis des affaires. Habillé à 6 h 30, il se rend au Conseil du roi à 9 heures. Le Conseil se tient six jours par semaine : mardi, jeudi et samedi, c'est le Conseil d'État et des finances ; les autres jours, le Conseil des parties. Sully examine les lettres et requêtes qui y sont présentées et arrive même fréquemment avec des arrêts déjà dressés !

6. Sully, *Œconomies royales*, t. I, p. 477.

Quand, accablé de travail, il ne peut se rendre au Conseil, il fait en sorte qu'aucune décision importante n'y soit prise. Souvent, le roi Henri IV ne siège pas au Conseil, mais il fait appeler Sully, seul ou avec un ou deux autres ministres, et il fait connaître ses intentions en se promenant. Souvent aussi le roi le fait mander, et il faut cesser toute affaire pressante, imaginer des solutions, se prêter à des entremises, écrire des lettres, faire des voyages...

À midi, déjeuner frugal à l'Arsenal, demeure du grand maître de l'artillerie, en petit comité : sa femme, ses enfants, un ou deux amis. L'après-midi, il tient audience dans sa grande salle et désigne un secrétaire ou un intendant pour suivre le dossier. Après souper, ses portes sont fermées, sauf pour le roi, et le coucher est à 22 heures.

D'homme d'épée habitué au terrain militaire et aux coups de main, Sully se mue en homme de plume, assidu à sa table de travail, écrivant lettre sur lettre, rédigeant arrêt sur arrêt et, surtout, sa passion, élaborant des tableaux et des états nets et précis : tout doit être au clair. Effaré de constater, quand il prend ses fonctions, qu'on ne connaît pas le nombre d'officiers de guerre, de police, de judicature, de finance et de la Maison du roi, il en fait consigner la liste dans un registre, cela pour contrôler les pensions et en supprimer une partie. Son œil vigilant scrute le moindre détail : pour surveiller la perception des tailles, il envoie aux receveurs de nouveaux modèles de comptes, examine lui-même ceux qui lui sont renvoyés, souligne la moindre erreur, même d'inadvertance, et demande que tout soit justifié par des pièces jointes.

Clarté aussi dans la passation des marchés : désormais, Sully prend pour règle, ce qui n'était qu'irrégulièrement suivi auparavant, de passer tous les marchés intéressant les finances de l'État devant un notaire, en l'occurrence, maître Simon Fournyer, dont l'étude, alors proche de l'Arsenal, conserve 278 contrats signés par Maximilien de Béthune, intéressant aussi bien le Conseil d'État, le domaine royal, l'Arsenal, le canal de Briare, la seigneurie d'Antibes, les bâtiments royaux (Louvre, Tuileries, place Royale, Collège de France, Saint-Germain-en-Laye, Villers-Cotterêts) que l'artillerie ou la voirie. Et les Archives nationales conservent encore aujourd'hui les magnifiques séries des états généraux des recettes et dépenses pour les années 1605 à 1610.

Sully est aussi passionné d'enquêtes sur le terrain et de cartographie. En tant que grand maître de l'artillerie, il fait dresser à partir de 1604 la liste des pièces d'artillerie, munitions et accessoires se trouvant dans les arsenaux et magasins royaux et fait faire une enquête sur le nombre d'ormes susceptibles de servir d'affûts de canon, les prix des matières premières, les tarifs de port par terre ou par voie d'eau, etc. En tant que surintendant des Fortifications, il envoie dans chaque région frontalière un ingénieur, qui, sous l'autorité de l'intendant des Fortifications, est chargé de dresser des plans, de déterminer les travaux à faire et de suivre leur exécution. Il nous en reste aujourd'hui les belles cartes réalisées par Jean Errard pour la Picardie, Claude Chastillon pour la Champagne, ou Jean de Beins pour le Dauphiné. Ainsi commence à émerger un corps d'ingénieurs de l'État.

Si la finance infuse toute la vie de l'État, Sully s'implique lui-même dans quantité de domaines variés, non seulement par goût de réformer l'administration, par désir de rétablir une économie florissante, mais aussi pour glorifier le roi Henri IV. Dans le domaine des ponts et chaussées, il fait réparer les grandes routes royales et en fait ouvrir de nouvelles ; mais son effort porte surtout sur les canaux et voies navigables. Il conçoit un vaste réseau de canaux qui joindraient la Méditerranée à l'Atlantique, à la Manche, à la mer du Nord, par les jonctions de la Seine avec la Loire, de la Loire avec la Saône, et de la Saône avec la Meuse.

Il n'a pu réaliser que le canal de Briare reliant la Loire au Loing et à la Seine.

Dans le domaine de l'urbanisme, il fait aménager à Paris la place Royale (aujourd'hui place des Vosges) et la place Dauphine, et projetait une place de France, dans le quartier du Temple. En tant que surintendant des Bâtiments, il fait agrandir le Louvre en construisant la galerie du bord de l'eau, qui joint le Louvre aux Tuileries ; à Saint-Germain-en-Laye, deux nouvelles ailes sont édifiées, et surtout on aménage de magnifiques jardins en terrasses jusqu'à la Seine.

Bien qu'il existât un secrétaire d'État (ou ministre) à la Guerre, ce domaine intéresse tout particulièrement Sully. Rompu aux combats de siège pendant les guerres de Religion, il sait que l'une des forces de l'armée est de se pourvoir rapidement en armes, canons, munitions, ravitaillement et ustensiles. L'Arsenal à Paris devient une véritable réserve centrale pour tout le royaume, où, dès 1604, il a emmagasiné de quoi équiper quinze mille hommes de pied et trente mille chevaux.

C'est par le biais de l'artillerie, qui garnit les navires et galères royaux, que Sully s'intéresse à la marine. Il fait doubler le budget du général des galères, responsable de la flotte en Méditerranée, Philippe-Emmanuel de Gondi, et commande la construction et l'armement de six nouvelles galères pour le port de Marseille. C'est le début de la renaissance de la flotte française qui amènera, en 1626, à la reconnaissance de la Marine comme compétence spéciale des secrétaires d'État, avant de devenir un département ministériel à part entière sous Colbert, en 1669.

La « méthode » Sully est risquée et le ministre peut à tout moment tomber en disgrâce pour avoir froissé ou taxé tel grand personnage. Elle doit sa réussite en grande partie, outre le caractère laborieux et affirmé de Sully, à la bonne volonté (parfois chancelante) d'Henri IV, et à un petit nombre de collaborateurs dévoués, qui forment une sorte de cabinet ministériel. Parmi eux, les cinq frères Arnauld, Isaac, David, Claude, Louis et Pierre ; Noël Regnouart, qui était auparavant agent des affaires de la duchesse de Sully ou Charles Duret de Chevry, qui sera, sous Louis XIII, contrôleur général des Finances.

Dans chacun de ses départements ministériels, il met en place une organisation pyramidale. Aux Finances, il est assisté d'un contrôleur général et de trois intendants. Aux Ponts et Chaussées, il désigne un lieutenant par circonscription. À l'Artillerie, il a un lieutenant général, et il est représenté dans chaque arsenal par un lieutenant ayant sous ses ordres les officiers locaux d'artillerie. Pour les Bâtiments royaux, il est assisté d'un intendant et d'un contrôleur général. Toutes ces personnes doivent rendre compte personnellement de l'administration qu'elles ont sous leurs ordres.

La disgrâce et la retraite

« *Adieu soin de l'État, amour de ma patrie / Laissez-moi en repos finir aux champs ma vie / Surtout adieu mon maître, ô mon cher maître, adieu*[7] ! »

L'assassinat d'Henri IV le 14 mai 1610 met un terme à la carrière ministérielle de son protégé Sully. La disgrâce n'est pas immédiate, la reine régente, Marie de Médicis, ayant décidé dans un premier temps de maintenir les ministres en place. Mais la position de Sully devient très vite intenable. Sous l'influence de ses favoris florentins, Concino Concini et Leonora Galigaï, la reine tient un Conseil secret, dont est exclu Sully. Celui-ci, qui

7. Sully, *Œconomies royales*, t. II, p. VI.

assiste par ailleurs, impuissant, à une hémorragie de largesses prodiguées par la reine, se trouve de plus en butte aux jalousies, rivalités et hostilités de tous ceux dont il s'était fait des ennemis au temps de sa toute-puissance. Après avoir rédigé son dernier état général des finances pour l'année 1611, Sully présente sa démission de surintendant des Finances et de capitaine de la Bastille le 26 janvier 1611. Il n'est plus alors grand maître de l'artillerie, ni surintendant des Fortifications, ni gouverneur de Mantes, ayant transmis ces charges à son fils aîné, le marquis de Rosny, en 1609 et 1610.

Dès lors commence pour Sully une retraite sur ses terres, et, hormis sa participation aux états généraux de 1614, sa tentative pour réconcilier le roi Louis XIII et le prince de Condé en 1615 et sa présence à la conférence de Loudun en 1616, il ne joue plus aucun rôle politique. Il se démet de ses charges de grand voyer de France en faveur de son fils cadet en 1616, de surintendant des Bâtiments en faveur de son gendre, le duc de Rohan, en 1620 et de gouverneur du Poitou en faveur de son fils aîné en 1621.

Fidèle à sa foi protestante jusqu'à sa mort, à une époque où beaucoup de nobles reviennent à la foi catholique romaine (en premier lieu son fils aîné, en 1620), il fait aussi preuve de fidélité à la Couronne en refusant de participer à l'assemblée des protestants à La Rochelle et en se désolidarisant de son fils, le comte d'Orval, gendre du duc de La Force, qui défendait Montauban. Mais on sait par ailleurs qu'il consentit entre 1617 et 1618 des prêts généreux aux protestants de l'île de Ré, La Rochelle, Figeac et Montauban. Cette loyauté lui permet de ne pas se voir dessaisi de ses biens et même de recevoir, en 1634, le bâton de maréchal.

Pendant trente ans, Sully consacre l'essentiel de son activité à défendre et gérer sa fortune, estimée, à la mort d'Henri IV, à environ 2 millions de livres, et investie à 80 % en terres.

Sully applique à son patrimoine les règles de « bon mesnager » et « bon père de famille », économie, ordre dans les papiers, rigueur, clarté, organisation pyramidale, qu'il a employées aux affaires de l'État. Tous ses marchés sont passés devant notaire ; les contrats donnent les moindres détails. Par exemple, dans un marché pour le parc et jardin de Sully-sur-Loire de 1629, il n'énumère pas moins de 21 sortes de poiriers, 9 de pommiers, 9 de pruniers et 4 de cerisiers !

Sully s'entoure de fidèles pour la gestion de ses affaires : trois ou quatre secrétaires qui l'accompagnent en permanence, des intendants dans chacune des villes où il a demeure et qui sont souvent envoyés en mission spéciale ; ils sont choisis parmi les gens de sa maison (précepteur, maître d'hôtel) ou, même après 1611, parmi le personnel de l'artillerie. Mais sa meilleure collaboratrice et la personne la plus digne de confiance est sa seconde épouse, Rachel de Cochefilet (1562-1659). C'est elle qui le plus souvent lui sert de procurateur général et qui vérifie les comptes généraux des domaines.

À la fin de sa longue existence, Sully livre un dernier combat : celui de sa postérité dans l'Histoire. Il fait appel à un érudit, André Du Chesne, historiographe du roi, déjà auteur de plusieurs histoires d'illustres familles (Luxembourg, Montmorency), pour publier en 1639 une *Histoire généalogique de la maison de Béthune*, qui n'hésite pas à faire remonter les ancêtres de Sully à Robert Ier († 1037), avoué d'Arras, dont pourtant la descendance directe s'est éteinte avec Mahaut de Béthune († 1264), épouse de Guy de Dampierre.

En 1638, Sully se décide à faire paraître ses *Mémoires*, sur lesquels ses secrétaires et lui travaillent depuis 1609. Intitulé pompeusement *Mémoires des sages et royales œconomies d'Estat, domestiques, politiques et militaires de Henry le Grand*, l'ouvrage commence par un dialogue entre Fortune et Vertu. Les deux premiers volumes, couvrant les années 1572-1605, sont imprimés au château de Sully-sur-Loire en 1638-1640. Les autres tomes, pour les années 1606-1610, sont imprimés plus tardivement, à Paris, en 1662. Quoique truffés de passages forgés de toutes pièces, d'omissions, d'exagérations, de documents remaniés, ces *Mémoires* dédiés à Henri IV entremêlent le récit personnel de la vie de Sully et la chronique d'un règne vu par un familier et un confident. Ils sont autant un panégyrique du règne du roi Henri IV qu'un compte rendu des services rendus par Sully à l'État, et une justification de son propre enrichissement.

Maximilien de Béthune, duc de Sully, s'éteint le 22 décembre 1641, à l'âge de quatre-vingt-un ans, dans son château de Villebon. Il a dressé de lui et du roi Henri IV un portrait pour la postérité qui devient, à partir de la seconde moitié du XVIIIe siècle, réécrit, réinterprété, simplifié selon les conjonctures politiques et historiques, un mythe : celui du bon ministre d'un bon roi, héros de l'unité nationale, promoteur d'un âge d'or, fondé sur l'équilibre du budget de l'État, la pacification religieuse, les valeurs de la terre, du travail, de la mesure et de l'ordre.

Bibliographie sélective

Aristide-Hastir Isabelle, *La Fortune de Sully*, Paris, Comité pour l'histoire économique et financière de la France, coll. « Histoire économique et financière de la France. Série Études générales », 1990.

Barbiche Bernard et Dainville-Barbiche Ségolène de, *Sully. L'homme et ses fidèles*, Paris, Fayard, 1997.

Du Chesne André, *Histoire généalogique de la maison de Béthune*, Paris, S. Cramoisy, 1639.

L'Écluse des Loges abbé de, *Mémoires de Maximilien de Béthune, duc de Sully, principal ministre de Henry le Grand*, [Paris], 1747.

Sully (Maximilien de Béthune, duc de), *Œconomies royales*, édité par David Buisseret et Bernard Barbiche, t. I : *1572-1594*, t. II : *1595-1599*, Paris, Librairie C. Klincksieck, 1970-1988.

6

Richelieu (1585-1642)

Le service de Dieu, la gloire du roi et la grandeur de l'État

par Jean-Christian PETITFILS

Que ce fussent Alfred de Vigny, Victor Hugo, Alexandre Dumas ou Jules Michelet, les romantiques ont longtemps fait prévaloir leurs stéréotypes. Ainsi, abordant le premier XVII*e siècle, ont-ils réduit le fils d'Henri IV à une molle marionnette et son principal ministre à un tyran sanguinaire, maître absolu de la France, qui, durant dix-huit ans, aurait imposé, au nom de la raison d'État, ses volontés d'une main de fer.*

Depuis longtemps les historiens ont rectifié ces portraits conventionnels, décapé la légende noire entourant aussi bien Louis XIII que Richelieu. Ils ont mieux évalué leurs rapports, ont rectifié les erreurs d'interprétation, appréciant à une plus juste valeur l'œuvre du « grand cardinal », qui fut aussi celle de ce « roi cornélien », dans une époque en proie à des embûches inouïes : l'ambition frénétique des grands, l'hydre des conspirations, la guerre civile menaçante et les terribles périls venus de l'extérieur.

Un ministre vite disgracié

Le 23 février 1615 avait lieu dans la salle de l'hôtel du Petit-Bourbon[1] la séance de clôture des états généraux en présence du jeune roi et de sa mère Marie de Médicis. Au nom de l'ordre du clergé, un prélat jusque-là discret, évêque de Luçon, avait été chargé de prononcer le discours final. Il se leva au milieu de l'agitation des barrettes rouges, du chatoiement majestueux des grandes plumes et du brouhaha du public bariolé du parterre. La taille moyenne[2], mais le port noble et élancé, la mine fière, le visage anguleux, le front large, le regard de feu, il surprit l'auditoire par une allocution limpide, équilibrée, remarquable d'habileté, prônant la réforme de l'État, louant la sagesse de la reine, tout en flattant sans vergogne cette femme de peu de discernement : « Heureux le roi à qui Dieu donne une mère pleine d'amour envers sa personne, de zèle envers l'État et d'expérience pour la conduite de ses affaires ! » C'est ainsi qu'Armand Jean Du Plessis de Richelieu, âgé de vingt-neuf ans, fit sa première entrée en politique et dans l'Histoire !

Né le 9 septembre 1585 à Paris, en l'hôtel de Losse, rue du Bouloi, baptisé à Saint-Eustache, il était le troisième fils d'une famille de cinq enfants : Henri, mort prématurément en duel en 1620, Alphonse, Françoise et Nicole. Son père, François Du Plessis, seigneur de Richelieu en Poitou, grand prévôt de France et capitaine des gardes du corps d'Henri IV, appartenait à

1. Hôtel particulier servant d'annexe au Louvre, situé entre le palais et l'église Saint-Germain-l'Auxerrois et démoli en 1660.

2. C'est le peintre Philippe de Champaigne qui, pour accentuer son air impérieux, le représentera de grande taille, debout tel un roi, dans un célèbre tableau.

une ancienne famille aristocratique d'origine poitevine assez peu fortunée. Sa mère, Suzanne de La Porte, fille d'un riche avocat au Parlement, se rattachait quant à elle à cette bonne bourgeoisie parisienne qui s'était habilement hissée dans les rangs de la noblesse de robe.

Orphelin de père à cinq ans, Armand Jean commença ses études classiques au collège de Navarre, apprenant la rhétorique, la philosophie, le latin, le grec, un peu d'italien et d'espagnol, complétant sa formation à l'académie d'Antoine de Pluvinel, où il acquit, à côté de l'équitation, d'excellentes notions d'escrime, de danse et de musique. Il se destinait au métier des armes qui l'attirait, tandis que son aîné Alphonse avait été orienté vers la prêtrise, de façon à occuper le modeste évêché de Luçon, dont les revenus appartenaient à la famille depuis vingt ans. Malheureusement, ce dernier ayant décidé de se retirer à la Grande Chartreuse, Armand Jean fut contraint à vingt et un ans de changer de voie afin de récupérer l'indispensable Luçon. Stratégie familiale oblige ! N'ayant pas les vingt-six ans requis pour exercer une charge épiscopale, il se rendit à Rome en vue d'obtenir une dispense. Nommé évêque en décembre 1604, il reçut l'investiture canonique en avril 1607 et fut admis à l'automne au sein du collège de Sorbonne, sans probablement passer son doctorat.

Il s'installa dans son diocèse deux ans plus tard, administrant avec zèle son évêché, entreprenant une œuvre pastorale en conformité avec les orientations du concile de Trente, soulageant les pauvres et encourageant les missions. Outre de nombreux mandements ecclésiastiques, on lui doit plusieurs ouvrages de réflexion témoignant de la solidité et de la profondeur de sa foi, en particulier *L'Instruction du chrétien* et le *Traité de perfection du chrétien*. Moraliste plus que mystique, Richelieu se voulut d'abord et avant tout homme d'Église : un aspect de sa personnalité trop souvent négligé. « Par tempérament et par vocation, écrit Françoise Hildesheimer, le cardinal-ministre est demeuré théologien, pasteur et controversiste, désireux de convertir et de persuader par la parole et par la plume, convaincu d'être l'instrument dont Dieu se servait aux côtés du roi pour établir son règne. »

Son élection aux états généraux comme député du clergé poitevin changea sa destinée. Son acte d'allégeance fut vite remarqué par Marie de Médicis, qui, tout en ayant abandonné la régence à la majorité du roi à treize ans, conservait la direction des affaires. En 1616, elle le nomma secrétaire d'État à la Guerre et aux Affaires étrangères dans le gouvernement de son favori Concino Concini, maréchal d'Ancre, lui concédant même la préséance honorifique au Conseil en raison de sa dignité épiscopale.

Assurément, Mgr de Luçon ne tenait pas en grande estime cet aventurier cynique, soupçonneux et dominateur, aux outrances inquiétantes, mais les objectifs de ce ministère de combat ne pouvaient que lui plaire : il s'agissait d'affronter les entreprises séditieuses du prince Henri de Condé, qu'il fit d'ailleurs arrêter et embastiller, de restaurer l'autorité de l'État et, sur le plan diplomatique, de resserrer les alliances traditionnelles de la France en Italie et de renouer avec les princes protestants allemands. Toutes choses qu'il entreprit avec vaillance.

Cette première expérience dura à peine six mois. Le 24 avril 1617, l'exécution de Concini par le marquis de Vitry, capitaine des gardes du corps, avec le consentement tacite du roi, eut pour conséquence l'exil de la reine mère. Richelieu, qui avait tenté au dernier moment d'offrir ses services à Louis XIII, en subit de plein fouet les conséquences. Le croisant dans le Louvre, le souverain de seize ans ne l'avait-il pas durement apostrophé : « Eh bien, Luçon, me voici hors de votre tyrannie ! »

L'ambitieux prélat, qui avait pris goût aux affaires de l'État, suivit donc dans un premier temps sa protectrice à Blois. Elle s'en évada en février 1619, alors qu'à ce moment lui-même se trouvait exilé en Avignon. Il comprit que, pour rentrer en grâce, il devait lier son sort à la cause de Marie, dont il devint bientôt le grand aumônier et chef du Conseil, quitte à l'accompagner dans sa rébellion armée contre son fils, tout en modérant les ardeurs de ses plus zélés partisans. Son lointain espoir était de présider à la réconciliation entre la mère et le fils, qu'il savait tôt ou tard inéluctable. Tortueuses manœuvres qui prirent du temps, mais qui réussirent après la mort du favori du jeune monarque, le vaniteux et peu capable Charles d'Albert, duc de Luynes. En janvier 1622, la reine mère fut admise de nouveau au Conseil du roi. Richelieu, son plus fidèle serviteur, profita de son retour en grâce. Elle obtint pour lui la dignité cardinalice en septembre de la même année et parvint, malgré les réticences de Louis XIII, sourdement rancunier, à le faire entrer à nouveau en son Conseil en avril 1624. C'était la fin de la traversée du désert.

La prise de pouvoir

Fort de sa position de prince de l'Église, jouissant d'un capital d'estime certain, adressant au roi des mémoires soigneusement préparés et habilement présentés, très vite Armand Jean attira l'attention et finit par s'imposer comme principal ministre, obtenant le renvoi de son rival le surintendant des Finances La Vieuville et un contrat de confiance de longue durée. C'est ainsi qu'il se proposa d'assumer devant les courtisans tous les refus royaux de pensions ou de promotions, laissant au maître le beau rôle d'accorder les grâces : première formulation de la théorie du ministre-bouclier, rôle essentiel dans la mise en place du nouveau système.

Dès lors, le gouvernement s'ordonna autour de lui et du dense réseau de « créatures » qu'il s'était constitué. Ce ne fut que le 21 novembre 1629 que des lettres patentes royales lui reconnurent le titre de « conseiller en nos conseils et principal ministre de nostre Estat ». Notons qu'il ne porta jamais le titre de Premier ministre, fonction non institutionnalisée, mais dont il exerça, après le siège de La Rochelle, toutes les prérogatives, notamment l'autorité directe sur les autres membres du Conseil.

Ce que l'on a appelé la « journée des Dupes » (10 et 11 novembre 1630), étape capitale du règne, fut une sorte de tragicomédie qui clarifia la situation politique au sommet de l'État, mettant fin au système de double allégeance qui faisait de Richelieu à la fois l'homme du roi et celui de la reine mère. Cette dernière, toujours grincheuse et insatisfaite, lui reprochait de s'être émancipé et de mener une politique étrangère anti-espagnole qu'elle désapprouvait. Le 10 novembre, en son palais du Luxembourg, elle lui fit une scène mémorable en présence du roi et lui retira sa charge de chef de son Conseil. Le lendemain, avec la même véhémence, elle exigea de son fils qu'il le renvoyât de son propre Conseil et le disgraciât. Elle crut triompher alors qu'au contraire le souverain, retiré en son relais de chasse de Versailles, renouvela toute sa confiance au prélat désespéré, laissant une dernière fois sa mère partir en exil. La crise entraîna la disgrâce du chancelier de Marillac et l'exécution du frère de celui-ci, Louis, maréchal de France.

Honneurs, puissance et richesse

Armand Jean eut toujours une santé délabrée. Mélancolique, anxieux, neurasthénique, toujours entouré de médecins, il était un hypersensible, souvent prostré ou à la limite de l'hystérie (on le vit piétiner de fureur sa calotte rouge), sujet à des crises de larmes, rongé de migraines, de névralgies, accablé d'hémorroïdes, d'abcès et de gravelle, mais vite redressé par une volonté de fer. Travaillant surtout la nuit, il était capable de déployer une prodigieuse activité intellectuelle, mariant hauteur de vues, aptitude à la décision et maîtrise exceptionnelle du détail. Il disposait d'un grand nombre de collaborateurs dévoués, qui parfois tenaient sa « plume » : Denis Charpentier, Antoine Rossignol (l'homme du chiffre secret), Achille de Harlay, Claude Bouthillier et son fils Léon de Chavigny, François Sublet de Noyers, Claude de Bullion, sans oublier bien sûr le chancelier Pierre Séguier. Certains jouèrent un rôle important dans la rédaction de ses *Mémoires*. L'un de ses agents les plus affectionnés fut le zélé capucin François Leclerc du Tremblay, dit le père Joseph, surnommé par ses ennemis l'« éminence grise », qu'il employa à des tractations diplomatiques jusqu'à sa mort en 1638.

Richelieu sut également faire avancer les intérêts de sa famille et de ses proches : son frère aîné Alphonse, qui de chartreux devint archevêque de Lyon, avant de coiffer la barrette de cardinal ; sa sœur Nicole, qui épousa Urbain de Maillé-Brézé, promu maréchal de France ; leur fille, Claire-Clémence, mariée à un prince du sang, Louis II, prince de Condé, futur « Grand Condé » ; leur fils, Jean-Armand de Maillé-Brézé, qui eut la survivance de sa charge de grand maître et surintendant de la Navigation ; son autre sœur, Françoise, qui épousa René de Vignerot, marquis de Pontcourlay, général des galères ; leur fille Madeleine, marquise de Combalet, puis duchesse d'Aiguillon, à la foi ambitieuse, précieuse et dévote, qui soutint notamment la fondation des Missions étrangères de Paris ; enfin, son cousin Charles de La Porte de La Meilleraye, qui obtint grâce à lui le bâton de maréchal.

Richelieu eut-il des aventures sentimentales ? On a parlé de ses relations avec deux courtisanes célèbres, Marion Delorme et Ninon de Lenclos. Disons qu'il ne laissa jamais le témoignage d'un relâchement moral, même s'il tenta – et encore ce n'est pas sûr – de faire le joli cœur avec la reine Anne d'Autriche et la duchesse de Chevreuse pour des raisons plus politiques que sentimentales. Quant aux commérages du pamphlétaire Tallemant des Réaux sur ses relations avec sa chère nièce, veuve de M. de Combalet, ce ne furent que pures calomnies.

Par vanité sans doute, mais aussi dans le dessein d'étaler la puissance de son lignage face aux princes du sang et aux grands, il s'attacha à se constituer une fortune gigantesque, évaluée à 20 millions de livres, la plus importante de l'Ancien Régime derrière celle de son successeur le cardinal Mazarin (plus de 35 millions). Gouverneur de Brouage, des îles de Ré et d'Oléron, de La Rochelle, de Nantes et du Havre, il collectionna les offices lucratifs et les fiefs puissants. En 1631, sa propriété de Richelieu en Poitou fut érigée en duché-pairie, et il fit l'acquisition du domaine royal de Chinon ; en 1634, sa seigneurie de Fronsac devint un duché ; l'année suivante, la terre de Champigné, achetée aux Orléans-Montpensier, fut réunie à celle de Richelieu, où il fit bâtir un somptueux château ainsi qu'une ville nouvelle en forme de damier, signes de sa munificence. Les revenus d'une quinzaine de belles abbayes tombaient régulièrement dans son escarcelle, en particulier Saint-Benoît-sur-Loire, Saint-Martin de Tours, Saint-Riquier, Marmoutier, Cîteaux...

Mécène, homme de goût, grand amateur d'art, il avait réuni aussi bien au Palais-Cardinal (le futur Palais-Royal, proche du

Louvre) qu'en sa résidence du Val de Ruel (Rueil-Malmaison), aujourd'hui disparue, d'immenses collections : portraits de rois ou de reines, toiles de maîtres (Léonard de Vinci, Raphaël, Rubens, le Caravage, Bassano, Poussin...), bustes et antiques, qu'il avait fait rechercher en Italie.

Relations avec le roi

Ayant une haute estime de soi, le cardinal assurément fut un homme autoritaire, à la fermeté intransigeante. Guidé essentiellement par la raison, une raison toutefois pragmatique sachant s'adapter à l'expérience, il demeura implacable pour les adversaires de l'État, gardant de sa première formation la roideur de l'homme de guerre. Nul doute que Louis XIII eut la chance de rencontrer ce prélat d'exception, énergique et de bon conseil, qui mit à son service sa redoutable capacité d'analyse et son indéfectible ardeur, l'aidant à révéler ce qui était latent, mais confus en lui.

Toutefois, l'existence politique du cardinal dépendait étroitement de son maître. Sans ce souverain malingre, à l'âme stoïcienne et tragique, sans sa passion de la grandeur et de l'indépendance, y aurait-il eu un Richelieu ? Ce n'est pas parce que Louis XIII avait fait le choix d'un ministre hors norme qu'il avait renoncé à gouverner et à être pleinement roi ! Lui si orgueilleux, si imbu de son « métier », si jaloux de son autorité, avait admis sa complémentarité, accepté cette étrange cohabitation avec l'un de ses sujets. Susceptible et ombrageux, il n'en avait pas moins du mal à supporter son tempérament dominateur et envahissant. Quant au principal ministre, fébrile et nerveux, il vivait dans la hantise d'être disgracié, pis, de connaître le sort de Concini.

Leurs rapports, qui connurent des hauts et des bas, étaient faits d'admiration mutuelle, de jalousie et de crainte. De 1624 à

1627, Louis fut fasciné par lui, mais garda sa réserve. À partir du siège de La Rochelle, ce fut la pleine confiance, confirmée avec éclat lors de la journée des Dupes. La chute de Corbie en août 1636 et le découragement apparent du cardinal jetèrent le doute dans l'esprit du roi. La tension s'accrut en 1642, lorsque le prélat, lui-même malade et déclinant, crut que le monarque voulait le congédier et le remplacer par son nouveau favori, le grand écuyer (Cinq-Mars). Rancœur et méfiance furent alors au rendez-vous. Dans les derniers temps, les deux hommes ne se parlaient quasiment plus, ne se comprenaient plus.

Sur le plan de la science politique, Richelieu inaugura une nouvelle configuration, le ministériat : il n'était plus un « favori », homme à tout faire, s'occupant indifféremment des affaires publiques et privées, comme Concini avec Marie de Médicis, le duc de Lerma avec Philippe III d'Espagne ou Buckingham avec Jacques Ier puis Charles Ier d'Angleterre, mais un principal ministre partageant les mêmes convictions de gloire et de grandeur que son maître. Louis, de son côté, dont le nombre de fidèles était fort limité, avait besoin de ses vastes réseaux de clientèle pour mieux asseoir son pouvoir face aux grands féodaux qui disposaient d'une multitude d'obligés. Il mit donc tout le poids de son autorité au service de cet homme, mais, en dernier ressort, lui seul tranchait et décidait – et avec quelle brutalité parfois ! – au nom du bien commun qu'il incarnait.

Même dans les périodes d'entente, leurs rapports demeuraient épineux. N'hésitant pas à multiplier les espions et les agents secrets dans son entourage, « l'homme rouge » se faisait humble devant lui. « Je m'estime heureux, écrivait-il au cardinal de Bérulle, quand de quatre propositions deux lui sont agréables. » Un autre jour, il avouera : « Les quatre coins du cabinet du roi sont plus difficiles à conquérir que tous les champs de bataille d'Europe ! » D'où sa tactique de l'impliquer au maximum dans la prise de décision. À eux deux, ils portèrent l'État à bout de bras, dans la maladie et la souffrance partagées. Maîtres artisans d'une monarchie renouvelée, mieux assise, ils laissaient une œuvre immense.

La lutte contre les protestants et les grands

Louis XIII avait approuvé son fameux programme d'action pour la France : « Ruiner le parti huguenot, rabaisser l'orgueil des grands, réduire tous ses sujets en leur devoir et relever son nom dans les nations étrangères au point qu'il devrait être. » Avec ses cent cinquante lieux de refuge, dont cinquante et une places de sûreté, ses armées privées et son organisation presbytéro-synodale concédés par l'édit de Nantes (1598), le parti protestant constituait un État dans l'État, frappant monnaie et levant impôt dans ses zones de force, les Cévennes ou le Languedoc. Il fallut donc lutter contre la résistance armée du duc de Rohan et de son frère cadet, Benjamin de Soubise, ainsi que contre la rébellion ouverte du puissant port de La Rochelle, centre du pouvoir calviniste.

Après l'échec de l'expédition anglaise dans l'île de Ré, conduite par le duc de Buckingham, Richelieu, revêtu d'une rutilante cuirasse d'acier sur son habit de soie pourpre, sut diriger d'une main de fer le siège de la place, faisant construire une digue de 1 500 mètres de long, destinée à empêcher l'arrivée par la mer des secours anglais. Épuisée, la ville se rendit le 28 octobre 1628, et le Vivarais se soumit à son tour. Par la paix de grâce d'Alès du 27 juin 1629, les révoltés étaient amnistiés, les places de sûreté et la puissance militaire des religionnaires démantelées, mais le libre exercice du culte protestant était maintenu dans les conditions définies par l'édit de Nantes.

Aristocrate à l'orgueil chatouilleux, garant de la hiérarchie sociale, le cardinal considérait le second ordre comme essentiel dans la conservation de l'État, à condition que ses membres demeurassent fidèles au roi et à leurs devoirs. D'où sa décision de faire abattre les murailles de plus de deux mille châteaux forts, devenus inutiles à la défense du royaume. D'où également l'édit de 1626 interdisant les duels, qui faisaient chaque année plusieurs centaines de victimes parmi la fleur de la noblesse, marquée par la folie du « point d'honneur ». Pour faire un exemple, en juin 1627, il n'hésita pas à faire instruire au Parlement le procès de François de Montmorency-Bouteville et de son cousin François de Rosmadec qui, par défi, s'étaient battus en plein Paris, place Royale, puis à procéder à leur exécution.

Sa lutte contre les pulsions de violence et les révoltes des grands, qui s'ordonnaient presque toujours autour du frère du roi, Gaston d'Orléans, fauteur de troubles, assuré de l'impunité à cause de son sang royal, fut implacable et constante. Mêlé à la conspiration qui projetait de l'assassiner et de marier la reine Anne d'Autriche à Gaston, le maréchal Jean-Baptiste d'Ornano fut conduit au donjon de Vincennes, où il mourut en septembre 1626. Son principal complice, le jeune Henri de Talleyrand-Périgord, comte de Chalais, fut à son tour arrêté et exécuté à Nantes en août 1626. Six ans plus tard, passé dans le camp de Gaston, alors réfugié à Nancy, battu à Castelnaudary par l'armée du roi, Henri II, duc de Montmorency, qui avait tenté de soulever le Languedoc, fut condamné à mort pour crime de lèse-majesté par le parlement de Toulouse et décollé dans cette ville, tout grand seigneur et maréchal de France qu'il était. En 1641, le comte de Soissons, autre redoutable rebelle, trouva la mort à la bataille de La Marfée, près de Sedan, en se battant contre le roi.

Cette répression impitoyable était davantage due à la ferme volonté de Louis XIII, qui refusait systématiquement la grâce au nom de la raison d'État, qu'à celle de Richelieu, cardinal romain, enclin parfois à une certaine indulgence envers le sang noble. En revanche, c'est ce dernier qui insista pour faire décapiter place des Terreaux, à Lyon, le jeune favori du monarque, le marquis de Cinq-Mars, le 12 septembre 1642, en compagnie de son ami de Thou, coupable de non-dénonciation d'entreprise criminelle. Il lui reprochait non seulement de l'avoir dupé, puisqu'il avait été l'une de ses créatures introduites auprès du souverain, mais surtout d'avoir trahi la France en signant un traité criminel avec Philippe IV et son principal ministre Olivares.

La diplomatie, la guerre et ses répercutions intérieures

Parallèlement aux affaires intérieures, Richelieu n'eut de cesse de déployer d'ingénieuses manœuvres diplomatiques et militaires. Le choix fondamental fait dès son accession au Conseil était la lutte contre les deux branches de la maison d'Autriche, Madrid et Vienne, et leurs alliés. Il s'agissait de fermer les « portes » d'invasion potentielles et d'en obtenir d'autres, permettant de pénétrer en territoire ennemi. Or, en Italie du Nord, la Valteline, haute vallée alpine de l'Adda, peuplée de catholiques mais sujette des Grisons suisses de religion protestante, occupait une position stratégique facilitant la liaison entre le Milanais espagnol et le Tyrol autrichien ainsi que l'acheminement des troupes habsbourgeoises jusque dans les Pays-Bas espagnols. En 1626, Richelieu parvint à chasser les Ibériques de la vallée et à la restituer à ses alliés grisons, avec interdiction pour tous d'y faire entrer des unités militaires.

En mars 1629, il s'agissait de soutenir la candidature de Charles de Gonzague-Nevers à la succession du duché de Mantoue. Accompagnant le roi et le principal corps de bataille, le cardinal contribua à forcer le pas de Suse, au débouché des Alpes italiennes, défendu par le duc Charles-Emmanuel de Savoie, ce qui permit de sauver la place de Casal, en Piémont, remise au duc de Mantoue, et d'obtenir en échange celle plus intéressante de Pignerol, assurant une voie d'accès à l'Italie du Nord (traité de Cherasco, 1631).

À l'est, pour couvrir la frontière, le principal ministre fit encore occuper provisoirement la Lorraine, tandis qu'en Allemagne, pratiquant la « guerre couverte », avec l'aide du père Joseph, il s'efforça, à la diète de Ratisbonne, d'empêcher la reconnaissance de Ferdinand II comme empereur par les princes protestants. Puis il accorda des subsides à Ernst von Mansfeld, à Christian IV de Danemark et surtout à Gustave Adolphe de Suède afin de les pousser à intervenir militairement dans l'Empire. La mort du valeureux « roi des neiges » en 1632 et la défaite de ses armées deux ans plus tard allaient conduire à la « guerre ouverte » entre la France et l'Espagne, déclarée en mai 1635, une guerre qui devait hélas durer jusqu'en 1659.

Insuffisamment préparé, le royaume des Lys essuya d'abord de graves revers : la perte de Corbie, sur la Somme – ce qui menaçait Paris –, le siège de Saint-Jean-de-Losne en Bourgogne, l'occupation des îles de Lérins en Méditerranée... Avec la reprise de Corbie en novembre 1636, l'étau commença à se desserrer. En 1638, ce fut la capitulation de Brisach en pays de Bade, en 1640 celle d'Arras et, deux ans plus tard, celle de Perpignan. Afin d'accélérer l'ébranlement de la monarchie espagnole, Richelieu, en adepte de la *Realpolitik*, n'hésita pas à soutenir en sous-main les révoltes de Catalogne et du Portugal.

Après la capitulation de La Rochelle, Richelieu, qui s'était fait nommer grand maître, chef et surintendant général de la Navigation et du Commerce, avait compris la nécessité de doter la France d'une véritable marine de guerre. Prenant en main la direction de toutes les affaires navales, il fit établir un règlement pour l'administration et la discipline des marins et s'inspira de la législation hollandaise pour faire rédiger en 1634 un nouveau code maritime, qu'il compléta par des édits consacrés à l'organisation des arsenaux, tous placés sous la responsabilité de chefs militaires. Le Havre, Brest et Brouage furent aménagés en ports destinés à recevoir les escadres de guerre, Marseille et Toulon servant de bases d'accueil aux galères du roi. Pour accélérer la construction des vaisseaux, Richelieu fit venir de Hollande des maîtres et ouvriers charpentiers. Il aurait voulu doter la France d'une flotte de cinquante vaisseaux et de trente galères. Il n'y parvint malheureusement pas. Ses réalisations, honorables vu les difficultés du temps, périclitèrent sous le gouvernement de son successeur, Mazarin, en attendant l'arrivée de Jean-Baptiste Colbert, qui sut relever le défi, cette fois haut et fort.

Cependant, le coût exorbitant de la guerre avait nécessité du pays un effort militaire et financier jamais vu jusque-là. D'où la très sensible aggravation de la fiscalité, les ventes d'offices, les aliénations du domaine, le recours aux prêts usuraires des traitants et partisans... S'insurgeant contre la progression de la fiscalité royale et les exactions de ses agents, plusieurs provinces connurent de graves « émotions populaires », soulèvements qui bénéficiaient souvent du soutien des nobles du cru, des curés et des petits notables : *croquants* du Périgord, d'Angoumois, du Poitou ou du Bourbonnais (1636-1637), *nu-pieds* de Normandie (1639), tous sévèrement réprimés.

La centralisation monarchique et la poussée de l'absolutisme se faisaient partout sentir. Cela se traduisit par le déploiement dans les généralités (circonscriptions fiscales) des intendants de justice, police et finance. Ces commissaires, choisis parmi les maîtres des requêtes et les conseillers d'État, tendaient à limiter ou à battre en brèche les attributions des gouverneurs, des cours souveraines, des états provinciaux ou des bureaux des finances (chargés de la répartition de la taille). À l'origine de cette politique, Richelieu veilla également à la multiplication des intendants d'armée, destinés à s'assurer du bon ordre des troupes.

Économie, commerce, colonies et culture

Malgré les guerres civiles et étrangères, le cardinal fut loin d'être insensible à l'idée de développer l'économie du pays. Se tenant informé par ses agents au plus près de la situation des provinces, il puisait son inspiration dans les écrits de théoriciens comme Barthélemy de Laffemas, contrôleur général du Commerce sous Henri IV, ou d'Antoine de Montchrestien, auteur d'un *Traité d'économie politique*. Adepte du mercantilisme, il encouragea en particulier la création de manufactures de soie et de tapisserie. Surtout, il s'attacha à réaliser une œuvre essentielle dans le domaine du commerce maritime et des colonies, projetant de créer de nouvelles routes commerciales en direction du Levant, de la Moscovie ou de la Perse.

Dès 1627, il avait annoncé le développement de grandes compagnies à monopole, calquées sur le modèle hollandais. Malheureusement, la plupart, insuffisamment capitalisées, furent éphémères : la Compagnie royale du Morbihan, la Compagnie Rozée, dite Compagnie normande, celle des Cent-Associés de la Nouvelle-France, celle de la Nacelle de Saint-Pierre fleurdelysée, celle de Saint-Christophe, celle des îles d'Amérique… C'est ainsi que furent jetées les bases du premier empire colonial français : la Guadeloupe, la Martinique, Saint-Martin, Saint-Christophe, Marie-Galante, Sainte-Lucie, l'île de la Tortue, la Guyane et Trois-Rivières, au Québec, où œuvrait son « lieutenant » Samuel Champlain, la création de Montréal.

Faux modeste, avide de louanges, Richelieu portait un grand intérêt aux lettres et se piquait d'écrire en collaboration des pièces de théâtre. La plus célèbre, *Mirame*, avait été composée avec l'un de ses pensionnés, Desmarets de Saint-Sorlin. Il favorisa les comédiens en leur apportant fréquemment des appuis financiers.

Il s'attacha également à fonder une prestigieuse institution d'État, placée sous sa haute protection, l'Académie française, créée par lettres patentes du 25 janvier 1635, avec pour mission de conserver et perfectionner la langue française. On lui doit aussi la construction de la nouvelle Sorbonne, dont il était le proviseur, œuvre de son architecte favori Jacques Lemercier.

Doué d'un sens évident du faire-savoir, il utilisa sur une large échelle la propagande, se servant de subtils publicistes, tel François Dorval-Langlois, sieur de Fancan, pour défendre sa politique. Ses services, bien équipés, se chargeaient de diffuser pamphlets et relations prétendument objectives. Il fit mieux. En dehors de quelques feuilles éphémères, le seul journal existant alors était *Le Mercure françois* ; aidé d'un dévoué médecin protestant, Théophraste Renaudot, il lança le 30 mai 1631 la *Gazette*, dotée de privilèges et au service du pouvoir royal. Il lui arriva d'écrire anonymement dans celle-ci. En 1640, on lui doit encore la création au Louvre de l'Imprimerie royale, future Imprimerie nationale.

À bout de forces, couvert d'abcès douloureux, crachant le sang, il mourut le 4 décembre 1642, à cinquante-sept ans, probablement d'une tuberculose pulmonaire, précédant de quelques mois la disparition du roi. Certes, la guerre était encore loin d'être achevée, mais la France avait réussi à préserver son indépendance face à la menace d'absorption dans une vaste entité habsbourgeoise. L'étau de la maison d'Autriche s'était fortement desserré, l'Allemagne était ravagée, réduite à l'impuissance pour près d'un demi-siècle, l'Espagne à genoux, avant d'être à terre seize ans plus tard. Le royaume avait récupéré *de facto* des provinces essentielles pour sa sécurité, l'Artois, une partie de la Flandre wallonne, le Roussillon, et s'était avancé en Lorraine et en Alsace.

Sous son gouvernement, la France avait connu une profonde métamorphose, accouchant dans la douleur, les convulsions et les soubresauts internes de la société moderne et de l'État rationnel, sur lesquels on ne pourrait plus revenir. Face à la menace constante de chaos et d'émiettement féodal, l'unification du royaume n'avait jamais été si poussée ni l'autorité royale si affirmée.

Richelieu a fait de Louis XIII, disait Mme de Motteville, « l'un des plus grands monarques du monde », mettant la France, ajoutait le marquis de Montglat, « au plus haut point de grandeur où elle eût été depuis Charlemagne ». De ce point de vue, Armand Jean Du Plessis, cardinal de Richelieu, malgré sans doute ses erreurs et ses faiblesses, apparaît bien au regard de l'Histoire – qui pourrait en douter ? – comme un homme d'État de stature exceptionnelle.

Bibliographie sélective

Bergin Joseph, *Pouvoir et fortune de Richelieu*, Paris, Robert Laffont, trad. fr., 1987.

Carmona Michel, *Richelieu. L'ambition et le pouvoir*, Paris, Fayard, 1983.

Hildesheimer Françoise, *Richelieu*, Paris, Flammarion, 2004.

Hildesheimer Françoise et Harai Dénes (dir.), *Dictionnaire Richelieu*, Paris, H. Champion, 2015.

Mousnier Roland, *L'Homme rouge ou la Vie du cardinal de Richelieu (1585-1642)*, Paris, Robert Laffont, coll. « Bouquins », 1992.

Petitfils Jean-Christian, *Louis XIII*, Paris, Perrin, 2008.

Teyssier Arnaud, *Richelieu. L'aigle et la colombe*, Paris, Perrin, 2014.

7

Mazarin (1602-1661) Principal ministre

par Olivier PONCET

Grand ministre, Mazarin le fut assurément. D'abord par la longévité de son ministériat, de décembre 1642 à mars 1661, plus de dix-neuf longues années, soit presque autant que son contemporain et mentor Richelieu. Ensuite, parce qu'il jouit d'une domination politique et institutionnelle presque sans partage au sein du gouvernement de la France : le principal ministre du roi, d'abord pensé comme un primus inter pares, *céda rapidement la place à un* « superprimus » *qui s'occupait de tout. Mazarin excella encore et surtout par les résultats obtenus, tant sur le plan de la politique extérieure (conclusion de deux longues guerres et agrandissements territoriaux) que sur la scène intérieure. À cet égard, la violente crise de la Fronde entre 1648 et 1653 est avant tout une pénible parenthèse dans une trajectoire historique qui prépara avec constance l'avènement de la solution absolutiste censée marquer l'effacement des ministres derrière la figure du monarque.*

Rien ne semblait préparer ce fils d'Italie à tenir entre ses mains le destin du royaume de France au XVIIe siècle. Giulio Mazzarini était né un 14 juillet (1602) dans les Abruzzes, alors sous domination espagnole, mais il grandit à Rome. Ses parents, originaires de Sicile du côté de son père et de l'Ombrie pour sa mère, étaient en fait de véritables Romains, acclimatés dans la capitale de la chrétienté catholique depuis plusieurs décennies. Le service que rendait le père en qualité de majordome ou d'intendant des Colonna profita au fils, qui côtoya dès son plus âge les rejetons de l'illustre famille romaine, qui comptait des ducs, des cardinaux et des militaires de haut rang. Dans la ville des papes, Mazarin suivit les meilleures études possibles, toutes de sciences et d'humanités, au sein du Collège romain des Jésuites, puis il accompagna en 1619 Girolamo Colonna, futur cardinal et ami, dans ses études supérieures en Espagne, car les Colonna étaient étroitement liés à ce royaume et à ses représentants en Italie. À l'occasion de ce séjour de quelques années, Mazarin acquit une familiarité avec la langue et la mentalité espagnoles que ne posséda jamais aucun dirigeant de la France moderne.

De militaire à diplomate, de l'Italie à la France (1625-1642)

Revenu à Rome en raison d'une sombre affaire familiale dans laquelle son père était impliqué, il dut alors subvenir aux besoins des siens et chercha un emploi. Grâce à la protection des Colonna, il embrassa en 1625 le métier des armes. Si les soldats que le pape entretenait étaient essentiellement dévolus au maintien de l'ordre dans ses États temporels au centre de la péninsule italienne, Mazarin, en qualité de capitaine d'un régiment stationné à Ancône, puis à Lorette, y apprit l'importance de la discipline et de la logistique militaires. Sa chance fut que, pour la première fois depuis les guerres d'Italie, l'armée du pape ait été appelée hors des frontières de l'État ecclésiastique dès l'année suivante pour s'interposer dans un conflit qui menaçait de renaître entre Français et Espagnols dans la petite vallée alpine de la Valteline. De militaire, la médiation pontificale devint rapidement diplomatique : deuxième heureux coup du sort. Mazarin, qui n'avait aucunement vu le feu de la bataille, en tira aussitôt profit en obtenant d'accompagner en qualité de secrétaire le négociateur nommé par le pape dans les confins du Piémont et de la Lombardie.

Dans le cadre de ses nouvelles fonctions de diplomate, il rencontra pour la première fois Richelieu à Lyon en janvier 1630. L'entrevue fut pour le moins fraîche entre un cardinal-ministre auréolé de sa victoire contre les protestants de La Rochelle et un jeune envoyé pontifical soupçonné d'être d'abord partisan de l'Espagne. Elle ne fut toutefois pas la dernière, et les suivantes furent empreintes d'une vraie complicité. En effet, au début de la décennie 1630, Mazarin opéra une véritable conversion géopolitique. Convaincu que le salut de l'Italie, et de manière générale de l'Europe, passait par la France et par un rééquilibrage des forces en présence sur ce territoire encore disputé, il franchit progressivement les différentes étapes qui le séparaient d'une nouvelle sujétion. Lassé des vues trop francophiles de son envoyé, le pape Urbain VIII l'éloigna de Rome et le nomma en 1634 nonce extraordinaire pour tenter d'empêcher l'entrée en guerre ouverte de la France contre l'Espagne. Las, celle-ci survint malgré ses efforts en avril 1635. Échec politique pour le diplomate pontifical, mais victoire personnelle pour Mazarin, qui profita de son séjour parisien pour s'insinuer dans les bonnes grâces de Richelieu, devenu dès lors son point de référence politique, y compris après son retour à Rome en 1636. Son parti pris pour la

France devint vite insupportable pour les Espagnols et indéfendable aux yeux du pape, si bien que Mazarin quitta une dernière fois Rome en décembre 1639 pour ne plus jamais y revenir.

À Paris, Louis XIII et Richelieu l'accueillirent à bras ouverts et lui firent rapidement une place considérable dans l'appareil d'État. Le premier obtint du pape qu'il le nommât cardinal en 1641, quoiqu'il ne fût pas prêtre, et le second lui ménagea une place de choix auprès de lui pour de multiples missions de confiance dont il se tira à son avantage, quelque dégoût qu'il en ressentît. Il mit ainsi fin à la guerre entre la duchesse de Savoie, fille d'Henri IV, et ses beaux-frères, en faisant emprisonner l'amant de la première, et fut chargé de l'arrestation et de l'interrogatoire du jeune favori du roi, le marquis de Cinq-Mars, accusé d'avoir comploté contre la vie de Richelieu et qui le paya de la sienne en étant exécuté à Lyon en septembre 1642. Enfin, épuisé par une vie de lutte politique, Richelieu mourut le 4 décembre 1642. L'évidence s'imposait : Louis XIII retint aussitôt Mazarin pour lui succéder avec le statut de principal ministre. L'Italien avait quarante ans. Un nouveau chapitre de sa vie commençait.

Un certain état de grâce (1642-1648)

Arriver au pouvoir est une chose; s'y établir fermement et y demeurer longtemps est une autre affaire. En dehors de la préoccupation pressante de la guerre (contre l'Espagne et dans l'Empire) qui l'assaillait à chaque heure du jour et de la nuit, Mazarin consacra dans les premiers mois de son ministériat beaucoup d'énergie et de savoir-faire à préparer la transition politique dont chacun pouvait deviner l'imminence et la difficulté au vu de la santé fragile de Louis XIII et de la jeunesse de son successeur né en 1638. Le nouveau cardinal-ministre commença par obtenir le rappel de ceux que Richelieu avait écartés du pouvoir, comme le frère du roi, Gaston d'Orléans. Ensuite, il s'efforça de replacer au centre du jeu politique la reine Anne d'Autriche, sœur du roi d'Espagne mais plus encore mère du jeune dauphin de France, dont Mazarin devint le parrain à l'occasion de son baptême à Saint-Germain-en-Laye le 21 avril 1643.

Louis XIII trépassait peu après (14 mai 1643), laissant le trône à un enfant de cinq ans. Quatre jours plus tard, la reine mère obtenait les coudées franches pour assurer la régence, et, à la surprise de beaucoup, elle confirma Mazarin dans le rôle de principal ministre. À l'été 1643, celui-ci parvint à repousser les assauts des mécontents (la cabale des Importants) et remodela le gouvernement à sa guise. Après avoir confié la responsabilité de la Guerre au fidèle Michel Le Tellier dès avril 1643, il écarta brutalement du pouvoir l'un de ses amis, sinon le meilleur d'entre eux depuis les années 1630, en la personne de Léon Bouthillier, comte de Chavigny, au profit d'Henri-Auguste Loménie de Brienne, nommé secrétaire d'État à la Guerre en juin 1643. Au vrai, les nouveaux ministres, débutant dans leurs fonctions, voyaient leur sphère d'action limitée par le pouvoir décisionnel de Mazarin, seul à même d'infléchir la politique militaire et diplomatique. Le premier des ministres devenait le ministre premier. Chacun comprenait que l'homme fort serait désormais Mazarin, même si celui-ci prenait soin de ménager les susceptibilités de Gaston d'Orléans, nommé à l'honorifique charge de lieutenant général du royaume, ou du prince de Condé, chef nominal du Conseil de régence.

En quelques mois, le cardinal s'était imposé à l'ensemble de la société politique française. Ce faisant, il n'avait pas tant mis en œuvre les principes machiavéliens que les stéréotypes du temps prêtaient volontiers aux Italiens, qu'un art consommé de la connaissance des hommes. Mazarin n'était pas un dirigeant qui répudiait la morale en politique, mais plutôt un ministre qui ramenait sans cesse l'action à un traitement attentif de chaque individu, qu'il s'agît de le jauger, de le séduire ou de le contraindre. De là ce reproche qui lui a été souvent fait d'être d'abord un manœuvrier, un amateur de *combinazioni*. De là encore la difficulté où étaient placés les observateurs du temps à discerner clairement les lignes directrices de sa politique, difficulté qui est aussi celle des historiens, lesquels peinent parfois à inscrire sa conduite ministérielle dans le cadre rassurant d'axes énoncés clairement, comme avait pu le faire Richelieu. Pourtant, la fidélité de Mazarin à ce dernier et à ses objectifs est entière, tant dans la conduite de la politique extérieure que dans le soutien à la monarchie. Celui-ci passait par un dévouement absolu à l'endroit de la régente Anne d'Autriche, avec qui il avait en commun une origine étrangère. Ce rapprochement n'est probablement pas allé jusqu'à une union charnelle, que les contemporains furent rares à avoir imaginée ou moquée. Plus prosaïquement, ce couple politique tout entier tourné vers le service du jeune roi sut trouver dans les replis d'une admiration complice et réciproque les moyens de concourir au gouvernement du royaume.

Par comparaison avec le ministériat précédent, celui-là a d'abord été caractérisé par une quasi-absence de révoltes paysannes. Mazarin avait retenu la leçon et, sans la diminuer, cessa d'accroître la pression fiscale au profit d'un recours à l'emprunt et aux expédients (ventes d'offices, emprunts, cession de monopoles, etc.) qui permit d'augmenter le budget dédié à l'armée de terre ainsi qu'à la marine. C'est qu'il menait avant tout la guerre : seules deux de ses dix-neuf années de ministériat furent exemptes de conflit militaire. Au premier jour de la Régence, le jeune duc d'Enghien, futur prince de Condé, avait dominé les *tercios* espagnols à Rocroi le 19 mai 1643. Cette victoire éclatante mettait fin à la longue période de réputation d'invincibilité des troupes du Roi Catholique et entraîna Mazarin à pousser son avantage, sur terre comme sur mer. Il sut trouver les généraux et amiraux dont il avait besoin pour inverser le cours d'une guerre qui était mal engagée à la mort de Richelieu. Chaque année, entre 1643 et 1648, les armées françaises n'enregistrèrent pratiquement que des victoires, une séquence relativement inédite et sans doute unique dans l'histoire de France. Elles étaient le fait de jeunes hommes brillants, comme Enghien (vingt-deux ans en 1643), Jean-Armand de Maillé, marquis de Brézé (vingt-quatre ans), ou Turenne (trente-deux ans), auxquels Mazarin laissait beaucoup de latitude dans l'engagement des troupes, tout en se montrant lui-même un très habile (et heureux) stratège en chambre, cartes à la main. L'ancien capitaine italien sut par ailleurs faire prévaloir l'expérience et l'audace en n'hésitant pas à confier les armées du roi à des officiers qui contestaient à l'occasion sa qualité de chef de guerre ou dont la réputation morale n'était pas des meilleures, comme le Gascon Gassion, le Livonien Rosen, le Suisse Erlach ou l'Allemand Rantzau.

Le résultat de ces campagnes réussies année après année, secondées par une négociation diplomatique également étroitement dirigée par Mazarin, fut la conclusion des traités de Westphalie (24 octobre 1648). Ils donnaient à la France l'essentiel de l'Alsace, mettaient fin au conflit dans le Saint Empire en faisant prévaloir la souveraineté de chaque État et assurèrent à l'espace germanique une relative stabilité politique jusqu'en 1806. Celle de Mazarin en France, en revanche, n'était plus qu'un souvenir depuis que la Fronde avait éclaté à l'été 1648.

La mise à l'épreuve de la Fronde (1648-1653)

Dans son souci d'épargner quelque peu la France rurale, le cardinal avait souhaité demander plus d'efforts financiers aux propriétaires et rentiers urbains. Ces derniers furent à Mazarin ce que les croquants avaient été à Richelieu, avec cette différence essentielle qu'ils menaçaient le pouvoir politique en son cœur. L'opposition répétée du parlement de Paris à l'enregistrement d'édits fiscaux se mua en une revendication de participation aux affaires du gouvernement que la régente, conseillée par le cardinal-ministre, refusa de leur accorder. Le 26 août 1648, des barricades se dressèrent dans Paris, et Mazarin y vit une alliance contre nature : « Le Parlement a fait les fonctions de roi et le peuple de Paris lui a déféré entièrement. » Mazarin éprouvait une méfiance innée à l'égard de la populace, avec laquelle il estimait qu'il était impossible de négocier et de s'accorder. Par ailleurs, tout en reconnaissant le rôle essentiel des magistrats des parlements que leur conférait le fonctionnement de la machine étatique dans la construction de la loi, il n'avait pas véritablement de complicité avec ces hommes de loi toujours prompts à renvoyer à la monarchie son impécuniosité et sa relative impuissance. Aux uns et aux autres, il rappela qui était le maître. Après que la cour eut fui nuitamment la capitale pour le château de Saint-Germain-en-Laye en janvier 1649, il profita de la disponibilité des troupes royales désormais libérées de leur engagement dans l'Empire pour donner l'ordre au prince de Condé d'assiéger Paris. Le 11 mars 1649, la paix de Rueil consacrait l'alliance du glaive et du cardinal contre les Parisiens, contraints d'accepter un compromis avec la cour. Le répit était de courte durée, et bientôt Mazarin dut affronter son sauveur, en la personne de Condé.

Celui-ci, son frère Conti et son beau-frère Longueville, soutenus par les menées du coadjuteur de l'archevêque de Paris, Jean-François de Gondi, firent monter la pression pour obtenir une plus large participation aux affaires du gouvernement. Cette seconde Fronde, dite des Princes, exprime mieux encore la signification que revêtait cette révolte qui prenait çà et là les apparences d'une guerre interne au royaume. Elle exprimait, comme la première, un rejet du ministériat entendu comme la confiscation au profit d'un seul individu du rôle de conseiller naturel du souverain qu'entendaient jouer aussi bien les parlements que les grands et l'Église. Richelieu était parvenu, avec une brutalité notable (procès, exécutions, déclarations sommaires), à tenir le royaume d'une main de fer. Après sa disparition, la situation de régence et l'exercice des fonctions principales par un ministre d'origine étrangère achevèrent de condamner aux yeux de ses opposants une formule politique dont on trouvait alors d'autres exemples à l'étranger (Espagne, Angleterre, pape). L'expression de cette contestation se traduisit moins par la préparation d'attentats contre le ministre pour le réduire physiquement au silence que par la production de libelles, dont Mazarin était une source inépuisable d'inspiration au point de donner son nom à cette masse impressionnante de textes, les mazarinades, qui aujourd'hui encore font la fortune de cette période troublée où une forme d'opinion publique s'exprima par des canaux burlesques et politiques.

Au cours de l'année 1650, les intérêts de Condé rejoignirent temporairement ceux de Gaston d'Orléans et du Parlement. La coalition de ces ambitions pourtant inconciliables eut finalement raison de Mazarin, poussé à l'exil en février 1651. C'est de Brühl, sur la rive gauche du Rhin, dans les États du prince-archevêque de Cologne, qu'il assista, assez déprimé, aux déchirements de ses ennemis et à la déclaration de majorité de Louis XIV en septembre 1651. L'année 1652 rebattit totalement les cartes : Mazarin fit son retour en France à la tête d'une véritable armée privée recrutée par ses soins, Gondi fut fait cardinal de Retz, Turenne mit son talent au service du roi et Condé devint le rebelle numéro un du royaume. Alors que les affrontements militaires semblaient profiter aux armées royales, habilement, Mazarin se retira provisoirement une dernière fois du pouvoir. Il laissa le roi promulguer en octobre 1652 une amnistie qui acheva de détacher les magistrats du parlement de Paris en proclamant nulles et non avenues toutes les décisions prises depuis 1648. Les compteurs politiques ainsi remis à zéro, le cardinal pouvait faire son retour triomphal à Paris en février 1653, vainqueur de tous ses adversaires. De problème apparemment majeur, l'Italien était devenu la solution gouvernementale la plus évidente.

Un ministre et son roi (1653-1661)

La victoire personnelle de Mazarin n'était nullement celle du ministre chargé de conduire les affaires de la France. La guerre continuait, l'argent manquait cruellement, les fidélités des gouverneurs de places devaient se gagner (et se payer) une à une et de multiples difficultés surgissaient jour après jour qui firent du retour du cardinal-ministre le début d'une « décennie gangrenée » (David Parrott). Sur ce chemin qui n'était pas semé de roses, il faisait face à des personnalités de premier ordre dont il se défit avec peine. À l'automne 1652, Condé avait rejoint avec ses partisans le camp de l'Espagne, auquel il prêtait son savoir-faire militaire. Ensuite, le remuant cardinal de Retz, que Mazarin, lassé de ses intrigues, avait fini par faire arrêter à la fin de l'année 1652, s'était évadé de manière rocambolesque de sa prison de Nantes en 1654 et s'était réfugié à Rome : il y narguait son ennemi et lui assénait des coups rhétoriques d'autant plus durs que son brio à manier la langue française était remarquable. Retz s'y sentait d'autant plus libre que le nouveau pape, Alexandre VII, n'aimait guère Mazarin, qui non seulement ne l'avait pas soutenu, mais avait même combattu en vain l'élection. En dépit de ces oppositions extérieures, le cardinal-ministre parvint à gouverner avec discernement le navire de la France.

Sa longue action gouvernementale se caractérise par une quasi-absence de grands textes législatifs. Certes, le champ d'action normatif de la monarchie de ce temps laissait plus ou moins de côté le droit privé et les secteurs de la santé, de l'éducation, voire de la police, qui relevaient d'autres instances (Église ou villes), pour se concentrer avant tout sur l'armée, la justice et les finances. Le contexte de guerre, presque permanent durant le ministériat, entraîna du reste un profond désordre dans la gestion des finances royales, sauvées par l'entregent et la souplesse de ministres habiles comme le surintendant des Finances Nicolas Fouquet ou l'intendant des Finances Barthélemy Hervart qui engagèrent à cette occasion leur crédit personnel pour convaincre des financiers (les traitants) méfiants de continuer de prêter de l'argent à une monarchie aux abois. Cette apparente négligence de Mazarin pour toute réforme profonde des institutions procédait aussi de son peu d'appétence pour le droit, d'une conviction que les arrangements avec les hommes étaient préférables à des changements de structure et enfin d'une méfiance innée à l'égard des grands magistrats des parlements, à commencer par celui de Paris.

Le domaine monétaire fut sans doute celui où la monarchie édicta le plus de textes, tant les mutations-dévaluations furent nombreuses à partir de 1643, parfois plusieurs par an ; elles révèlent un Mazarin tenté par un délit d'initié qui l'amenait à trafiquer sur la valeur des monnaies juste avant la publication d'une ordonnance en la matière. Il est vrai qu'il accumula, comme son prédécesseur, une fortune considérable et qu'il y ajouta à partir de 1654 une dignité de duc et pair qui avait également honoré Richelieu. Depuis 1650, il pouvait compter sur le dévouement d'un intendant exceptionnel, Jean-Baptiste Colbert, qui sut l'aider à reconstruire son patrimoine écorné après la Fronde. Il l'augmenta même dans des proportions telles qu'il était à sa mort en 1661 le plus important qu'un particulier ait jamais possédé sous l'Ancien Régime (35 millions de livres). Quoique son appétit pour l'argent fût avéré, Mazarin démontra au cours de ses dernières années de gouvernement un sens de l'État et de l'intérêt général qui tranche avec ce besoin presque compulsif d'amasser des biens terrestres.

Le cardinal de la Sainte Église romaine n'était nullement désireux de rallumer la guerre confessionnelle, à laquelle du reste il ne croyait guère, comme il l'énonça en 1656 quand Cromwell, le lord-protecteur d'Angleterre, tenta de l'entraîner dans un conflit européen qui prenait sa source dans un massacre commis contre les Vaudois sur les terres du duc de Savoie avec l'aide, au moins passive, des troupes françaises. En France, il ne voyait pas dans les protestants des sujets à convertir à toute force, mais attendait surtout d'eux une fidélité à l'égard de la Couronne. Lui-même accordait ses faveurs à des protestants, comme Turenne, dont il fit un maréchal de France dès son arrivée au pouvoir en 1643. En revanche, il se méfiait des catholiques dévots auxquels la reine mère accordait selon lui trop de faveurs et d'attention : la condamnation et la suppression de la Compagnie du Saint-Sacrement par un arrêt du Parlement de décembre 1660 furent une de ses dernières grandes actions de ministre. Quant aux jansénistes, qu'il regardait avec indifférence, voire avec bienveillance au début de son règne, il finit par comprendre que leur rigorisme qui relativisait l'importance des pouvoirs institués menaçait à terme l'ordre public, voire l'État tout entier. Aussi se montra-t-il un relais zélé des condamnations pontificales de 1653 et 1656, rares moments d'entente avec les souverains pontifes de son temps.

Mazarin n'accorda guère d'intérêt à la politique coloniale outre-Atlantique qu'avaient inaugurée Henri IV puis Richelieu. Canada, Antilles ou Guyane retinrent moins son attention que la Méditerranée, dont il demeurait convaincu qu'elle gouvernait le monde, ou en tout cas permettait de tenir la dragée haute à l'hégémonie espagnole. Sous son ministériat, Toulon, dont il était gouverneur, fut régulièrement animé de préparatifs de campagnes maritimes dont certaines furent victorieuses, tandis que d'autres furent des échecs retentissants (Naples, 1647 et 1654). Le *mano a mano* auquel se livraient les troupes du Très-Chrétien et celles du Roi Catholique fut déséquilibré en 1655 au profit de la France lorsque Mazarin prit sur lui de négocier une alliance avec l'Angleterre – un pays qui avait osé tuer son roi en 1649. Le secours de Cromwell, auquel on promit de livrer Dunkerque dès que le port serait reconquis, s'avéra décisif. Des négociations engagées avec l'Espagne en 1656 sortit le traité des Pyrénées signé dans l'île des Faisans sur la Bidassoa le 7 novembre 1659. Il reconnaissait à la France ses conquêtes territoriales (Artois, Roussillon) et s'efforçait de conjurer les guerres à venir par le mariage de Louis XIV avec la fille du roi d'Espagne, Marie-Thérèse. Pour ce faire, Mazarin avait obligé sa nièce Marie Mancini et le jeune souverain français à renoncer à leurs amours au nom d'une raison d'État qui ne fut jamais si bien exprimée que par le cardinal-ministre originaire de Rome. Il ne se contentait pas de refermer un conflit avec l'Espagne qu'il avait été impuissant à empêcher en 1635 : il visait rien de moins que de construire une paix durable à l'échelle du continent. Son subtil édifice diplomatique ne peut en effet se comprendre sans y inclure la Ligue du Rhin (1658), qui assurait à la France un soutien interne dans l'empire contre toute velléité des Habsbourg d'y reprendre la guerre contre elle, et la paix du Nord (traités d'Oliva et de Copenhague, 1660), ménagée avec la médiation française entre la Suède d'une part et la Pologne et le Danemark de l'autre.

Tandis qu'il établissait les fondements d'une puissance française sur la scène européenne, Mazarin installa dans le royaume la figure d'un monarque dont l'autorité devait être indiscutable. La vraie leçon de la Fronde réside dans cette réponse volontariste donnée par le ministre à ses détracteurs et à ses opposants : le roi ne se contenterait pas de régner, il gouvernerait. Durant les dernières années de son ministériat, Mazarin fit l'éducation de son royal filleul, l'emmenant sur les champs de bataille, le faisant participer aux Conseils, lui écrivant régulièrement des recommandations sur la conduite à tenir. Sa construction de la figure du monarque était moderne. Elle reposait moins sur le respect des traditions, comme le sacre qu'il finit par organiser sans enthousiasme à Reims en 1654, que sur une communication politique qui passait par le spectacle public du souverain et sur des messages réitérés à satiété. L'apparition du roi en Apollon, puis en soleil dans un ballet donné en 1653, la célèbre devise *Nec pluribus impar* portée sur des jetons dès 1658, tous ces attributs de l'absolutisme louis-quatorzien, Mazarin les a pensés et les a imposés à une France dont il savait qu'elle ne serait grande que si le roi devenait son propre principal ministre, ce qui advint dès le lendemain du décès du cardinal, survenu le 9 mars 1661.

*

Parler de crise de l'absolutisme à propos de l'ensemble de son ministériat, comme on l'entend parfois, est une profonde erreur de perspective. C'est au contraire en surmontant la Fronde, l'événement le plus violent de son passage au pouvoir, que Mazarin a su imposer l'avènement d'un mode de gouvernement qui place le roi seul à la tête de ses affaires. Après lui, il n'y eut pas de troisième éminence, ce dont la « révolution de 1661 » (Michel Antoine) témoigne à merveille. L'absolutisme royal est bien une construction et un héritage rendus possibles par le cardinal-ministre.

Mazarin n'était pas un spéculatif. Il n'a laissé aucun testament politique, n'a écrit aucun traité sur la conduite des affaires, n'a composé aucun Mémoire relatant son action. Même son *Bréviaire des politiques*, ce « Machiavel de quatre sous » (Umberto Eco), publié plus de vingt ans après sa mort, n'est pas de lui. Il avait cependant tout dit en déclarant : « Quoi qu'il m'arrive de mauvais, l'Histoire ne parlera de moi qu'en bien, si elle veut dire la vérité. » Au-delà, ce que Mazarin lègue à la postérité, ce sont des œuvres d'art et des archives. Les premières, qu'il amassa en esthète et en mécène soucieux de marquer sa munificence, s'offrent aujourd'hui encore au plaisir du public le plus large. Les secondes, parmi les plus riches qu'un homme d'État ait laissées de son action, permettent aux historiens de brosser un portrait équilibré et informé d'un homme qui marqua un siècle dont on aime à rappeler qu'il était grand par ses rois ou par ses saints, mais qui le fut aussi par ses ministres.

Bibliographie sélective

Bertière Simone, *Mazarin. Le maître du jeu*, Paris, Éditions de Fallois, 2007.

Dethan Georges, *Mazarin. Un homme de paix à l'âge baroque 1602-1661*, Paris, Imprimerie nationale, 1981.

Dulong Claude, *Mazarin*, Paris, Perrin, 1999.

Laurain-Portemer Madeleine, *Études mazarines*, t. II, *Une tête à gouverner quatre empires*, Paris, de Boccard, 1997.

Parrott David, *1652. The Cardinal, the Prince & the Crisis of the Fronde*, Oxford, Oxford University Press, 2020.

Poncet Olivier, *Mazarin. L'art de gouverner*, Paris, Perrin/Bibliothèque nationale de France, 2021.

Tabacchi Stefano, *Mazzarino. Dalla Roma dei papi alla Parigi di Richelieu. Il cardinale che ha reso grande la Francia*, Rome, Salerno Editrice, 2015.

8

Jean-Baptiste Colbert (1619-1683)

Un révolutionnaire au Grand Siècle

par Jean-Christian Petitfils

Ancien factotum *du cardinal Mazarin, cumulant à l'envi nombre de charges et fonctions au sein de la monarchie française, Jean-Baptiste Colbert fut assurément l'un des ministres les plus puissants et les plus influents du règne personnel de Louis XIV. Le jugement des historiens, cependant, reste nuancé, contrasté, voire malveillant. D'aucuns lui reprochent ses mesquineries, son manque de scrupules, son affairisme et son clientélisme forcenés. D'autres stigmatisent son interventionnisme tatillon dans l'économie, au détriment de la liberté du commerce, sa sévérité à l'égard des compagnons et ouvriers, enserrés dans des règles corporatistes étouffantes, ou, pis encore, le tristement célèbre Code noir, régulant l'esclavage dans les colonies françaises, promulgué après sa mort, mais préparé par ses services. Alors, que penser de sa réputation de grand ministre ? A-t-elle été usurpée ? Quel jugement en définitive porter sur son œuvre ? Quel bilan retenir de ce que l'on a appelé le colbertisme ?*

L'ascension d'un ambitieux

Un homme au visage bourru, aux traits lourds, au menton volontaire, aux sourcils épais, revêches, aux yeux sombres, à la bouche dédaigneuse surmontée d'une fine moustache : voilà ce que présentent de lui, sous sa perruque frisée et sa simarre noire ornée d'une collerette de dentelle blanche, les portraits de l'époque, ceux de Mignard, de Nanteuil ou de Philippe de Champaigne. Rien d'éthéré en lui ! On sent la solidité, la pesanteur, l'excès de confiance en soi, l'autoritarisme même. Inspirant la crainte, Jean-Baptiste Colbert apparaît comme un personnage brutal, d'un abord difficile, cassant, d'une froideur glaciale, « l'homme de marbre », disait le médecin Gui Patin, « le Nord » comme le surnommait Mme de Sévigné.

Pourtant, derrière cet abord rebutant se cachaient une belle intelligence, une ardeur, une ambition peu commune doublée d'une passion dévorante de servir et d'agir. Vrai bourreau de travail, passant jusqu'à quinze ou seize heures par jour à son bureau, il était un « technocrate » sec et méthodique, patient, tenace, économe, exprimant avec passion et clarté des vues particulièrement pénétrantes. Face à ses appréciables qualités, on ne saurait omettre ses défauts les plus saillants : sa vanité, sa cupidité, sa jalousie, ses sorties acrimonieuses, offensantes même pour le roi, son sens de l'intrigue, son cynisme à peine dissimulé, son népotisme. Bref, une hautaine et distante statue, ciselée d'ombres autant que de lumières !

Débarrassons-nous d'abord de l'image d'Épinal du petit-fils d'un humble marchand mercier vendant des laines et serges dans une obscure échoppe de Reims à l'enseigne du « Long Vestu ». En réalité, Jean-Baptiste ne fut nullement le fondateur, mais le produit d'un clan puissant et prolifique de grands merciers champenois, grossistes, négociants internationaux, banquiers, participant aux « affaires du roi », autrement dit profitant de l'aberrant système financier de la monarchie française, sorte de capitalisme fiscal auquel étaient associées, telles d'avides sangsues, les couches dirigeantes de la société – clergé, haute noblesse et bourgeoisie d'affaires –, système qui voyait arriver dans les caisses de l'État à peine plus de la moitié des taxes et impôts.

Contrairement à la société actuelle, celle de l'individu roi, la famille au sens large du terme était essentielle à cette époque. L'histoire du clan Colbert illustre les mécanismes de promotion sociale alors en usage, jette un éclairage révélateur sur les filières d'ascension et le jeu complexe des solidarités. Chez ces grands bourgeois, point de droit d'aînesse. Une branche déclinante était vite remplacée par une autre plus prolifique et ingénieuse. Les mariages endogamiques assuraient la pérennité des fortunes. L'Église, ses couvents, ses ordres monastiques servaient à caser – vocation ou non – les cadets et les filles trop nombreuses, évitant la dispersion des richesses par la dot ou l'héritage. L'objectif était de s'élever dans l'échelle sociale, notamment par l'acquisition d'offices, ces dignités et charges de service public entrant dans le patrimoine de leurs titulaires et pouvant être transmises héréditairement depuis la fameuse « paulette » de 1604.

Né à Reims le 29 août 1619, Jean-Baptiste était le deuxième des dix-huit enfants de Nicolas, sieur de Vandières, et de Marie Pussort. L'ambition de ces gens de modeste origine – *collibertus* au Moyen Âge désignait un serf affranchi – était d'accumuler des charges anoblissantes leur permettant de s'agréger à la noblesse de robe puis à celle d'épée, l'authentique aristocratie, qui dominait encore l'échelle des valeurs. Ils avaient adopté des armes parlantes : « D'or, à une couleuvre (*coluber* en latin) ondoyante d'azur en pal ».

Après des études chez les Jésuites, un apprentissage chez un banquier, un notaire et un financier en vue, notre personnage, pour qui son père avait acquis une charge de commissaire des guerres, entra dans les bureaux du secrétaire d'État à la Guerre Michel Le Tellier, grâce à l'appui de son cousin Jean-Baptiste Colbert de Saint-Pouange, alors chef du clan. Parallèlement, il s'introduisit dans le milieu des munitionnaires, c'est-à-dire des fournisseurs aux armées, en épousant Marie Charron de Ménars, dont il aura neuf enfants.

Sa carrière prit une nouvelle tournure lorsqu'en mars 1651 Le Tellier accepta de céder ce fidèle collaborateur au cardinal Mazarin, principal ministre durant la minorité de Louis XIV. Jean-Baptiste devint son intendant zélé, approchant le jeune roi, la reine mère Anne d'Autriche, les ministres, jouant un rôle prépondérant dans les affaires privées de l'Éminence, dont le désir le plus cher était de se constituer une fortune gigantesque. Dévoué corps et âme à son maître, il intervint en ce domaine avec une remarquable efficacité, usant, il faut en convenir, de procédés plus ou moins discutables, au détriment des intérêts de l'État.

Son ascension se heurta vite à celle d'un autre ambitieux personnage, Nicolas Fouquet, surintendant des Finances et procureur général au parlement de Paris. Certes, celui-ci était coupable de prévarications et de lèse-majesté (pour avoir fortifié clandestinement sa terre de Belle-Isle), mais Jean-Baptiste jura sa perte et fit tout pour le faire trébucher, allant jusqu'à manipuler son procès de façon éhontée, en produisant notamment de fausses pièces accablantes avec la complicité de son oncle maternel, Pussort. À la mort de Mazarin le 9 mars 1661, Louis XIV, qui suivit la forte recommandation du défunt « de se servir de lui, étant fidèle », l'installa dans un poste d'intendant des Finances puis, à la chute de Fouquet, le fit entrer – faveur insigne – au Conseil d'en haut, l'organe suprême du gouvernement monarchique. Le voilà donc ministre à quarante-deux ans !

Le cumulard

Favorisé par le monarque, qui appréciait sa prodigieuse force de travail, il connut à partir de ce moment une ascension fulgurante : membre du Conseil royal des Finances, nouvellement créé à sa demande, surintendant des Bâtiments royaux, membre du Conseil du commerce, et surtout contrôleur général des Finances, dont les attributions, sensiblement élargies, couvraient l'ensemble des affaires économiques, financières et fiscales (1665). Élu à l'Académie française en 1667, il devint deux ans plus tard secrétaire d'État à la Marine, ses compétences s'étendant aux galères et au commerce maritime. Cette charge elle-même fut dédoublée pour englober l'ensemble du département de la Maison du roi, la ville de Paris et les relations avec le clergé. En 1670, il était encore promu grand maître et surintendant des Mines et Minières de France.

Son rôle pilote au sein de la Petite Académie (ancêtre de l'Académie des Inscriptions et Belles-Lettres), créée en 1663 et dont la mission était d'établir les inscriptions et devises en l'honneur du roi, lui permit de superviser les arts et les lettres ainsi que la production de la propagande monarchique exaltant le souverain, sans négliger d'ailleurs sa propre gloire, qu'il plaçait en toute modestie dans le sillage du cardinal de Richelieu. En 1666, il fonda encore l'Académie royale des sciences, puis l'observatoire de Paris (1667) et l'Académie royale d'architecture (1671). Entre-temps, il avait ravi au vieux chancelier Pierre Séguier la correspondance avec une partie des intendants de province ainsi que le dossier de la réforme judiciaire.

À ces fonctions officielles s'ajoutaient quelques tâches officieuses, touchant les affaires domestiques de Sa Majesté et de la famille royale. Sa femme se chargea d'élever avec sa propre progéniture deux des enfants naturels de Louis XIV et de sa première maîtresse Louise de La Vallière, Mlle de Blois et le comte de Vermandois. Plus tard, il sera très proche de la marquise de Montespan, l'impérieuse et nouvelle favorite, qu'il défendra de son mieux au moment de l'affaire des Poisons.

Dans la bonne tradition familiale, Jean-Baptiste se garda de négliger les siens. Dès 1659, il écrivait à son frère Charles Colbert de Croissy, alors intendant d'Alsace : « Je vous assure que je brûle d'envie de voir notre famille s'élever par la voie de l'honneur et de la vertu et que tout le monde demeure d'accord que la fortune que nous avons nous est due. »

Devenu à son tour chef du clan, il poussa en avant son fils aîné, Jean-Baptiste, marquis de Seignelay, qui reçut la survivance de sa charge de secrétaire d'État à la Marine et à la Maison du roi. Un de ses autres fils, Jules Armand, marquis d'Ormoy, eut celle de la surintendance des Bâtiments. Un de ses frères, Édouard-François, marquis de Maulevrier, fut capitaine des mousquetaires puis lieutenant général des armées du roi. Quant à Charles de Croissy, déjà cité, conseiller d'État, président à mortier, il eut l'ambassade de Londres, avant de devenir secrétaire d'État aux Affaires étrangères. Le fils de ce dernier, Colbert de Torcy, sera un brillant ministre des Affaires étrangères à la fin du règne de Louis XIV.

Jean-Baptiste parvint en outre à caser trois filles dans des familles ducales de haute lignée : la première épousa Charles-Honoré d'Albert, duc de Chevreuse, la deuxième Paul de Beauvilliers, duc de Saint-Aignan, et la troisième Louis, duc de Mortemart, neveu de Mme de Montespan. Le reste du clan ne fut pas oublié : parents, amis, tous furent récompensés, devenant intendants, contrôleurs, trésoriers de marine ou puissants financiers. Ainsi réussit-il à constituer un solide lobby ramifié, étendant son influence sur une large partie du royaume, ce qui allait forger un outil essentiel pour son maintien au pouvoir.

Un mot de sa vie privée, que l'on connaît assez mal. Peu porté sur la bagatelle, ses liaisons, s'il en eut – les rumeurs sont incertaines sur ce point –, furent discrètes. Ne négligeons pas non plus l'aspect religieux du personnage. Il était pieux, faisait partie d'une famille de dévots proches de la Contre-Réforme catholique. Trois de ses sœurs furent abbesses ou supérieures de couvent. Un de ses fils, Jacques Nicolas, devint archevêque de Rouen et académicien.

Sa fortune, d'abord amassée à l'ombre de Mazarin, avec sans doute les mêmes procédés délictueux que ceux de Fouquet, s'élevait à plus de 4 millions de livres, ce qui était loin d'être négligeable, sans pour autant la rapprocher de celles des princes du sang, quatre ou cinq fois supérieures. En 1670, il fit l'acquisition de l'élégant château de Sceaux, décoré par Le Brun, et d'un vaste domaine, dessiné par Le Nôtre, avec ses cascades et son pavillon de l'Aurore.

Quelle extraordinaire puissance acquise en peu d'années ! Il semblait s'occuper d'à peu près tous les domaines, en dehors des départements de la Guerre et des Affaires étrangères. Louis XIV était fasciné par la réussite de ce serviteur dévoué et talentueux, sa puissance de travail, son sens du détail, sa passion pour la grandeur de la France. Les deux hommes se voyaient cinq fois par semaine pour le Conseil, deux ou trois fois en sus pour le travail de la « liasse » (préparation des dossiers en amont). « Je vous ordonne de faire ce que vous voudrez ! » lui écrivit un jour aimablement le roi. Attention ! Le souverain n'était pas homme à se laisser pour autant circonvenir. Il savait lui imposer son autorité, sa volonté. Le 10 mars 1661, au lendemain de la mort de Mazarin, réunissant ses ministres et secrétaires d'État, il avait déclaré qu'il ne prendrait pas de Premier ministre. Il tint parole. Et pour mieux aménager son espace politique, face au puissant clan Colbert, il en éleva un autre, non moins puissant, le clan Le Tellier-Louvois, centré sur l'administration de la Guerre, partageant ainsi ses faveurs, jouant non sans délectation de la rivalité de l'un et de l'autre : nouvelle configuration formant un système politique différent du ministériat, dans lequel le roi se trouvait seul, dépourvu d'administration, face à un principal ministre omnipotent, usant de son propre réseau clientélaire.

Les conceptions de Colbert

Pour Colbert, l'économie n'était qu'un moyen au service de la grandeur de l'État, de sa suprématie militaire et de son prestige international. Le roi devait avoir par conséquent les plus beaux palais (d'où son choix de la rénovation du Louvre et sa désapprobation des travaux du premier Versailles) ; il devait collectionner les plus belles œuvres d'art, les toiles de maîtres, les bijoux rares. Rayonnante et triomphante, la France devait étonner son siècle en produisant les meilleures toiles, les meilleures glaces, les meubles les plus riches, les tapisseries les plus somptueuses. Au bas d'un austère mémoire de 1669, où il était question de moquettes, de ballots de chanvre, de fils de fer et de laiton, il avait griffonné : « grandeur et magnificence ». Le cri du cœur !

L'augmentation des revenus du roi était le but principal de sa politique financière et économique. Il s'agissait d'abord d'améliorer l'outil fiscal. Selon la « maxime de l'ordre » chère à son cœur, il convenait en premier lieu de rationaliser la présentation des comptes : on établirait un registre des recettes, des tableaux synoptiques avec prévisions des revenus et des dépenses. Des « états au vrai » enregistreraient ce qui était effectivement réalisé, toutes choses qui manquaient à l'administration des Finances, laissée dans une grande confusion.

Puis on rétablirait l'équilibre des finances royales par la réduction drastique des charges de l'État et la diminution sensible des dépenses. On récupérerait une partie des revenus du domaine royal, sérieusement rognés par de multiples usurpations au fil des âges, on définirait une authentique politique des forêts royales, on créerait un bail unique et on établirait un terrier général du domaine.

Sur le plan fiscal, Colbert était partisan d'alléger le poids de l'impôt direct (essentiellement la taille) et d'augmenter les impôts indirects sur la circulation ou la consommation, ce qui, contrairement à ce qu'on pourrait croire, était plus juste socialement, cette mesure présentant l'avantage de fiscaliser les privilégiés. Enfin, pour lutter contre l'évasion fiscale, qui faisait sortir de l'assiette de la taille les personnes anoblies, il entreprit dans les provinces de lutter contre les usurpateurs de noblesse.

Sur le plan économique, les conceptions de Colbert se rattachaient aux idées mercantilistes selon lesquelles la richesse et la puissance d'un pays se mesuraient à son stock de métal précieux, or ou argent. Ce stock, estimait-il, était à peu près invariable, les arrivages des galions d'Amérique étant contrebalancés par la thésaurisation (bijoux, objets d'art et de culte...).

La notion d'expansion économique globale n'existant pas, on ne pouvait développer le commerce français qu'au détriment des autres nations, l'Angleterre et surtout les Provinces-Unies, sa bête noire. « Le commerce, concluait-il, est la source de la finance, et la finance le nerf de la guerre. » Il s'agissait par conséquent d'acheter moins de barres de fer, moins de barils de goudron ou de lots de chanvre à nos concurrents directs, de cesser d'importer des produits de luxe d'Italie ou de Flandre. Politique de quasi-autarcie qui pouvait conduire à la guerre des tarifs et à la guerre tout court. Mais cela, Colbert le mesurait mal.

Son « patriotisme économique » reposait sur la création de manufactures royales, de compagnies commerciales, sur la conquête de nouvelles colonies afin de se procurer à bon compte des matières premières, sur la production de biens de qualité à des prix compétitifs, y compris en imitant les produits de luxe étrangers. Dans cette perspective, il convenait donc d'accélérer le rythme du travail quotidien, d'instaurer un tarif protecteur aux frontières et de pratiquer sans vergogne un *dumping* agressif à l'extérieur.

Ces réformes impliquaient le renforcement du corset administratif et réglementaire, l'organisation de la productivité, la surveillance constante de la qualité. On devait aussi s'attaquer à ce qui entravait le commerce : les routes maritimes peu sûres, les douanes intérieures paralysantes, la diversité ahurissante des poids et mesures d'une province à l'autre. Des groupes sociaux à la traîne faisaient aussi obstacle à la croissance : les rentiers, les titulaires d'offices, qui détournaient les capitaux du commerce et de l'industrie. Il fallait les mettre au pas. Il y avait également trop d'oisifs – les moines, les prêtres... –, trop de jours chômés dans l'année, trop de fêtes carillonnées !

Sa vision conduisait à la dictature du travail. Pourtant, Jean-Baptiste n'était nullement étatiste, comme quelques historiens l'ont cru. Plus interventionniste que dirigiste, il souhaitait sincèrement à terme l'essor du capitalisme privé. « La liberté, répétait-il, est l'âme du commerce. » En attendant, il fallait créer, investir, stimuler par des subventions et des commandes publiques. Ces mesures paraissaient très modernes et nous renvoient à l'économie mixte de la période contemporaine. L'État devait servir de tuteur avant que les ressources privées ne pussent prendre le relais. C'était un pragmatique, non un doctrinaire.

Les réalisations

Il est sûr que ce qu'on a appelé le colbertisme n'a été que l'une des manifestations du mercantilisme, fort répandu en Europe depuis William Cecil sous Élisabeth Ire, ou Barthélemy de Laffemas sous Henri IV. Mais ce qui différenciait cette entreprise des précédentes fut la constance, l'obstination, la cohérence de la pensée de son auteur, la redoutable rigueur avec laquelle il appliqua ces recettes anciennes.

Sur le plan des comptes publics, le redressement fut spectaculaire. Jusqu'en 1672, les revenus du roi doublèrent. C'est ainsi, par exemple, que le grand argentier diminua sans états d'âme entre le quart et la moitié les rentes sur l'Hôtel de Ville, les gabelles ou les fermes, qu'il pourchassa les abus à l'intérieur du domaine royal. Le budget se trouva en équilibre alors qu'en 1661, à l'accession au pouvoir de Louis XIV, les revenus des années 1662 et 1663 étaient consommés d'avance. Malheureusement, à partir de 1672, la guerre de Hollande, voulue par le monarque, précipita les finances royales dans les mêmes ornières, contraignant à faire appel de nouveau aux financiers, traitants et partisans, et à vendre en bloc des offices.

Par ailleurs, Jean-Baptiste s'efforça d'améliorer la circulation à l'intérieur du royaume, rendant plus praticables les grands chemins, faisant creuser des canaux, dont celui des Deux-Mers, vaste entreprise reliant la Méditerranée à l'Atlantique, conduite par un de ses fidèles, l'ingénieur Pierre-Paul Riquet, qui mobilisa jusqu'à douze mille travailleurs. Si l'agriculture l'intéressa peu, il n'en resta pas moins attaché au prix bas du pain, nourriture de base de la majorité de la population, d'où sa politique d'importation de céréales et d'interdiction des exportations.

On associe souvent son nom au développement des corporations et des organisations de métier qu'il aurait voulu réglementer. En fait, il s'agissait principalement de dispositions particulières prises durant la guerre de Hollande. Son action en faveur du développement des manufactures constitua en revanche la pièce essentielle de son dispositif économique. Il encouragea la création d'entreprises de prestige, comme celle des tapisseries de haute et basse lisse confiée à Louis Hinard à Beauvais (1664), celle des draps de Hollande dirigée par Josse Van Robais à Abbeville (1665), celle des glaces de miroir de Saint-Gobain (1665), celle des Gobelins, transformée en manufacture royale des meubles de la Couronne, administrée par Charles Le Brun, produisant en outre des ouvrages d'argenterie et des tapisseries (1667). Un peu partout, on vit naître des manufactures de fer-blanc, de drap, de serge, de damas, de futaine, mais également de poudres, de mèches, d'ancres, des fonderies, des scieries, assorties parfois de monopoles et de privilèges.

Copier les meilleures expériences étrangères figurait dans son programme. Il débaucha ainsi des souffleurs de Murano, des dentellières de Flandre, des tisserands néerlandais, des charpentiers espagnols, des orfèvres germaniques, des métallurgistes suédois. Parallèlement, il ne promulgua pas moins de trente-huit règlements et cent cinquante édits régissant la qualité de la production. Un corps d'inspecteurs fut créé, de façon à infliger des sanctions aux contrevenants. Des ordonnances somptuaires interdirent aux sujets du roi d'acheter des tapisseries de Flandre, des verreries de Venise, des dentelles de Malines. Le protectionnisme fut encore renforcé par des tarifs douaniers (1664-1667).

Dans le dessein d'ouvrir de nouveaux marchés internationaux, il misa sur la constitution de grandes compagnies maritimes à monopole, placées sous le patronage royal. Bénéficiant de capitaux publics et privés, elles devaient être les « béquilles du commerce ». Conscient de l'échec de Richelieu en ce domaine, il crut réussir en agissant sur une plus vaste échelle et attirer la noblesse fortunée en supprimant l'interdiction de dérogeance visant le grand commerce. En 1664 fut créée la Compagnie des Indes occidentales ; en 1669, installée dans le nouveau port de Lorient, celle des Indes orientales ainsi que celle du Nord (destinée au commerce en mer Baltique) ; en 1670, celle du Levant ; en 1673, celle du Sénégal.

La marine de guerre ne fut pas oubliée, tout au contraire. Elle bénéficia de ses soins intensifs, il multiplia les mises en chantier de vaisseaux de guerre et de galères, les ports et arsenaux, créant un système de « classes », ancêtre de l'inscription maritime, obligatoire pour les populations du littoral.

L'essor économique et industriel fut indéniable. Les échanges s'accrurent significativement. L'or et l'argent rentrèrent de ce fait dans les caisses de l'État, masquant l'absence pénalisante d'une banque royale. Les manufactures qui vivaient des commandes directes de l'administration, comme celle des Gobelins, prospérèrent. Les autres survécurent sous perfusion des deniers publics. Les exportations traditionnelles d'eau-de-vie, de vin, de fer, de quincaillerie, de toiles et de soieries souffrirent des tarifs douaniers pris en rétorsion.

Certes, le système colbertiste contribua à l'unification du pays, non sans susciter de vives résistances locales, des « émotions populaires », comme la révolte du papier timbré et des bonnets rouges en Bretagne en 1675. Par ailleurs, les douanes intérieures subsistèrent. Les lois somptuaires visant la cour furent mal appliquées. La volonté du ministre d'orienter la noblesse vers le grand négoce se heurta aux réticences, voire à l'hostilité de l'aristocratie, qui continua de privilégier le prestige des armes.

À la mort de Colbert, la flotte commerciale française ne comptait pas plus de six cents navires, à comparer aux huit mille des Provinces-Unies. Dotées de puissants fonds propres, les compagnies anglaises ou hollandaises avaient cinquante ans d'avance sur les jeunes pousses françaises. Elles versaient à leurs actionnaires d'énormes dividendes. Sous-capitalisées, bureaucratisées, les françaises n'avaient rien à distribuer. Le commerce colonial ne tarda pas à péricliter.

En ce qui concerne la marine de guerre, Colbert réalisa certainement le rêve de Richelieu. De 18 vaisseaux en 1661, on passa à 276 en 1683, soit 45 unités de plus que la Royal Navy. Une réussite spectaculaire ! Mais des fragilités demeuraient au sein de cette arme puissante, comme devaient le montrer les affrontements ultérieurs, l'absence en particulier de traditions navales solidement établies et d'un état-major complet et unifié.

Le mouvement de colonisation lui-même resta limité, malgré l'installation du comptoir de Pondichéry en Inde (1670), le peuplement de l'île Bourbon (Réunion), l'œuvre remarquable de Jean Talon en Nouvelle-France, l'exploration de la baie de l'Hudson et du Mississippi (baptisé un temps « fleuve Colbert ») ou encore la fondation de la Louisiane par Cavelier de La Salle.

Esprit logique, épris d'ordre, de clarté et de simplification, Colbert rêvait de débarrasser le royaume du maquis touffu de ses règlements, usages et privilèges stérilisants, de réduire drastiquement le nombre de charges inutiles, de faire disparaître l'enchevêtrement invraisemblable des juridictions, le poids de l'administration archaïque, rongée par la vénalité des offices (mais difficile à supprimer, faute de ressources financières), enfin de renforcer les connaissances concrètes des administrés et de l'appareil statistique au moyen de grandes enquêtes (d'où la collection des plans en relief des villes et citadelles). Colbert en ce sens correspond bien à l'âge classique, marqué par le cartésianisme, le souci du dénombrement, du classement, de l'archivage et de l'aménagement du territoire.

Une chambre de justice, établie en 1661, se chargea de faire dégorger les nombreux traitants et partisans, coupables de prévarications. Des « grands jours », juridictions extraordinaires, poursuivirent implacablement en 1665-1666 les petits seigneurs criminels qui faisaient régner la terreur sur leurs terres.

On doit en outre à Colbert l'installation permanente des intendants de justice, police et finance dans la trentaine de généralités, circonscriptions fiscales couvrant le royaume. Ces commissaires, administrateurs autant qu'inspecteurs, recrutés la plupart du temps parmi les maîtres des requêtes, étaient les représentants directs de l'État en province, face aux gouverneurs, représentants du roi, dont les fonctions devenaient de plus en plus symboliques.

C'est encore lui qui s'attela à la codification et à la rationalisation des grandes ordonnances : code Louis sur la procédure civile (1667), ordonnance des eaux et forêts (1669), ordonnance criminelle (1670), code Savary réglementant le commerce (1673), ordonnance sur la navigation marchande (1681), enfin le « Code noir » (1685) donnant aux esclaves de l'Amérique française un statut civil et pénal, « tant pour la punition de leurs crimes que pour tout ce qui concerne la justice qui doit leur être rendue ». Même si l'esclave était reconnu en son humanité au moment de son baptême, de sa vie religieuse ou de son mariage, il était assimilé économiquement à un « bien meuble » : une contradiction moralement insupportable de nos jours, on le comprend.

Précurseur en un sens du jacobinisme révolutionnaire, aspirant à la table rase qui jetterait bas les vieilles structures héritées du Moyen Âge, Colbert voulait aller plus loin : « réduire tout le royaume sous une même loi, même mesure et poids ». Plus mesuré, Louis XIV devait tenir compte de l'extrême diversité de son royaume et des équilibres sociaux fragiles.

Précurseur des temps modernes, cet homme exceptionnel n'a pas été Premier ministre, en effet. Mais il fut mieux que cela, cumulant des fonctions qui correspondraient à celles de ministre de l'Économie, des Finances, du Commerce, de la Construction, de l'Intérieur, de la Marine, de la Justice, sans compter sa tutelle sur la lieutenance générale de police. En dépit des ombres qui entachent son action ou de ses demi-réussites, comment ne pas reconnaître en lui un immense serviteur de l'État dont l'influence sur le règne de Louis XIV a été déterminante ?

Ce bourreau de travail, devenu malheureusement fort impopulaire, eut-il, à l'âge de soixante-quatre ans, au moment de mourir de coliques néphrétiques, le 6 septembre 1683, une inquiétude sur son salut ? On lui prête cette formule, parlant du roi : « Si j'avais fait pour Dieu ce que j'ai fait pour cet homme-là, je serais sauvé dix fois ! »

Bibliographie sélective

AUBERT François d', *Colbert. La vertu usurpée*, Paris, Perrin, 2010.

DESSERT Daniel, *Colbert ou le Mythe de l'absolutisme*, Paris, Fayard, 2019.

MEYER Jean, *Colbert*, Paris, Hachette, 1981.

MURAT Inès, *Colbert*, Paris, Fayard, 1980.

PETITFILS Jean-Christian, *Louis XIV*, Paris, Perrin, 1995.

SARMANT Thierry et STOLL Mathieu, *Le Grand Colbert*, Paris, Tallandier, 2019.

VERGÉ-FRANCESCHI Michel, *Colbert. La politique du bon sens*, Paris, Payot et Rivages, 2003.

VILLAIN Jean, *La Fortune de Colbert*, Paris, Comité pour l'histoire économique et financière de la France, 1994.

9

Guillaume Dubois (1656-1723)

Le complice du Régent

par Thierry Sarmant

Dans les témoignages des contemporains comme dans l'historiographie traditionnelle, Guillaume Dubois est un personnage de caricature, un objet de mépris et d'opprobre. Saint-Simon a laissé de lui un portrait célèbre par son extrême noirceur : « L'abbé Dubois était un petit homme maigre, effilé, chafouin, à perruque blonde, à mine de fouine, à physionomie d'esprit, qui était en plein ce qu'un mauvais français appelle un *sacre*, mais qui ne se peut guère exprimer autrement. Tous les vices combattaient en lui à qui en demeurerait le maître. Ils y faisaient un bruit et un combat continuel entre eux. L'avarice, la débauche, l'ambition étaient ses dieux ; la perfidie, la flatterie, les servages, ses moyens ; l'impiété parfaite, son repos ; et l'opinion que la probité et l'honnêteté sont des chimères dont on se pare, et qui n'ont de réalité dans personne, son principe, en conséquence duquel tous moyens lui étaient bons. » Cette caricature a persisté jusqu'à une date récente : elle renaît encore, en 1975, sous les traits de Jean Rochefort, dans l'excellent *Que la fête commence !* de Bertrand Tavernier.

Cette mauvaise réputation a été confirmée par les pseudo-*Mémoires* de Dubois, qui sont une fabrication du XIXe siècle. Elle doit aussi beaucoup à des préjugés de classe et aux particularités de l'itinéraire de l'intéressé. Parmi les grands serviteurs de l'ancienne monarchie, Guillaume Dubois offre en effet un cas unique : si l'on examine l'origine sociale de ses collègues sur trois ou quatre siècles, on s'aperçoit qu'il est le seul ministre à être issu de la petite bourgeoisie, tandis que la plupart de ses homologues étaient juridiquement nobles ou marchaient à la noblesse. Dubois est également le seul ministre dont la carrière ait procédé non pas du service du roi, mais de celui d'un prince, à savoir Philippe d'Orléans, le Régent, et leur parcours commun a été si long que les deux hommes en viennent à se confondre. Enfin, Guillaume Dubois a été le premier et peut-être le seul des gouvernants de l'Ancien Régime à théoriser les fonctions de principal ministre et les relations que le titulaire de ce poste devait entretenir avec les autres membres de la classe dirigeante.

Un fils d'apothicaire

Guillaume Dubois est né à Brive-la-Gaillarde le 6 septembre 1656. Petit-fils d'un chirurgien, fils d'un apothicaire – nous dirions aujourd'hui un pharmacien –, il semble promis à une existence limitée au cadre étroit de cette ville de province. À l'échelle de la cité, son père et son grand-père sont de petits notables – ils ont été successivement consuls. Dubois fils échappe à cette destinée en embrassant la carrière ecclésiastique. À l'âge de neuf ans, il entre au collège de Brive, tenu par les Pères de la doctrine chrétienne, et reçoit la tonsure en 1669. En 1672, âgé de seize ans, il bénéficie d'une bourse pour monter à Paris. Il devient alors pensionnaire du collège Saint-Michel, rue de Bièvre, et étudie la philosophie et la théologie au collège de Navarre. Recommandé par Antoine Faure, le principal du collège Saint-Michel, il entame bientôt une carrière de précepteur auprès de familles parisiennes. Jusque-là, son parcours ressemble à celui de milliers d'autres membres du clergé issus du peuple ou de la bourgeoisie auxquels l'Église offre sinon une promotion sociale, du moins un état et la possibilité de découvrir de nouveaux horizons géographiques et sociaux.

La première chance de Dubois survient en 1683, quand il se voit proposer un emploi de sous-précepteur du duc de Chartres, le fils de Monsieur, duc d'Orléans, le frère cadet de Louis XIV. Le jeune abbé, âgé de vingt-sept ans, donne des leçons à un prince qui en a neuf. Il reçoit un logement au Palais-Royal et une pension annuelle de 600 livres.

La deuxième chance, décisive celle-là, arrive quatre ans plus tard, avec le trépas du précepteur, Nicolas-François Parisot de Saint-Laurent, en 1687. Dubois, qui entre-temps semble s'être fait apprécier aussi bien de son élève que des parents de celui-ci, est promu précepteur en titre, avec 1 000 livres d'appointements. Le programme éducatif qu'il propose l'année suivante met l'accent sur la préparation au rôle politique que pourrait avoir à jouer un prince « tenant un premier rang dans l'État ». L'abbé jouit alors d'une réputation de science et de piété. En 1690, au terme de son préceptorat, Louis XIV lui octroie un bénéfice : l'abbaye d'Airvault, en Poitou.

La suite de l'histoire n'est plus affaire de chance, mais de talent. Dubois a su si bien se rendre indispensable à Philippe d'Orléans qu'une fois passé le temps de ses études, ce dernier garde son ancien précepteur à son service, avec des fonctions mal définies de secrétaire et de conseiller. À partir de 1691, l'abbé accompagne son ancien élève sur les champs de bataille de la guerre de la ligue d'Augsbourg, rédigeant sans doute une partie de sa correspondance et des mémoires et rapports que le prince adresse à Louis XIV. La nature profonde de leur relation reste incertaine. La part respective du sentiment et de l'intérêt bien compris n'y est pas aisée à définir. S'agit-il d'amitié, d'affection, d'intimité, de paternité de substitution ? D'un côté, Philippe assure à Dubois une position sociale et des perspectives d'ascension ; de l'autre, Dubois offre à son maître ses talents de plume et son flair politique.

L'historien peine d'ailleurs à s'y retrouver : quand nous lisons une lettre de Philippe d'Orléans, duc de Chartres, duc d'Orléans puis régent du royaume, nous ne savons jamais si c'est sa voix propre que nous entendons… ou celle de Dubois. Sur le moment, la proximité entre le prince et l'abbé crée à ce dernier des ennemis au sein de la petite cour des Orléans, dont le tempérament tracassier de Monsieur fait un foyer de ragots et d'intrigues, mais Dubois surnage et gagne la confiance de ses maîtres. En 1697, il est envoyé en mission en Angleterre, sans doute pour défendre les intérêts des Orléans au moment où se discute le partage de la succession d'Espagne.

Monsieur étant décédé en 1701, son fils lui succède dans le titre de duc d'Orléans et dans toutes ses prérogatives honorifiques. L'abbé Dubois gagne alors une position officielle au sein de la maison d'Orléans : il y est pourvu de la charge de « secrétaire des commandements », mais seulement à titre surnuméraire, car il y a un secrétaire des commandements en titre. Ce sera son seul emploi déclaré jusqu'en 1715. La faveur du prince se marque aussi par l'attribution à Dubois d'un hôtel particulier, construit à proximité du Palais-Royal, mais que l'abbé doit bientôt céder à la favorite du prince, Mlle de Séry, qui devient la comtesse d'Argenton. Cette affaire de l'« hôtel d'Argenton » illustre la proximité persistante entre les deux hommes, mais aussi le statut domestique de Dubois, à qui on prend et on reprend sans beaucoup d'égards.

Durant ces quinze années, il n'est pas toujours aisé de savoir à quoi s'occupe Dubois. En 1701, Philippe d'Orléans l'envoie en Espagne pour faire reconnaître par Philippe V ses droits éventuels sur la Couronne de Madrid. Cinq ans plus tard, l'abbé accompagne son maître en Italie, pendant le désastreux siège de Turin, et rédige sans doute une partie des missives que le prince expédie alors à Versailles. En revanche, il ne le suit pas dans ses campagnes espagnoles de 1707 et 1708. Dans le même temps, sa fortune s'est accrue grâce à l'octroi de nouveaux bénéfices : abbaye de Saint-Just, au diocèse de Beauvais (1693), abbaye de Nogent-sous-Coucy, au diocèse de Laon (1705).

Le diplomate de la Régence

Avec l'accession de Philippe d'Orléans à la régence, en septembre 1715, la carrière de Dubois prend un nouvel essor. Jusque-là son ascension a été remarquable, sans être exceptionnelle. Elle s'est déroulée dans le cadre particulier d'une maison princière. Désormais, elle se déploie à l'échelle de l'État et de la grande politique internationale.

Écarté des affaires par son oncle, le duc d'Orléans est un homme seul quand il arrive au pouvoir. Il est contraint de composer son équipe gouvernementale d'anciens dignitaires de la cour de Louis XIV en y ajoutant ses quelques fidèles – le duc de Saint-Simon, le maréchal de Bezons, Bouthillier, l'ancien évêque de Troyes, le marquis de Canillac, ancien favori de son père, un des « roués » qui participent à ses parties de débauche. Dubois est un des rares familiers du prince en qui Philippe puisse voir un homme de confiance. Dès juillet 1715, deux mois avant la mort du Roi-Soleil, le duc d'Orléans le charge de nouer secrètement des contacts avec l'ambassadeur d'Angleterre, lord Stair.

À presque soixante ans, l'abbé reçoit enfin la récompense de ses longs services : le 1er janvier 1716, il est fait conseiller d'État d'Église. Cette dignité implique une sorte de transmutation sociale : le Conseil d'État ou Conseil privé est composé de vingt conseillers d'État de robe, trois d'épée, trois d'Église. Ces derniers sont toujours des prélats en vue ou des ecclésiastiques issus de grandes familles ministérielles – les Le Tellier, Bignon, Arnauld de Pomponne. En accédant à cette charge, le fils d'apothicaire est transporté, sans transition, au sommet de la hiérarchie politique et sociale.

C'est revêtu de cette seule charge que Dubois conduit la grande négociation de sa vie : en juillet et août 1716, il se rend *incognito* à La Haye pour y rencontrer James Stanhope, le secrétaire d'État britannique pour le Sud. Au lendemain de la guerre de Succession d'Espagne, la paix de l'Europe est fragile. Certaines puissances, insatisfaites des dispositions des traités d'Utrecht – l'empereur germanique et le roi d'Espagne –, pensent à reprendre les armes. Le roi d'Angleterre et le régent de France ont dans ce contexte des intérêts concordants : George Ier, électeur de Hanovre, règne au-delà de la Manche depuis 1714 en vertu de l'Acte de succession qui écarte du trône les Stuarts catholiques ; Philippe d'Orléans n'est régent du royaume et héritier de la Couronne qu'autant que son cousin Philippe V d'Espagne maintient sa renonciation au trône des Lys. Tous deux sont des usurpateurs, en fait ou en puissance, conscients de la fragilité de leur position.

Après de longs pourparlers, l'accord entre Dubois et Stanhope pour une alliance entre les deux pays se fait aux conditions suivantes : le prétendant Stuart, accueilli jusque-là en France, devra s'exiler au-delà des Alpes après la signature du traité ; le port de Mardyck, que les Français ont choisi pour remplacer Dunkerque, démantelé en vertu des traités d'Utrecht, sera démoli à son tour ; la France donnera une nouvelle fois sa garantie à la succession protestante. À l'inverse, la Grande-Bretagne garantira son aide au Régent en cas de décès de Louis XV. Les préliminaires sont signés à La Haye le 24 août 1716 ; le premier traité à Hanovre le 9 octobre ; le traité définitif par Dubois et lord Cadogan à La Haye le 28 novembre. Cette fois, l'abbé apparaît au grand jour, avec la qualité d'ambassadeur et plénipotentiaire de Sa Majesté Très Chrétienne. Le 4 janvier 1717, toujours à La Haye, les Provinces-Unies se joignent à la France et à l'Angleterre. Ainsi naît ce qu'on appelle la Triple-Alliance de La Haye. « Votre voyage a sauvé bien du sang humain », dit à Dubois le négociateur britannique. « Il est clair, exulte Dubois, que cette alliance déterminera le système de l'Europe pour longtemps et donnera à la France une supériorité qu'elle ne pourra acquérir autrement. »

De retour en France, l'abbé recueille les dividendes de son succès : la charge lucrative de secrétaire du cabinet du roi et une place de conseiller au Conseil des affaires étrangères, un des Conseils de gouvernement qui ont remplacé les secrétaires d'État et le contrôleur général des Finances au début de la Régence – c'est le régime dit « de la polysynodie ». Il se rend à Londres en 1717 pour de nouveaux pourparlers, qui débouchent l'année suivante sur l'extension du traité à l'empereur, moyennant la cession de la Sicile : c'est la Quadruple-Alliance, signée en août 1718.

En conduisant ces négociations d'une importance essentielle, Dubois s'est imposé comme la tête pensante de la diplomatie française. Il ambitionne dès lors de mettre en accord le fait et le droit. Dès mars 1718, il recommande au Régent de mettre fin à la polysynodie et de « faire revivre une manière de gouverner si commode, si absolue et que les nouveaux établissements ont fait regretter », c'est-à-dire de rétablir les secrétaires d'État et le contrôleur général des Finances dans la position qu'ils occupaient sous Louis XIV. L'abbé Dubois prêche bien évidemment pour sa paroisse. Le 24 septembre, Philippe d'Orléans dissout les Conseils et nomme son ancien précepteur secrétaire d'État aux Affaires étrangères.

Le 23 octobre 1719, Dubois entre au Conseil de régence – faveur tout honorifique, car ce Conseil, devenu trop nombreux, n'est alors plus qu'un simulacre. Ordonné prêtre le 3 mars 1720, il est fait archevêque de Cambrai le 6 mai suivant et entre au Conseil de conscience en novembre. Enfin, consécration suprême, il reçoit le chapeau de cardinal le 16 juillet 1721. Avec l'archevêché de Cambrai, Dubois devient simultanément prince du Saint Empire et duc et pair de France. Avec le cardinalat, il prend le pas sur les ducs et passe juste après les princes du sang. Le 15 octobre, il reçoit la surintendance des Postes.

La double ascension de l'ex-précepteur dans l'Église et dans l'État fait scandale auprès des contemporains. « Cela fait bien du tort à la religion de voir placer un homme connu pour être sans foi et sans religion dans une des premières places de l'Église, commente l'avocat parisien Barbier. On a déjà dit que le pape était le meilleur cuisinier qu'il y eût ; qu'il avoit fait d'un maquereau un *rouget.* Et, avant d'avoir entendu cela, j'ai dit de mon côté que le pape était bon teinturier, d'avoir su mettre un *maquereau en écarlate.* » On notera que cette mauvaise réputation date seulement de la Régence et que, sous Louis XIV, Dubois est longtemps passé pour un modèle de vertu !

Un second Richelieu ?

L'année 1722 marque l'apothéose de Dubois. « M. le cardinal Dubois s'appelle tout court le Cardinal, comme nos deux anciens grands ministres, note Barbier le 24 avril. Il n'a pas encore le titre de Premier ministre ; mais il en fait les fonctions. On dit qu'il est présentement le maître du Régent, et qu'il le craint. Cela est assez dans le caractère du Régent, qui est bon et facile, malgré son esprit. » Le 15 juin, après sept années passées à Paris, la cour réintègre le château de Versailles, et Dubois s'y fait attribuer l'ancien appartement de Louvois, le grand ministre de Louis XIV. On exile les « poids lourds » du début de la Régence : le duc de Noailles, ex-président du Conseil de finance, le maréchal d'Huxelles, ex-président du Conseil des affaires étrangères, le maréchal de Villars, ex-président du Conseil de la guerre, bientôt le maréchal de Villeroy, chef du Conseil de finance et gouverneur du roi. Les favoris du Régent ne sont pas mieux traités : certains sont exilés, d'autres s'éloignent d'eux-mêmes.

Le 21 août, le cardinal Dubois est déclaré Premier ministre et prête serment entre les mains du monarque. Le 25 octobre, Louis XV est sacré à Reims. Dubois, organisateur de la cérémonie, y assiste sur une estrade, à gauche du prie-Dieu du roi, en compagnie des cardinaux de Rohan, de Polignac et de Bissy. En novembre, il est élu à l'Académie française, en décembre élu membre honoraire de l'Académie des sciences et de l'Académie des inscriptions.

Le 16 février 1723, Louis XV devient majeur, ce qu'entérine un lit de justice tenu le 23 février suivant. Le Conseil de régence laisse place à un Conseil d'État ou Conseil d'En-Haut beaucoup plus restreint. La Régence est terminée, mais Philippe d'Orléans garde la présidence des Conseils du roi et son conseiller le cardinal Dubois conserve le titre et les fonctions de Premier ministre. Le Conseil se réduit désormais au duc d'Orléans, au duc de Chartres, son fils, au duc de Bourbon, au cardinal Dubois et à un nouveau venu, André-Hercule de Fleury, ancien évêque de Fréjus et ancien précepteur du roi, qui tire les bénéfices de l'affection que le jeune Louis XV lui témoigne. « Nonobstant la majorité, rien n'a changé ; c'est le même esprit, ce sont les mêmes personnes qui gouvernent », observe l'envoyé du roi de Prusse.

Le Régent et Dubois ont entrepris de donner au jeune Louis XV une formation politique. Cinq leçons d'une demi-heure sont prévues chaque semaine. La première a lieu le 26 août 1722. Le cardinal lit un mémoire sur un sujet d'administration, et le duc d'Orléans en donne l'explication en quelques mots. On a le sentiment que le Premier ministre entend renouveler à la fin de sa carrière la manœuvre qui en a marqué le commencement : se faire le mentor du jeune roi, comme il a été en son temps celui du duc de Chartres, afin de garantir la solidité de sa faveur... avec ou sans Philippe d'Orléans.

Car à cette époque, Dubois réfléchit à la position d'un principal ministre au sein des structures gouvernementales et s'emploie à en donner une définition et une justification théorique. Il fait rédiger, par les commis des Affaires étrangères, des mémoires où le ministériat apparaît en majesté : « Le premier et principal ministre est le dépositaire de l'autorité du prince ; il est le canal immédiat par où le prince fait passer aux sujets toutes ses volontés, et par où les sujets doivent parvenir jusqu'au prince. La différence qu'il peut y avoir entre un principal ministre et les autres ministres ordinaires, c'est que ceux-ci n'ont qu'une autorité déterminée et limitée aux choses qui dépendent de leur emploi et aux provinces de leur département, au lieu que l'autorité du principal ministre s'étend sur tous les ordres de l'État, et, par conséquent, sur tous les autres ministres. Quoique l'autorité du premier et principal ministre soit dépendante de la volonté du prince, qui peut l'étendre ou la restreindre à son gré, cette autorité ne paraît pas cependant avoir de borne en soi ; elle semble, au contraire, être la même que celle du prince, dont le premier ministre est l'organe pour toutes sortes d'affaires. »

Dubois se voit en successeur de Richelieu et Mazarin. Grand lecteur du *Testament politique* du premier, il élabore une doctrine gouvernementale en contradiction formelle avec les idées exposées par Louis XIV dans ses *Mémoires pour le Grand Dauphin* ou dans ses instructions à Philippe V d'Espagne. Le principal ministre doit seul avoir accès direct au roi et au duc d'Orléans. Chancelier de France, garde des Sceaux, secrétaires d'État et contrôleur général des Finances ne peuvent travailler avec le roi ou avec le prince qu'en sa présence. Dubois se montre même jaloux de l'autorité que conserve Philippe d'Orléans. Quant au détail des affaires, les mémoires rédigés sur les instructions de Dubois montrent qu'il entend surtout s'assurer le monopole de la « grande politique » – guerre, marine, surtout affaires étrangères, « âme de l'État ». L'ordre intérieur du royaume ne l'intéresse qu'autant qu'il s'assure le contrôle des finances, nerf de la guerre.

Simultanément, Dubois s'emploie à écarter tous ses rivaux potentiels. Le duc de Noailles et le maréchal de Villeroy sont invités, par lettres de cachet, à rester en province. Quant aux ministres, ils comprennent qu'ils doivent garder profil bas. En juillet 1723, Claude Le Blanc, le secrétaire d'État à la Guerre, compromis dans une affaire de détournements de fonds, est disgracié et exilé à son tour.

Mais la santé du cardinal-ministre, rongé par un cancer de la vessie, se détériore rapidement. Au début de 1723, il s'évanouit durant un Conseil. En avril, il souffre le martyre alors qu'il est monté à cheval pour passer en revue les troupes de la Maison du roi. En juin, il s'installe à Meudon, château réputé pour son confort et son air meilleur que celui de Versailles. À partir du mois d'août, il doit s'aliter. Le 9 août, sur la demande des médecins, Philippe d'Orléans convainc son vieux complice, transporté de nouveau à Versailles, de tenter une douloureuse opération d'excision de l'abcès, qui a lieu sur-le-champ. Dubois meurt le lendemain, le 10 août 1723, à l'âge de soixante-six ans. Comme il est d'usage, on répand des épitaphes injurieuses à sa mémoire : « Ci-gît le cardinal Dubois, / Qui sans mérite et sans naissance / Monta par de sales emplois / De la seringue à l'Éminence. / Un rasoir pour notre salut / Vient enfin de rendre à la terre / Ce noble fils d'apothicaire, / Moindre et plus pauvre qu'il ne fut / Au sortir du sein de sa mère. »

Philippe d'Orléans montre peu de regrets de la disparition de son ancien précepteur. « Sa manière altière et arrogante, ses retards et son désordre dans l'expédition des affaires, trop lourdes ou pour son état de santé ou pour sa capacité, l'avaient rendu quelque temps avant sa mort très fatigant et incommode au duc d'Orléans », rapporte Horace Walpole. Dubois avait-il atteint son « niveau d'incompétence » ? Plus négociateur qu'administrateur, il se serait montré meilleur secrétaire d'État aux Affaires étrangères que Premier ministre. Les témoins assurent que les affaires ont pâti de son incapacité à déléguer et à animer une équipe gouvernementale solide. Une juste évaluation de ce trop court ministère réclamerait un retour systématique aux sources, qui reste à faire.

Le duc d'Orléans succède à Dubois comme Premier ministre, s'attelant au travail avec une énergie renouvelée. « Depuis la mort du cardinal, il est devenu plus âpre et plus jaloux de son autorité qu'il ne l'a jamais été, au point que dans cet instant il n'y a personne qui puisse se vanter d'avoir de l'ascendant sur lui », constate le diplomate Schaub. Mais son corps le trahit à son tour. Saint-Simon, qui rencontre son ami en octobre, s'effraie de trouver « un homme la tête basse, d'un rouge pourpre, avec un air hébété, qui ne me vit seulement pas approcher ». Le 2 décembre 1723, en fin d'après-midi, le prince est terrassé par une attaque d'apoplexie, à l'âge de quarante-neuf ans et quatre mois.

Si le cardinal Dubois avait vécu, peut-être eût-on vu triompher une nouvelle conception de la monarchie absolue, dont le Premier ministre, délégataire de l'autorité royale, aurait été le principal rouage. Sur le moment, la solution institutionnelle qu'il a fait prévaloir lui survit : après Philippe d'Orléans, la fonction de Premier ministre passe au duc de Bourbon (1723-1726) puis, avec le seul titre de ministre d'État, au cardinal de Fleury (1726-1743). Un précepteur tire les marrons du feu après un autre précepteur ! Mais cette reviviscence du ministériat est surtout un expédient de circonstance, qui tient à la jeunesse de Louis XV puis à son manque d'intérêt pour les affaires. Ni Philippe d'Orléans, ni le duc de Bourbon, ni Fleury ne sont des théoriciens, et ils se gardent bien de donner une justification rationnelle à un simple état de fait. L'idéal officiel du régime demeurera, jusqu'à sa fin, celui du roi « gouvernant par lui-même », à la manière de Louis XIV.

Le ministériat de Dubois a été trop bref pour marquer l'Histoire. En revanche, son œuvre diplomatique – dont la partie la plus saillante est l'alliance anglaise – a eu une longue postérité. Les historiens du XIXe et du premier XXe siècle lui ont reproché cette politique qu'ils trouvaient peu fière et peu patriotique. Elle a en fait assuré à l'Europe près d'un quart de siècle de tranquillité relative, après la grande conflagration de la guerre de Succession d'Espagne. Elle apparaît ainsi comme la traduction, en termes de *Realpolitik*, des rêves de paix perpétuelle que l'abbé de Saint-Pierre développait à la même époque : le cynique Dubois aura travaillé dans la même direction que les idéalistes et ouvert pour la France une ère nouvelle, où l'aspiration à la prospérité l'emportait sur les desseins de gloire et de conquête.

Bibliographie sélective

Bibliothèque nationale de France, Manuscrit français 25135, « Divers mémoires, dressez par ordre de M. le cardinal Dubois sur les fonctions de la charge de premier ministre du royaume de France », XVIIIe s. (de la bibliothèque du président Bouhier).

DUPILET Alexandre, *Le Cardinal Dubois. Le génie politique de la Régence*, Paris, Tallandier, 2015.

SARMANT Thierry, *Le Régent. Un prince pour les Lumières*, Paris, Perrin / Bibliothèque nationale de France, 2023.

SEILHAC Victor de, *L'Abbé Dubois, Premier ministre de Louis XV*, Paris, Amyot, 1862.

THOMAS Jean-Pierre, *Le Régent et le cardinal Dubois. L'art de l'ambiguïté*, Paris, Payot, 2004.

10

Choiseul
(1719-1785)
L'accoucheur de la France citoyenne

par Edmond DZIEMBOWSKI

Arrivé au pouvoir pendant la guerre de Sept Ans (1756-1763), le duc de Choiseul domine la politique française de 1758 à 1770. Après la paix humiliante de 1763, il n'a de cesse de préparer son pays à une nouvelle guerre contre l'Angleterre, puissance qu'il regarde comme l'ennemi éternel de la France. Attentif aux mutations de la culture politique et au poids de l'opinion dans la vie publique, il modifie en profondeur les méthodes d'information gouvernementale en reconnaissant l'existence d'une France de « citoyens » désireuse de prendre part au relèvement national. Ses divergences avec Louis XV le mènent à sa disgrâce en décembre 1770.

Succédant aux Richelieu, Mazarin et Colbert, les ministres du siècle des Lumières font plutôt pâle figure. Si la postérité a retenu les premiers, ce n'est pas uniquement en raison de leur envergure exceptionnelle. C'est aussi parce qu'ils inscrivirent leur action dans la durée. Après la mort en 1743 du cardinal de Fleury, dont les longues années au pouvoir prolongent la tradition louis-quatorzienne, s'engage une valse ministérielle qui donne le tournis : neuf contrôleurs généraux des Finances entre 1744 et 1774, onze secrétaires d'État aux Affaires étrangères, dix secrétaires d'État à la Marine... L'instabilité porte en elle son corollaire naturel, une activité qui, victime du temps court, laisse un goût d'inachevé. Rares sont les exceptions. La plus remarquable est la douzaine d'années qui vit la France gouvernée par le duc de Choiseul.

Un Lorrain à Versailles

À sa naissance le 28 juin 1719 à Nancy, rien ne paraît destiner Étienne François, comte de Stainville puis duc de Choiseul[1] à entrer dans les annales. Étranger aux dynasties ministérielles qui peuplent le Conseil du roi, Choiseul appartient à une vieille famille de la noblesse d'épée dont les racines sont lorraines. En raison de son origine sociale et de son éloignement du cœur du pouvoir, la grande politique, du moins en théorie, n'est pas faite pour lui.

Choiseul prend part aux campagnes de la guerre de Succession d'Autriche (1744-1748), qu'il achève avec le grade de maréchal de camp. La paix venue, il épouse Louise Honorine Crozat du Chatel, petite-fille du richissime financier de Louis XIV. Bientôt, on le voit graviter autour de la personne que tout Versailles courtise pour une promotion. En novembre 1753, grâce à l'entremise de la marquise de Pompadour, il obtient l'ambassade de Rome auprès du Saint-Siège. En mars 1757, Louis XV le nomme à

1. Le 25 août 1758, le comte de Stainville devient duc de Choiseul. Pour la commodité de l'exposé, l'on ne retiendra que le nom de Choiseul.

Vienne. La tâche qui l'attend n'est pas une sinécure. Choiseul doit gérer les conséquences diplomatiques du conflit que la postérité a retenu sous l'appellation de guerre de Sept Ans.

Endémique en Amérique du Nord depuis un demi-siècle, la rivalité franco-britannique a débouché en 1755 sur une guerre coloniale. George II et Louis XV tâchent aussitôt de circonscrire l'incendie. C'est pour garantir la stabilité de l'Europe que le roi de Grande-Bretagne se rapproche en janvier 1756 de la Prusse. Ce sont les mêmes motifs qui incitent le roi de France à entamer des pourparlers avec Vienne. Menée du côté français par une autre créature de la marquise, l'abbé de Bernis, la négociation aboutit le 1er mai 1756 à un traité mettant fin à deux siècles d'inimitié franco-autrichienne. Louis XV croit la paix fermement établie. En réalité, Marie-Thérèse d'Autriche brûle de récupérer la Silésie conquise en 1740 par le roi de Prusse. Le 29 août 1756, craignant une action contre son royaume, Frédéric II prend les devants et attaque la Saxe et la Bohême. Versant européen de la guerre de Sept Ans, la guerre d'Allemagne a éclaté.

Un an plus tard, alors que Choiseul prépare ses bagages pour Vienne, plus de cent mille soldats français se battent dans le Saint Empire. Chacun croit que le roi-philosophe sera défait en quelques mois. C'est sans compter avec le génie militaire de Frédéric, qui inflige aux Français une défaite retentissante à Rossbach le 5 novembre 1757 puis, un mois plus tard, aux forces impériales à Leuthen.

En juillet 1758, les Britanniques s'emparent de la forteresse de Louisbourg qui garde l'embouchure du Saint-Laurent. La route vers Québec et Montréal leur est ouverte. Conduite avec énergie par le secrétaire d'État William Pitt, la guerre dans le Nouveau Monde constitue la priorité du cabinet de Londres. La France, de son côté, s'est engluée dans un bourbier allemand qui divise ses forces. Nommé en juin 1757 secrétaire d'État aux Affaires étrangères, Bernis, comme le révèlent ses lettres à Choiseul, sombre dans une torpeur confinant à la dépression : « Nous sommes arrêtés par un obstacle insurmontable, qui est *l'impossible* [...] on a beau étayer le bâtiment d'un côté, il croule de l'autre. » Bernis frémit : « On me menace par des lettres anonymes d'être bientôt déchiré par le peuple [...] Notre amie [la marquise] court pour le moins autant de risques. » Choiseul lit avec attention ces nouvelles peu réjouissantes. Il prend note.

Il en fera usage quand, dans un mémoire destiné à Louis XV et rédigé en 1765, il rappellera les circonstances qui lui ouvrirent les portes du pouvoir : « Au bout d'environ six mois, la tête tourna complètement au cardinal Bernis : il abandonna la conduite d'un projet dont il n'avait jamais connu l'étendue [...] il quitta la politique où il ne pouvait plus rien faire, et chercha à se consoler de son manque de courage par l'espérance de gouverner le royaume. » Et Choiseul de conclure, comme si la chose allait de soi : « J'eus sa place. »

Choiseul aurait inspiré Jean-Baptiste Gresset pour le façonnement du protagoniste de sa comédie *Le Méchant*. L'homme, on le constate, peut se montrer sans pitié envers ceux qui, comme Bernis, croient être ses amis. Notre méchant homme ne ment pourtant pas sur le fond. Il doit son entrée au ministère à la décision prise par Bernis, le 4 octobre 1758, de quitter les Affaires étrangères. Pour lui succéder, le démissionnaire propose à Louis XV le nom de l'ambassadeur à Vienne. Bernis souhaiterait néanmoins rester au pouvoir pour chapeauter l'activité de tous les départements, bref, pour agir en Premier ministre. Le roi, qui s'est toujours refusé à trouver un successeur au cardinal de Fleury, reçoit de très mauvaise grâce cette suggestion.

Le 9 octobre, Louis donne son aval à la nomination de Choiseul, « le seul en ce moment-ci qui [...] soit propre » aux affaires. Bernis, qui, entre-temps, a été nommé cardinal, doit attendre le 13 décembre pour être fixé sur son sort. Lui qui, tout auréolé de sa promotion, se voyait prendre la suite de Richelieu, Mazarin et Fleury, reçoit l'ordre de se retirer dans une de ses abbayes. Choiseul mènera sa politique sans en référer à un quelconque mentor vêtu de rouge. Son unique interlocuteur sera le roi.

Un risque-tout au pouvoir

Choiseul a trente-neuf ans. Physiquement, il n'a rien d'un apollon. « La nature l'avait fait laid », estime Talleyrand, qui l'a connu sur ses vieux jours. De petite taille, le visage grassouillet et lippu, Choiseul est pleinement conscient des défauts de son extérieur. Ne va-t-il pas jusqu'à dissimuler la couleur de ses cheveux ? Lui qui était roux, « avec un peu d'art de la toilette, [...] s'était à peu près travesti en blond », rapporte Talleyrand. Choiseul possède en réalité d'autres atouts. Son intelligence supérieure, en tout premier lieu. L'historiographe Jacob-Nicolas Moreau, qui le déteste, doit néanmoins reconnaître qu'il « est l'homme du monde à qui [il a] trouvé le plus de pénétration et d'esprit ; il entend dès le premier mot tout ce qu'on a à expliquer ».

Talleyrand dépeint Choiseul comme une figure exemplaire de « cet esprit moqueur, léger, irréfléchi, toujours s'enivrant, de la noblesse française ». Rendant, dans une lettre à Voltaire, un vif hommage au « cul » de sa maîtresse, le ministre se présente aussi comme un représentant éminent du petit monde des libertins. Ce sybarite « aime [le] plaisir à la folie ». De mauvaises langues prétendent même que lui et sa sœur, la duchesse de Gramont...

En politique comme en amour, Choiseul n'a pas froid aux yeux. Arrivé au ministère, il y prend d'entrée de jeu le contre-pied de Bernis, qui voulait au plus tôt conclure la paix. Choiseul frappera l'Angleterre chez elle en procédant à une « descente » massive des forces françaises. Ce plan irréaliste est réduit à néant par la Royal Navy, qui inflige en 1759 deux défaites mémorables à la marine de Louis XV. L'anéantissement de la flotte de guerre est une catastrophe pour la Nouvelle-France. Le 8 septembre 1760, Montréal capitule. Le risque-tout a misé gros. Il a perdu.

Mais qu'importe ! Comme le disait un de ses parents : « À force d'aller mal tout ira bien. » Choiseul a adopté cette devise qui lui sied comme un gant. En 1761, alors que le flot ininterrompu de mauvaises nouvelles en découragerait plus d'un, le ministre joue son ultime carte. Négligeant des pourparlers de paix avec l'Angleterre auxquels il ne croit pas, il conclut le 15 août 1761 un « pacte de Famille » associant les Bourbons de France et d'Espagne. La France poursuivra la guerre avec l'appui de la flotte espagnole, dont la présence compensera les pertes subies par la Royale.

L'audace choiseulienne a payé sur le terrain diplomatique, mais pour quel résultat sur le champ de bataille ? L'entrée en guerre de l'Espagne en janvier 1762 se solde par un fiasco total, les Britanniques occupant prestement La Havane et Manille. En septembre 1762, la France doit se résoudre à entamer des pourparlers. Le 10 février 1763, la paix est signée. Elle n'est pas glorieuse.

Louis XV cède le Canada à l'Angleterre et la Louisiane à l'Espagne en compensation de la Floride, passée sous domination britannique. En Afrique, les Britanniques mettent la main sur la région du fleuve Sénégal, la France ne conservant que Gorée, base de la traite vers les Antilles. En Inde, la présence française est drastiquement réduite à cinq comptoirs. Toujours aussi optimiste ou faisant mine de l'être, Choiseul s'efforce de relativiser l'humiliation. Non seulement la France a conservé les lucratives « îles à sucre », mais, en cédant le Canada aux Britanniques, il se targue de leur avoir joué « un bon tour ». Débarrassées de la menace française, les colonies anglaises « ne manqueront pas de s'affranchir », prophétise-t-il.

Le « plus que premier ministre »

L'expression « ministère Choiseul » est trompeuse, car l'intéressé a changé plusieurs fois de poste pendant ses années au pouvoir. Nommé en 1758 aux Affaires étrangères, il les cède en octobre 1761 à son cousin César Gabriel, comte de Choiseul puis duc de Praslin. Le voici à présent secrétaire d'État à la Marine, charge qu'il cumule avec le département de la Guerre que Louis XV lui a confié en janvier 1761 après la mort de son titulaire, le maréchal-duc de Belle-Isle. Cette configuration perdure jusqu'au mois d'avril 1766, quand Choiseul retrouve les Affaires étrangères tout en conservant la Guerre, son cousin occupant désormais la place qu'il a laissée vacante, le secrétariat d'État de la Marine.

Le duc de Croÿ est un des thuriféraires les plus enthousiastes d'un ministre « qui embrassait tout avec la plus grande vivacité et sagacité ». Pas de doute : derrière le binôme Choiseul-Praslin se devine un ministériat qui, pour ne pas être avoué, n'en est pas moins effectif. En octobre 1761, après l'entrée de son cousin au gouvernement, « Choiseul restait en partie ministre des Affaires étrangères, tout à fait de la Guerre et de la Marine et, réunissant à tout cela l'entière confiance de Mme de Pompadour, il fut plus que premier ministre ».

La mort de la marquise, le 15 avril 1764, modifie cependant la donne. Choiseul est privé d'une protectrice qui faisait écran entre lui et le roi. Louis XV, dont la timidité est proverbiale, ne s'est jamais départi de sa réserve envers son ministre. Quant à Choiseul, il suffit d'ouvrir les *Mémoires* qu'il a rédigés après sa disgrâce pour mesurer la haine qu'il éprouvait pour « un homme sans âme et sans esprit », d'« une vanité inconcevable, la vanité des valets ». Et c'est ce misérable « valet » qui a osé le renvoyer, lui, Choiseul... Quel gâchis ! S'il l'avait conservé à ses côtés, de grandes choses auraient été réalisées :

« [...] j'avais le projet, si le roi s'affaiblissait encore, de profiter de mon ascendant sur son esprit pour arranger les affaires intérieures de son royaume, le rendre florissant et les peuples heureux et tranquilles, en proportion du crédit que je devais acquérir, et qu'il était en moi de ne l'employer qu'aux vues bienfaisantes du bonheur et de la tranquillité de l'État ».

Chassé de l'Éden, Choiseul nous décrit son gouvernement idéal : un roi rejoignant ses ancêtres mérovingiens dans le club des nullités de l'Histoire ; un maire du palais énergique, réformateur, patriote et philanthrope détenteur de la plénitude du pouvoir et bénéficiant du soutien populaire. Choiseul n'a jamais cherché, pendant ses années aux affaires, à se poser en Premier ministre ou, encore moins, en « plus que premier ministre », pour parler comme Croÿ. Mais, comme le montrent ses mots lourds de regrets et d'orgueil, il n'a cessé de nourrir l'espoir de le devenir.

L'antianglais

Tordons le cou à la légende selon laquelle Choiseul aurait été anglophile. Il suffit de lire sa correspondance pour en être détrompé. En 1768, alors que les faits et gestes du politicien radical John Wilkes provoquent des troubles outre-Manche[2],

2. Idole du peuple, John Wilkes se fait élire en 1768 au Parlement. Son élection est immédiatement invalidée par la Chambre des communes, ce qui provoque la colère de ses partisans.

Choiseul n'a que le mépris à la bouche pour « un gouvernement assez faible pour n'oser corriger un membre de la lie de son peuple qui l'a insulté et qui le nargue ». C'est « avec un vrai plaisir » qu'il a appris l'« espèce d'action dans la ville de Londres où il a péri beaucoup de monde »[3]. Quel bonheur, en effet ! « Les Anglais ne se détruiront jamais entre eux autant que nous le désirerions. »

Abasourdi par la prépondérance maritime de l'Angleterre, Choiseul, d'ordinaire sagace, se livre à des réflexions bizarres : « Je suis fort étonné que l'Angleterre, qui est un point très petit dans l'Europe, domine sur plus du tiers de l'Amérique [...] On me répondra que cela est ; j'en conviens ; mais comme cela ne peut être, j'aurai toujours l'espérance que ce que je ne conçois pas ne sera pas nuisible. »

La puissance anglaise « ne peut être » ! Il n'est pas rare que Choiseul se réfugie dans le déni. Ainsi le voit-on mépriser de toute sa hauteur les meilleurs hommes d'État du temps. Si Pitt l'a comparé à Richelieu, Choiseul ne lui rend guère la politesse. Le ministre anglais n'est qu'« un forcené qui n'a point de mesure », un dangereux démagogue. Frédéric II est logé à la même enseigne : « Dites-moi de bonne foi, écrit Choiseul à Voltaire, s'il n'est pas risible qu'un charlatan [...] se compare à Henri IV et à Louis XIV [...] Ce preux chevalier n'est qu'un Don Quichotte ivre. »

Choiseul, en réalité, craint le retour au pouvoir de Pitt, sa bête noire, et admire les prouesses militaires du « Don Quichotte » de Potsdam. Ouvrons son mémoire au roi de 1765. Le ton n'est plus au persiflage. La puissance de feu des Prussiens ainsi que « la célérité dans l'emploi de leur artillerie à laquelle nous ne sommes pas parvenus » exigent des réformes. Et Choiseul de faire l'éloge

---

3. Le 10 mai 1768, un rassemblement de soutien à Wilkes tourne au drame quand l'armée tire sur la foule.

du « sieur de Gribeauval, officier général d'artillerie, d'un mérite rare pour ses connaissances et son génie ». Les armées de la Révolution et de l'Empire, qui emploieront le système dont Gribeauval a été le promoteur, donneront raison au ministre.

La politique étrangère et navale de Choiseul est tout entière tournée vers la guerre de revanche. Ses prédécesseurs Dubois et Fleury étaient favorables à une entente durable avec Albion. Choiseul n'y croit pas un instant. L'Angleterre est l'« ennemie déclarée » de la France et, ajoute-t-il, « elle le sera toujours ». Face à une puissance « qui vise à la suprématie dans les quatre parties du monde », il faut, on l'examinera bientôt, reconstruire la marine. Il convient également de consolider le système d'alliances. Sur ce chapitre, Choiseul met en garde Louis XV : « L'alliance de Votre Majesté avec la maison d'Autriche est une alliance précaire, bien différente de l'alliance fondamentale avec l'Espagne. » Louis XV aura en effet besoin des forces navales de son cousin Charles III quand éclatera le prochain conflit avec l'ennemi éternel.

Préparer cette guerre, c'est aussi multiplier les points d'appui de la France dans le monde, que ce soit en Guyane, dont la colonisation en 1764 se solde par un échec total, ou en Méditerranée, avec l'acquisition en 1768 de la Corse. Préparer cette guerre, c'est suivre de près les relations entre Londres et les colonies, qui se dégradent en 1765 avec la révolte contre le droit de timbre que le Parlement veut leur imposer. Choiseul dépêche sur place un agent, Jean de Kalb, chargé de mesurer la « détermination » de l'Amérique à « se soustraire au gouvernement anglais ». Le Nouveau Monde doit en effet servir de « diversion » à l'empoignade décisive, qui se déroulera sur mer.

Choiseul a cependant négligé ce qui, depuis Richelieu, était l'objet de tous les soins de la diplomatie française : son influence au cœur de l'Europe et, tout particulièrement, en Pologne, pays dont la situation politique est devenue chaotique : « comme cette anarchie convient aux intérêts de la France, toute sa politique à l'égard de ce royaume doit se réduire aujourd'hui à la maintenir ».

Maintenir l'« anarchie » en Pologne ? Choiseul ne semble pas avoir réalisé qu'en agissant de la sorte il donnait carte blanche aux puissances voisines, la Russie, la Prusse et l'allié autrichien, qui profitent de ce désordre pour y étendre leur influence. Cette étrange inertie de la politique choiseulienne a sans conteste ouvert la voie au dépeçage de la Pologne de 1772.

Le grand communicant

« Le public est instruit que je ne suis pas resté les mains dans les poches. » Se confiant en 1761 à son ami le président Hénault, Choiseul ne cache pas sa satisfaction de voir les effets de ses mesures sur l'opinion. Avec cette confidence, nous abordons la facette la plus novatrice de son action. L'on y découvre un ministre pleinement conscient des mouvements de fond de l'humeur publique, qui s'efforce de modeler les esprits en faveur de sa politique et de sa personne.

S'il est une opinion que notre « plus que premier ministre » n'oublie pas de choyer, c'est celle qui adhère aux idées des Lumières. Non point que Choiseul soit particulièrement friand de ces nouveautés : en 1760, il donne même son aval à la représentation à la Comédie-Française d'une vive satire contre les encyclopédistes, *Les Philosophes*, pièce de son compatriote lorrain Charles Palissot. Mais Choiseul sait également que la philosophie a le vent en poupe. Pour rallier ses adeptes à son panache ministériel, il veille à entretenir une correspondance suivie avec le vieillard de Ferney. Choiseul sait s'y prendre avec Voltaire, dont il flatte la vanité en le gratifiant familièrement de « cher solitaire », de « cher ermite » ou de « chère marmotte ». Ces lettres nous mettent en scène un formidable séducteur – l'on comprend mieux en les lisant son succès auprès des femmes –, allant jusqu'à faire mine de confier, ici et là, quelques réflexions sur la grande politique. Les leçons de Frédéric, naguère protecteur intéressé du philosophe, ont été retenues. Choiseul sait que ce bavard d'Arouet ne manquera pas de répéter ses moindres mots dans l'Europe éclairée.

Gardons-nous de faire de Choiseul l'inventeur génial d'une politique de l'opinion dont on trouve en réalité la trace dès le Moyen Âge. Son ministère marque néanmoins un remarquable infléchissement libéral de celle-ci. Choiseul a bien saisi qu'en ce siècle marqué par la poussée spectaculaire de la production imprimée, la voix de Versailles ne pouvait plus fonctionner comme au temps du Roi-Soleil. Concurrencée par des écrits qui mettent en doute sa sincérité, il importe qu'elle soit crédible pour qu'elle puisse se faire entendre.

C'est à l'automne 1761 que l'activité de Choiseul en matière de persuasion publique se montre la plus intense. Il importe d'expliquer aux Français les raisons de l'échec des pourparlers de paix qui se sont déroulés pendant l'été. Afin de mobiliser l'opinion, le ministre publie un *Mémoire historique sur les négociations de la France et de l'Angleterre* dans lequel il fustige l'intransigeance de Pitt. L'ouvrage s'inspire de l'initiative prise en 1709, quand, au pire moment de la guerre de Succession d'Espagne, Louis XIV s'adressa à ses sujets dans une lettre exposant les motifs le contraignant à poursuivre les hostilités. Beaucoup d'eau a toutefois coulé sous les ponts de l'information depuis cette date. En 1709, la lettre était signée du roi. En 1761, Choiseul se présente comme l'auteur officiel du *Mémoire*. La lettre de 1709 était brève et peu détaillée. Choiseul, pour sa part, expose sur près de deux cents pages des informations et des documents de premier ordre sur les pourparlers. En 1709, Louis XIV s'adressait à ses sujets en s'appuyant sur ses relais traditionnels, les gouverneurs, chargés de diffuser le document dans leurs provinces. En 1761, Choiseul met son ouvrage en vente dans les librairies aux côtés des productions du moment et laisse son cher « public » libre de le lire ou de l'ignorer. Hier confinés au secret le plus absolu, les ressorts de la diplomatie se voient exposés au vu et au su de tous.

Appel aux « citoyens »

Cette opération éditoriale constitue le prélude à ce qui, chez Choiseul, s'avère la priorité des priorités : la renaissance de la marine de guerre. Alors que le *Mémoire historique* vient de sortir, il propose aux États du Languedoc, alors réunis, de voter une somme d'argent pour la construction d'un vaisseau de ligne. Diffusée par la *Gazette de France*, que Choiseul a placée sous son contrôle direct, la nouvelle du don patriotique est présentée comme un acte spontané et volontaire. Nulle trace de l'origine ministérielle de l'offre languedocienne. Le nouveau secrétaire d'État à la Marine a parfaitement saisi les aspirations des Français qui, depuis le début du conflit, proposent avec insistance leurs services à l'autorité. Il a également retenu l'avis de Bernis, qui, dans une lettre datée du 1er mai 1758, lui faisait remarquer qu'il fallait « émouvoir la nation qui [...] jetterait [l'argent] par les fenêtres [...] si l'on savait la remuer ». C'est vers cette « nation », qui depuis quelques années s'est autoproclamée « citoyenne » et qui brûle de concourir au bien commun, qu'il s'est tourné pour l'« émouvoir » et la « remuer ».

Avec quel succès ! Comme l'a observé un contemporain, « la mèche a pris » instantanément. Dès que la nouvelle est ébruitée dans la presse officielle, les Français de toutes conditions offrent leur obole avec enthousiasme. Seize vaisseaux de ligne portant le nom des corps donateurs, comme le *Ville-de-Paris* ou le *Languedoc*, ou arborant l'élan patriotique qui les a produits, comme le *Zélé* ou le *Citoyen*, verront le jour dans les arsenaux. Beaucoup s'illustreront pendant la guerre d'Indépendance d'Amérique.

Les poètes s'emparent de l'événement. Avec des accents annonçant le *Chant de guerre pour l'armée du Rhin*, Écouchard Le Brun exhorte ses compatriotes à lutter jusqu'au bout contre l'ennemi éternel :

> Aux armes, citoyens ! il faut tenter le sort.
> Il n'est que deux sentiers dans les champs de la gloire :
> Le triomphe ou la mort.

Si Choiseul mérite sa place parmi les « grands ministres qui ont fait la France », c'est en raison de la modernité de sa politique de l'opinion, qui a bouleversé le rôle jusqu'alors assigné aux Français. Ceux-ci ont cessé d'être regardés simplement comme des « sujets » attendant passivement les injonctions de l'autorité. Leur statut revendiqué de « citoyens », contribuant en toute indépendance au relèvement national, a été pérennisé de la plus belle manière par le stratagème des dons de vaisseaux. Choiseul s'est fait l'accoucheur d'une France nouvelle appelée à l'avenir que l'on sait.

Surgit alors la question, inévitable en dépit de son caractère oiseux : quel crédit accorder aux adversaires du ministre, qui, après 1789, soutiendront qu'il a sciemment sapé les bases de l'Ancien Régime ? Lourdement chargée de complotisme et d'anachronisme, l'accusation ne tient pas un instant. Choiseul a simplement réalisé que la France des années 1760 n'était plus celle de 1660.

C'est pleinement conscient de la mutation profonde de la culture politique de son pays qu'il s'est saisi de la vague citoyenne pour la mettre exclusivement au service de son grand projet : la revanche contre Albion.

En instillant une dose de libéralisme dans les rouages de l'information, Choiseul a également fait des disciples. Sa stratégie d'appel au public préfigure indiscutablement celle de Jacques Necker. Du *Mémoire historique* de 1761 au *Compte rendu au roi* de 1781, la parenté est évidente. Comme le fera le directeur des Finances de Louis XVI, notre grand communicant n'oublie d'ailleurs pas de placer sa propre personne sur un piédestal. La poésie patriotique se montre éloquente sur ce chapitre. Choiseul, « ministre éclairé », y est couvert de roses. Louis XV, en revanche, n'est évoqué qu'en passant :

> De l'empire des Lys, toi, Ministre éclairé,
> Du vaisseau de l'État, le pilote assuré,
> Sage Choiseul, poursuis ; sers ton Maître et la France.

Devenu simple passager du « vaisseau de l'État », le « maître » se contente pour l'heure d'observer son « pilote »...

Un cadeau de Noël royal

Le « public » visé par Choiseul possède un dernier visage. C'est celui des parlements qui, dans leurs remontrances justifiant leur position face au roi, s'expriment au nom de la « nation » tout entière. L'historienne Monique Cottret a le mot juste : « le pragmatisme de Choiseul ressemble bien souvent à un certain cynisme ». Son libéralisme trouve en effet ses limites face à des magistrats dont il méprise les « folies » constitutionnelles et la « résistance ridicule ». Leur appui lui est cependant indispensable. Il importe en effet que lors du prochain conflit avec l'Angleterre les parlementaires n'entravent plus l'action gouvernementale comme ils l'ont fait en 1759 en s'opposant aux mesures financières du ministre Silhouette.

Montrer de la bienveillance envers les robins s'avère toutefois périlleux. La fronde des parlements se durcissant avec les années, l'étau se resserre sur le ministre, accusé de complaisance envers les magistrats. En 1768, de puissants vents contraires se sont levés. L'arrivée dans le lit royal de Jeanne du Barry, créature du camp antichoiseuliste, et la nomination au poste de chancelier d'un adversaire résolu des parlements, René Nicolas de Maupeou, indiquent que Louis XV, longtemps hésitant, songe à faire place nette.

La politique étrangère lui en fournit l'occasion. En 1770, l'Espagne et la Grande-Bretagne se disputent la possession dans le sud de l'Atlantique des îles Malouines. Au même moment, les tensions se ravivent entre les colonies britanniques et leur métropole. L'heure de la guerre semble proche. « Semble », car, préparant avec Maupeou son coup d'autorité contre les parlements, Louis y est plus que jamais hostile. Ce qui le met hors de lui est qu'il a appris par un tiers les projets belliqueux de son ministre, qui s'est bien gardé de lui en faire part ! Lors de son dernier entretien avec le souverain, Choiseul réalise au ton cassant de son interlocuteur qu'il est allé trop loin : « Monsieur, je vous ai dit que je ne veux point de guerre. »

Louis a tranché. Le 24 décembre 1770, Étienne François, duc de Choiseul est prié de quitter Versailles pour se retirer sur ses terres de Chanteloup en Touraine.

Jusqu'à sa mort le 8 mai 1785, Choiseul attendra vainement son retour en grâce. Il y eut certes ce bref rayon de soleil après le décès, le 10 mai 1774, du roi qu'il haïssait. Marie-Antoinette, qui lui doit son mariage, n'est-elle pas son alliée ? Le voici en route vers la cour. Suspendons un instant le fil des événements. Que serait-il advenu si Louis XVI avait accordé sa confiance à cet homme attentif à l'humeur nationale ? Quel aspect aurait pris la guerre contre l'Angleterre ? Les hostilités en Amérique se seraient-elles bornées, comme Choiseul le souhaitait, à une simple diversion ? Vaines interrogations. Le jeune roi, qui n'a jamais aimé l'ex-ministre, ne désire en aucun cas le retrouver sur son chemin. Devait-il pour autant l'éconduire avec la muflerie dont il fit preuve lors de leur entretien ? Juste retour des choses, dira-t-on : le héros présumé du *Méchant* de Gresset a trouvé aussi méchant que lui. En faisant remarquer à cet homme si soucieux de son apparence physique qu'il avait pris du poids et que sa chevelure s'était dégarnie, le roi lui a signifié avec brutalité que son heure était passée.

Bibliographie sélective

ANTOINE Michel, *Louis XV*, Paris, Fayard, 1989.

CALMETTES Pierre, *Choiseul et Voltaire*, Paris, Plon, 1902.

COTTRET Monique, *Choiseul. L'obsession du pouvoir*, Paris, Tallandier, 2018.

DZIEMBOWSKI Edmond, *La Guerre de Sept Ans 1756-1763*, Paris, Perrin / ministère de la Défense, 2015.

—, *Un nouveau patriotisme français, 1750-1770. La France face à la puissance anglaise à l'époque de la guerre de Sept Ans*, Oxford, Voltaire Foundation, 1998.

FEUTRY David, *Le Duc de Choiseul. L'orgueil au pouvoir*, Paris, Perrin, 2023.

PETITFILS Jean-Christian, *Louis XV*, Paris, Perrin, 2014.

11

Talleyrand (1754-1838)

Ministre et traître ?

par Charles-Éloi Vial

La question de l'appartenance de Talleyrand au petit groupe des « grands » ministres de l'histoire de France ne va pas de soi. Certes, il a longtemps détenu un portefeuille, pendant deux ans sous le Directoire, puis sept sous le Consulat et l'Empire, puis à nouveau pendant un an et demi sous Louis XVIII. Par deux fois, en 1814 et en 1815, il a en outre été chef du gouvernement. S'il a montré ses talents comme ses limites comme homme d'État, sa légende noire parle en revanche contre lui, car il incarne, à tort ou à raison, l'idée même de trahison. Ce n'est peut-être donc pas son bilan qui permet de le placer dans le cercle très fermé des grands ministres, mais son aura : il fait partie de ces ministres dont le nom semble perpétuellement accolé à la fonction, parce qu'il a su l'incarner pour la postérité, écrasant par sa réputation bon nombre de ses héritiers, moins talentueux ou moins charismatiques. Talleyrand est ainsi un de ces dirigeants dont la carrière se prolonge bien au-delà du ministériat, d'abord comme un opposant sinueux et narquois, prompt à critiquer ses successeurs, et ensuite comme un symbole d'expérience et d'autorité, de ceux que l'on continue de consulter des années après leur départ du pouvoir et qui semblent, depuis le tréfonds de leur retraite, continuer de tirer bien des ficelles.

Évêque, trappeur, ministre : une étonnante ascension

Né le 2 février 1754, aîné d'une grande famille désargentée, l'héritier de l'illustre lignée des Talleyrand-Périgord souffrait d'un pied bot, handicap qui changea son destin : son frère cadet hérita des titres, tandis qu'il fut envoyé au séminaire. Il grandit sans amour, mais pas sans fierté, et devint un prêtre sans vocation, arpentant les salons de Versailles et ceux de Paris, où il apprit à mentir et à briller, son esprit faisant fureur. On lui connaît quelques maîtresses ainsi que des bâtards, parmi lesquels non pas Eugène Delacroix comme on l'a longtemps cru, mais Charles de Flahaut, futur général d'Empire, plus tard amant d'Hortense de Beauharnais avec qui il eut un fils : Morny, demi-frère de Napoléon III, était petit-fils de Talleyrand.

De sa jeunesse au couchant de l'Ancien Régime, l'« abbé de Périgord » garda toujours la nostalgie d'un monde enfui et d'une certaine insouciance, qu'il résuma plus tard dans une belle et célèbre formule : « Qui n'a pas vécu dans les années voisines de 1789 ne sait pas ce que c'est que le plaisir de vivre. » Nommé malgré son jeune âge agent général du clergé de 1780 à 1785, il se retrouva chargé d'administrer l'Église de France et ses biens, découvrant ainsi le monde de l'argent et les dessous de la politique. Il eut l'occasion de fréquenter quelques-uns des ministres de Louis XVI, notamment le contrôleur général des Finances Calonne et le secrétaire d'État aux Affaires étrangères, le grand

Vergennes, à qui l'on doit un traité de libre-échange avec l'Angleterre signé en 1786 : le jeune ecclésiastique anglomane se serait à cette époque initié aux arcanes de la diplomatie, avant de se rapprocher des réformistes proches du duc d'Orléans. Nommé évêque d'Autun en 1788, il siégea à partir du mois de mai 1789 aux états généraux et fut ainsi témoin de la chute de la monarchie absolue.

Le 10 octobre suivant, après le retour de la famille royale et de la nouvelle Assemblée nationale à Paris, il fut le premier à proposer de nationaliser les biens du clergé, faisant ainsi passer dans l'escarcelle de l'État surendetté des centaines de millions de livres. Partisan du nouvel ordre des choses, il célébra la messe de la fête de la Fédération le 14 juillet 1790, prêta serment à la Constitution civile du clergé en décembre puis renonça à son évêché en janvier 1791. Il aurait dès cette époque songé à embrasser la carrière diplomatique et cherché à attirer l'attention de Marie-Antoinette, mais il était trop proche des réformateurs pour plaire à la souveraine. Après la piteuse tentative d'évasion de la famille royale finalement rattrapée à Varennes en juin suivant, il ne se fit plus d'illusions sur la pérennité de la royauté constitutionnelle. Avant de quitter ses fonctions de député en septembre 1791, il lut un important rapport sur l'instruction publique, esquissant les principes d'une éducation laïque et gratuite. Dans les premiers mois de 1792, Talleyrand fut envoyé en mission diplomatique à Londres : alors que toute l'Europe s'apprêtait à combattre la France révolutionnaire, il parvint à retarder de plusieurs mois l'entrée en guerre de l'Angleterre. Après le 20 juin 1792, date de la première invasion des Tuileries, il demanda à être renvoyé de l'autre côté de la Manche, cherchant prudemment à émigrer, pas tant par attachement au roi que par crainte des excès de la Révolution. Après la chute de la monarchie le 10 août, Danton, nommé ministre de la Justice, lui obtint un ordre de mission factice qui lui permit de quitter la France au moment des massacres de Septembre.

Exilé à Londres, Talleyrand tourna définitivement le dos à l'Église et fit preuve d'une étonnante capacité d'adaptation pour un aristocrate habitué à évoluer dans des milieux feutrés. Après avoir vécu chichement pendant plusieurs mois, il fut contraint de quitter le pays en raison de ses anciennes collusions avec la Révolution. Loin de revenir sur le continent pour conspirer aux côtés des Bourbons rescapés, il passa sans hésiter en Amérique, où il vécut en 1794-1796 : plutôt que de ruminer sa nostalgie du passé en compagnie d'autres émigrés réfugiés à Philadelphie, l'ex-évêque se fit homme d'affaires, prospectant et investissant dans les forêts du Massachusetts.

Revenu en France en 1796, après la chute de Robespierre et l'instauration du Directoire, il bénéficia du soutien de ses anciens proches, notamment Marie-Joseph Chénier et Germaine de Staël, et parvint à se faire élire à l'Institut, où il lut en avril 1797 un discours sur les relations commerciales anglo-américaines, louant le pragmatisme du gouvernement britannique qui avait immédiatement encouragé la reprise des échanges après sa défaite lors de la guerre d'Indépendance, semblant inciter la France à normaliser au plus vite ses relations avec l'étranger : « l'intérêt rapproche en un jour et souvent pour jamais ceux que les passions les plus ardentes avaient armés pendant plusieurs années ». En plus de cet exposé qui avait valeur de programme, ses intrigues et son entregent auprès des puissants du jour lui permirent de devenir ministre des Relations extérieures en juillet 1797, poste en réalité secondaire, les cinq directeurs accaparant largement la direction des affaires. Il apportait toutefois avec lui son ambition, son avidité à toucher des pots-de-vin, commissions et autres « douceurs diplomatiques », mais aussi une certaine vision des relations internationales, héritée de la grande tradition dite westphalienne, mûrie par les épreuves et par son séjour à Londres. Ce grand admirateur de Choiseul – le père de l'alliance entre Paris et Vienne sous Louis XV – nourrissait une conception régulée des rapports entre États, fondée sur le respect des systèmes d'alliance entre petites, moyennes et grandes puissances, et enfin sur l'encouragement de la liberté du commerce dans le cadre d'un équilibre géopolitique entre États, garanti par un système de traités facilitant les échanges et assurant le respect des frontières. Sa vision est en réalité celle d'un libéral-conservateur, ce qui le fit souvent qualifier d'anglophile, son pragmatisme lui permettant d'accepter sans peine la disparition de l'ancienne monarchie.

En septembre 1797, quelques semaines après son arrivée au ministère, il entama avec Bonaparte, qui triomphait alors en Italie, une fructueuse correspondance, dans laquelle les deux hommes évoquaient, à mots couverts, leur projet de renverser le Directoire. Leurs échanges se poursuivirent après le retour du général à Paris, mais tous deux convinrent que le temps n'était pas encore venu : le petit caporal partit à la conquête de l'Égypte, ouvrant un nouveau front dans la guerre opposant la République à l'Angleterre. Après avoir prudemment démissionné le 19 juillet 1799 pour ne pas être emporté dans la chute imminente d'un Directoire à bout de souffle, Talleyrand se rallia sans hésiter à Bonaparte quelques mois plus tard. Après le coup d'État du 18 Brumaire, le nouveau Premier consul lui rendit son portefeuille, qu'il conserva durant sept ans : il s'agit à n'en pas douter des plus belles années de sa carrière, même s'il était encore loin d'avoir atteint l'apogée de sa puissance.

Le second derrière Bonaparte ?

Diplomate-né, Talleyrand forma avec le bouillonnant Bonaparte un étonnant couple politique. Le nouveau maître était alors occupé à signer une série de traités de paix visant à normaliser la place de la France dans les relations internationales après une décennie de quasi-rupture des relations entre la République et les monarchies européennes. Accordant toute son attention aux affaires étrangères, le Premier consul tint à placer ses fidèles dans les plus prestigieuses ambassades et suivit de près les négociations des traités, mais Talleyrand garda le contrôle des affaires courantes et des bureaux, où il plaça certains de ses hommes liges, comme Antoine de La Forest, Alexandre d'Hauterive ou Jean-Baptiste de La Besnardière. Les ambassadeurs fréquentèrent volontiers ses salons de l'hôtel de Galliffet, à l'atmosphère moins pesante qu'aux Tuileries, lui permettant de glaner bon nombre d'informations et d'engranger d'énormes pots-de-vin, tout en consolidant sa réputation de grand seigneur, connu dans l'Europe entière pour le faste de sa table, son esprit et ses bonnes manières. Son attachement aux convenances rappelle son idée héritée de l'Ancien Régime selon laquelle, en diplomatie, la forme importe autant que le fond. Durant ces années effervescentes, l'ex-évêque à la laideur légendaire tenta aussi d'échapper à sa condition afin d'épouser une roturière, Catherine Grand, ce qu'il fit, le 10 septembre 1802. Le mariage ne fut pas heureux et les deux époux se séparèrent rapidement.

Bourrienne, un temps secrétaire de Bonaparte, n'hésite pas à affirmer que, « sous le Consulat, les deux autres consuls étaient tellement effacés que [...] M. de Talleyrand, selon la volonté du Premier consul, était de fait le second personnage du gouvernement consulaire ». Tout séparait pourtant ces deux hommes, temporairement rapprochés par leurs intérêts et leur ambition, mais dont les idées différaient autant que les méthodes. Contrairement au Premier consul, bourreau de travail dévorant les dossiers, le ministre des Relations extérieures feignait l'indolence, travaillant peu la journée, semblant insensible aux bonnes comme aux mauvaises nouvelles. En réalité, il travaillait d'arrache-pied, mais de nuit, s'épuisant afin de sauvegarder cette réputation d'oracle nonchalant, faisant ainsi passer des conseils longuement mûris pour des réflexions fulgurantes. La diplomatie était pour lui une lutte permanente, « une guerre à soutenir ; ce sont les droits politiques de l'État, toujours contestés, souvent compromis, qu'il faut s'attacher à maintenir [...] [par] une défensive vigilante, assidue, infatigable[1] ». Les bons mots de ce brillant causeur, parlant toujours par allusions subtiles, fines digressions et anecdotes tranchantes, ont fait le bonheur de ses biographes. Pourtant, selon Talleyrand, l'aptitude au silence était la première qualité du dirigeant[2]. En mars 1802, il avait ainsi gardé nonchalamment dans son portefeuille le traité de paix entre la France et l'Angleterre, signé la veille à Amiens et que l'Europe entière attendait, ne le sortant qu'au bout d'une heure à travailler aux affaires courantes en tête à tête avec Bonaparte, lui délivrant ainsi une véritable démonstration de « force dans le silence[3] », qui contrastait avec la repartie agressive dont faisait preuve le jeune conquérant.

---

1. AMAE, Organisation et règlements 1, fol. 360, rapport du comte d'Hauterive à l'empereur, [mars 1806].

2. Emmanuel de Waresquiel, *Talleyrand. Le prince immobile*, Paris, Fayard, 2003, p. 533.

3. Claire-Élisabeth-Jeanne de Rémusat, *Mémoires*, Paris, Calmann-Lévy, 1880, vol. 1, p. 230.

De la faveur à l'opposition

La rupture de la paix d'Amiens avec l'Angleterre en mai 1803 marque le début du refroidissement de ses relations avec Bonaparte, sans toutefois entraîner de rupture, le ministre soutenant encore la transformation du Consulat en un régime héréditaire, gage de stabilité. En mars 1804, c'est lui qui incita le Premier consul à faire fusiller le duc d'Enghien, cousin de Louis XVI, accusé de comploter contre la France. Il prouva ainsi sa conviction que les intérêts de l'État passent avant tout, même la vie d'un innocent si celui-ci peut servir de bouc émissaire. Quelques semaines plus tard, il fut nommé grand chambellan de l'Empire et figure ainsi en bonne place sur le tableau du sacre peint par David. Après la reprise de la guerre dès 1805 et la série de victoires remportées par l'empereur face à l'Autriche, la Prusse et la Russie, il finit cependant par s'inquiéter des appétits territoriaux démesurés du nouveau maître de l'Europe, prompt à humilier et à affaiblir les souverains vaincus par des traités léonins.

Comblé d'honneurs, fait prince de Bénévent en 1806, ce fervent partisan du libre-échange fut particulièrement alarmé cette même année par l'instauration du Blocus continental, qui interdisait théoriquement à l'Angleterre de commercer avec l'Europe napoléonienne. Il participa malgré tout en juillet 1807 à l'entrevue de Tilsit, où la signature d'une alliance entre la France victorieuse et la Russie vaincue se fit au détriment du roi de Prusse. Talleyrand ne croyait pas à ce traité qu'il avait dû rédiger sous la férule de l'Empereur, considérant qu'une alliance entre Paris, Vienne et idéalement Londres serait infiniment plus bénéfique à la France et à l'Europe qu'une amitié de façade entre les deux empires continentaux. Il préféra donc démissionner, comprenant, comme il l'écrit lui-même dans ses *Mémoires*, que l'Empereur « ne semblait plus s'appliquer qu'à détruire lui-même tout le bien qu'il avait fait. Il n'y avait plus pour lui de transaction possible avec les intérêts de l'Europe. Il avait outragé en même temps les rois et les peuples[4] ». Désormais, Napoléon fut son propre négociateur en chef, sa conception des relations internationales reposant sur l'intimidation, là où n'importe quel négociateur chevronné sait qu'il est parfois indispensable de céder du terrain.

Officiellement cantonné dans ses fonctions de cour, Talleyrand aurait conseillé au début de l'année 1808 à l'Empereur de se lancer à la conquête de l'Espagne en détrônant le roi Charles IV et son héritier Ferdinand, ce qui entraîna la péninsule dans une sanglante guerre civile : peut-être a-t-il sciemment cherché à pousser Napoléon à la faute, même si la responsabilité de la décision revient bel et bien au conquérant lui-même. En octobre, lors de l'entrevue d'Erfurt, lorsque Napoléon tenta de renforcer son alliance avec la Russie, il prit secrètement fait et cause contre l'Empereur en écrivant au tsar : « C'est à vous de sauver l'Europe et vous n'y parviendrez qu'en tenant tête à Napoléon. Le peuple français est civilisé, son souverain ne l'est pas[5] ». On sait qu'à la fin de l'année lui et Fouché envisagèrent de remplacer Napoléon, alors occupé à guerroyer en Espagne, par son beau-frère Murat. L'Empereur, prévenu, revint à Paris en catastrophe et ôta à Talleyrand sa charge de cour le 29 janvier 1809, au cours d'une scène légendaire dont il est resté une phrase que l'Aigle n'a sans doute pas prononcée : « Vous êtes de la merde dans un bas de soie. » Officiellement rendu à la vie privée, le prince de Bénévent continua à mener grand train, à jouer gros jeu et à

4. Charles-Maurice de Talleyrand, *Mémoires et correspondances*, Paris, Robert Laffont, coll. « Bouquins, 2007, p. 339.

5. Cité par Klemens Wenzel von Metternich, *Mémoires*..., Paris, Plon, 1880-1884, vol. 2, p. 248.

recevoir plusieurs soirs par semaine, son cuisinier Carême ayant fait de sa table un haut lieu de la gastronomie européenne. Il se rapprocha aussi du faubourg Saint-Germain et de ses salons où végétaient les vestiges de l'ancienne aristocratie d'Ancien Régime, retrouvant d'anciens proches et des opposants à l'Empereur avec qui échanger sur la vanité des parvenus et la fragilité du pouvoir.

Maintenu en semi-disgrâce malgré l'attribution d'un titre honorifique de « vice-grand électeur de l'Empire » qui lui permettait de siéger encore au Conseil quand on l'appelait, Talleyrand suggéra fortement à Napoléon de limiter ses ambitions et de rester en paix avec la Russie, pressentant que la guerre que méditait l'Empereur risquait de le mener à sa perte. Avant la désastreuse campagne de Russie, il alla jusqu'à vendre ses conseils au tsar et à l'empereur d'Autriche, renflouant ainsi ses finances. On connaît la célèbre phrase de Chateaubriand, qui imposa pour la postérité la légende d'un diplomate corrompu : « Quand Monsieur de Talleyrand ne conspire pas, il trafique. » Dès 1813, il reprit contact avec les Bourbons exilés en Angleterre. Un de ses derniers entretiens avec Napoléon, à la veille de l'invasion de la France par les armées coalisées pour abattre définitivement l'Ogre, est passé à la postérité : « "Je sais que vous vous imaginez que, si je venais à manquer, vous seriez le chef du Conseil de régence : prenez-y garde, monsieur ; on ne gagne rien à lutter contre ma puissance. Je vous déclare que, si j'étais dangereusement malade, vous seriez mort avant moi." Et il y avait dans le regard de Napoléon quelque chose de dur, de glacial. Mais M. de Talleyrand, [...] en diplomate consommé, prit cet air de grâce et de quiétude d'un courtisan qui reçoit une faveur, et répondit sur-le-champ : "Sire, je n'avais pas besoin d'un pareil avertissement pour demander au ciel la conservation des jours de Votre Majesté[6] !" »

6. Théodore Anne, *Mémoires...*, Paris, Werdet, 1831, vol. 1, p. 290.

Retour au pouvoir

Au moment de la prise de Paris par les Cosaques le 31 mars 1814, Talleyrand fit preuve d'une extraordinaire habileté en s'arrangeant pour rester dans la capitale, tandis que la régente Marie-Louise battait en retraite. Seul grand dignitaire du régime dans la capitale occupée, il usa de ses prérogatives pour convoquer le Sénat, qui prononça la déchéance de l'Empereur et rappela Louis XVIII. Devenu ainsi le « père » de la Restauration, le chef du gouvernement provisoire prouva de manière éclatante à ses détracteurs qu'il servait avant tout la France, et non ceux qui la dirigeaient. Redevenu ministre des Affaires étrangères, il fit preuve au congrès de Vienne de son extraordinaire talent de diplomate face à ses redoutables homologues, l'Autrichien Metternich et l'Anglais Castlereagh. Il commença par semer la zizanie entre les différents ministres étrangers et leurs souverains, avant de jouer le rôle de conciliateur, parvenant par là à redonner à la France vaincue le rang de grande puissance. Il prit ainsi part aux négociations qui permirent de réorganiser la géopolitique du continent, en défendant les intérêts des petits et moyens États face à l'appétit des puissances de premier rang, notamment la Prusse et la Russie.

L'acte final, signé le 9 juin 1815, permit de liquider l'héritage napoléonien : le pape recouvra ses États, tout comme les rois de Piémont-Sardaigne et de Naples, le congrès instaurant la légitimité des dynasties comme élément central de la stabilité internationale. Les vainqueurs de Napoléon en ressortirent renforcés, à l'instar de la Prusse, dominant désormais une Allemagne toujours morcelée au sein d'une nouvelle Confédération germanique, et de l'Autriche, qui récupéra la mainmise sur la péninsule italienne et l'Adriatique. Quelques grands principes, qui mettraient encore des années à être complètement acceptés malgré l'intérêt qu'y portait Talleyrand, furent également fixés, comme la mise en place d'un embryon de droit international avec la signature d'un règlement sur les droits et préséances diplomatiques, la création de normes sur la liberté de navigation sur les fleuves et rivières ayant plusieurs États riverains, destinées à favoriser le commerce, et, enfin, l'adoption à l'unanimité de l'abolition de la traite négrière. Le principe de résolution des crises internationales par de grands congrès, appelé à un riche avenir, avait également été acté[7]. Si « les diplomates de Vienne découpèrent des territoires et firent des lots de peuples[8] », semant sans le savoir le germe de conflits futurs, le congrès permit malgré tout d'assurer, comme l'écrit Henry Kissinger, « un siècle d'ordre international que n'interromprait aucun conflit généralisé[9] ».

Ce traité avait été signé juste avant la bataille de Waterloo, la parenthèse des Cent-Jours n'ayant pas empêché les négociations d'avancer, les diplomates étant conscients que le retour de l'Empereur était une tentative sans espoir. Une fois Napoléon définitivement battu, Talleyrand s'allia de nouveau à Fouché : le tandem, « le vice appuyé sur le bras du crime » dont parle si bien Chateaubriand, parvint à rétablir Louis XVIII sur le trône en juillet 1815, en faisant comprendre aux vainqueurs de Napoléon, à commencer par Wellington, que la légitimité bourbonienne était le meilleur garant de la stabilité du pays. Président du Conseil, il fut cependant écarté du pouvoir en septembre par le roi, qui avait pris ombrage de son prestige. Il n'eut donc pas à négocier le traité de Paris qui ramena la France à ses frontières

7. Thierry Lentz, *Le Congrès de Vienne. Une refondation de l'Europe 1814-1815*, Paris, Perrin, 2012, p. 229-231.

8. Albert Sorel, *L'Europe et la Révolution française*, Paris, Plon, 1887-1904, vol. 8, p. 501.

9. Henry Kissinger, *Diplomatie*, Paris, Fayard, 1996, p. 66.

de 1790. Sans doute s'était-il montré trop monarchique, tenant en son hôtel de la rue Saint-Florentin une sorte de grand lever aussi cérémonieux que celui de Louis XIV, les étrangers venant par dizaines contempler cet « assemblage énorme de flanelle, de molleton, de futaine, de percale, masse blanchâtre qui venait en se traînant, en dandinant et en saluant légèrement la compagnie, s'asseyant devant sa cheminée où trois valets de chambre l'attendaient[10] ». Moins à l'aise avec les affaires intérieures, Talleyrand n'avait peut-être pas non plus pris la mesure de la gravité des événements en cours à l'été 1815, le territoire étant occupé par les troupes étrangères et plongé pendant plusieurs mois dans une situation de quasi-guerre civile opposant royalistes et anciens partisans de l'Empereur, qualifiée plus tard de « Terreur blanche ».

Grand chambellan du roi, et paraissant toujours occasionnellement aux Tuileries, Talleyrand passa le reste de la Restauration dans l'ombre. En proie à des soucis d'argent, victime de son secrétaire qui lui vola des papiers secrets, il dut aussi affronter quelques scandales, de nombreux ouvrages évoquant l'affaire du duc d'Enghien venant ternir sa réputation. Malgré tout, il fut loin d'être malheureux, occupé à des mondanités à Paris et à de longs séjours dans son château de Valençay. Il n'était pas non plus seul : l'épouse de son neveu Edmond, la belle Dorothée de Dino, née princesse de Courlande, de quarante ans sa cadette, devint le grand amour de sa vie et se révéla une des femmes les plus brillantes du siècle, salonnière renommée et plus tard gardienne jalouse de sa mémoire et de ses papiers. En outre, Talleyrand n'avait pas renoncé au pouvoir, rassemblant les opposants à la politique royale, déplorant les réussites de son successeur, le duc de Richelieu, avant de basculer dans l'opposition libérale

10. BnF, Manuscrits, NAF 14417, *Mémoires* de Charles de Rémusat, fol. 126.

à mesure que les « ultras » se rapprochaient du pouvoir. Devenu le protecteur du jeune Adolphe Thiers, journaliste ambitieux appelé à un riche avenir, le vieux diplomate interpréta pendant toutes ces années les rôles qui lui convenaient le mieux, ceux de mentor, de conseiller de l'ombre, et surtout d'ex-ministre habitué à jouer les Cassandre.

Du désert au piédestal

La révolution de 1830 ramena Talleyrand sur le devant de la scène : depuis la Révolution, il appelait de ses vœux l'établissement d'une monarchie constitutionnelle « à l'anglaise », considérant les Orléans, lignée de tradition libérale, comme infiniment plus apte à assumer le pouvoir que la branche aînée des Bourbons, incapable de marcher avec son temps. Louis-Philippe avait en outre besoin de grands noms pour légitimer son régime. Trop âgé pour être ministre, Talleyrand accepta le poste d'ambassadeur à Londres, où il mena une dernière grande négociation en signant le traité du 15 novembre 1831 qui mettait fin à la révolution belge. Les représentants des quatre puissances (Angleterre, France, Russie et Autriche) parvinrent à préserver l'équilibre européen. La création de la Belgique moderne, nouvel État neutre séparant la France et la Prusse, fut donc son dernier coup d'éclat, consolidant l'œuvre du congrès de Vienne, qui demeurait selon lui de favoriser, « avec les progrès de la civilisation, l'accroissement et la durée du bien-être dont elle est la source, en assurant la plus longue paix pour l'établissement d'un équilibre sinon parfait, du moins aussi réel que [possible] [11] ».

11. AMAE, Mémoires et documents 735, fol. 5, protocoles de la conférence de Londres, par Talleyrand [novembre 1830].

L'heure de la retraite avait sonné pour celui que les mémorialistes de l'Empire et les premiers historiens de la séquence 1789-1815 présentaient comme la personnification de la duplicité, ainsi que l'atteste l'écrivain Maxime Du Camp, qui croisa à la fin de sa vie cet homme qui avait « prêté quatorze serments » et « vendu la France aux Alliés et l'Empereur à l'Angleterre » : « Je vis un grand vieillard poudré à blanc ; sa tête me parut une tête de mort ; le regard était terne et cependant hautain, la pâleur était livide, la lèvre inférieure pendait, les épaules se courbaient en avant ; la claudication était si forte, qu'à chaque pas le corps oscillait de droite à gauche comme s'il allait tomber. La figure du vieux diable de la diplomatie est restée gravée dans mon souvenir. »

Après avoir passé ses dernières années à parachever ses *Mémoires*, tout en jouant toujours le rôle de conseiller auprès de Louis-Philippe, Talleyrand, sentant ses forces décliner, participa à une ultime séance sous la coupole de l'Institut, où il lut le 3 mars 1838 un discours testamentaire brossant le portrait du diplomate idéal : « Il faut en effet qu'un ministre des Affaires étrangères soit doué d'une sorte d'instinct qui, l'avertissant promptement, l'empêche, avant toute discussion, de jamais se compromettre. Il lui faut la faculté de se montrer ouvert en restant impénétrable, d'être réservé avec les formes de l'abandon, d'être habile jusque dans le choix de ses distractions. Il faut que sa conversation soit simple, variée, inattendue, toujours naturelle et parfois naïve ; en un mot, il ne doit pas cesser un moment dans les vingt-quatre heures d'être ministre des Affaires étrangères [...]. On a voulu confondre la réserve avec la ruse. La bonne foi n'autorise jamais la ruse, mais elle admet la réserve, et la réserve a cela de particulier, c'est qu'elle ajoute à la confiance[12]. »

12. Charles-Maurice de Talleyrand, *Éloge de M. le comte Reinhard...*, Paris, Gabriel Warée, 1838, p. 14-15.

Celui que Balzac qualifiait de « dernier grand seigneur français » s'éteignit le 17 mai 1838 dans son hôtel de la rue Saint-Florentin. Ultime négociation, l'évêque marié se réconcilia avec l'Église sur son lit de mort. Le défunt avait demandé à être embaumé à la mode égyptienne, pensant sans doute, comme par son œuvre de diplomate, défier l'éternité, mais tout ce que sa postérité en retint, si l'on en croit Victor Hugo[13], c'est que sa cervelle fut jetée aux égouts, comme une ultime marque de mépris pour cet immense homme d'État, qui avait, quoi qu'on en dise, tenté sa vie durant de conjuguer les manières de Versailles, les idées des Lumières et les valeurs de la France du XIXe siècle. Plus qu'un grand ministre – il aura été éclipsé durant le Consulat et l'Empire par Napoléon, avant de n'être que très brièvement chef du gouvernement –, cet homme d'une intelligence politique froide incarne, dans ses actions comme dans ses écrits, par sa connaissance des usages, son expérience de l'âme humaine, sa capacité à défendre les intérêts supérieurs de la France sans perdre de vue les enjeux européens, et surtout dans sa manière inimitable d'allier souplesse dans les formes et rectitude dans les idées, le modèle du grand diplomate, capable de toujours inspirer les négociateurs actuels.

13. Jean Tulard, *Talleyrand. De la douceur de vivre à la légende noire*, Paris, SPM, 2021, p. 90-91.

Bibliographie sélective

Anne Théodore, *Mémoires, souvenirs et anecdotes sur l'intérieur du palais de Charles X, et les événemens de 1815 à 1830*, Paris, Werdet, 1831, 2 vol.

Archives du ministère des Affaires étrangères (AMAE) : Mémoires et documents 735 (protocoles de la conférence de Londres, 1830-1831) ; Organisation et règlements 1 (recueils de rapports et de textes administratifs, 1547-1806).

BnF, Manuscrits, NAF 14417, *Mémoires* de Charles de Rémusat pour l'année 1815.

Du Camp Maxime, *Souvenirs littéraires*, Paris, Hachette, 1882-1883, 2 vol.

Kissinger Henry, *Diplomatie*, Paris, Fayard, 1996.

Lentz Thierry, *Le Congrès de Vienne. Une refondation de l'Europe 1814-1815*, Paris, Perrin, 2012.

Metternich Klemens Wenzel von, *Mémoires, documents et écrits divers laissés par le prince de Metternich, chancelier de cour et d'État, publiés par son fils le prince Richard de Metternich*, Paris, Plon, 1880-1884, 8 vol.

Rémusat Claire-Élisabeth-Jeanne de, *Mémoires*, Paris, Calmann-Lévy, 1880, 3 vol.

Sorel Albert, *L'Europe et la Révolution française*, Paris, Plon, 1887-1904, 8 vol.

Talleyrand Charles-Maurice de, *Éloge de M. le comte Reinhard, prononcé à l'Académie des sciences morales et politiques, par M. le P. de Talleyrand, dans la séance du 3 mars 1838*, Paris, Gabriel Warée, 1838.

—, *Mémoires et correspondances du prince de Talleyrand*, édition intégrale présentée par Emmanuel de Waresquiel, Paris, Robert Laffont, coll. « Bouquins », 2007.

Tulard Jean, *Talleyrand. De la douceur de vivre à la légende noire*, Paris, SPM, 2021.

Waresquiel Emmanuel de, *Talleyrand. Le prince immobile*, Paris, Fayard, 2003.

12

François Guizot (1787-1874)

Le gouvernement de la raison

par Laurent Theis

Premier ministre de l'Intérieur de la monarchie de Juillet, François Guizot en fut le dernier ministre des Affaires étrangères. Entre le 1er août 1830 et le 23 février 1848, il fit partie, durant cent trente-six mois, de huit cabinets, dont il présida le dernier. Cette longévité ne suffit certes pas à lui valoir la qualité de « grand ministre », puisque le maréchal Soult totalise douze mois de plus pour la même période, dont cent un comme président du Conseil, mais témoigne qu'à tout le moins il s'était rendu indispensable au fonctionnement du régime. Surtout, à la différence du duc de Dalmatie, il y a imprimé sa marque au point de l'incarner, pour ses contemporains et pour la postérité. Et comme cette dernière a voué le règne de Louis-Philippe Ier, le « roi bourgeois », à une sorte de *damnatio memoriae*, la réputation de son principal ministre, à qui fut imputée la chute de la monarchie constitutionnelle, s'en est trouvée durablement affectée. « L'histoire de M. Guizot, de juillet 1830 à février 1848, serait l'histoire même de la France », écrira Jules Simon.

Cette responsabilité, Guizot l'a revendiquée ouvertement, avec panache et obstination.

Apprentissage

Lorsque, à l'approche de ses quarante-trois ans, le professeur d'histoire moderne à la faculté des lettres depuis 1812 et député libéral du Calvados élu sept mois plus tôt accéda au gouvernement, il ne découvrait pas les tenants et aboutissants de l'appareil ministériel, ni même le lieu de son exercice, rue de Grenelle. Il y était entré le 20 mai 1814, nommé secrétaire général du ministère de l'Intérieur, sous l'abbé de Montesquiou dont il devint bientôt le *factotum*. La seconde Restauration le plaça au même poste au ministère de la Justice, auprès d'Étienne-Denis Pasquier puis de François Barbé-Marbois, jusqu'en mai 1816. Le voilà ensuite conseiller d'État, et conseiller officieux des cabinets Richelieu puis Decazes dans leur lutte contre les ultra-légitimistes. C'est alors que se constitua le groupe informel des « doctrinaires », petit par le nombre, influent par l'activisme politique et la qualité de ses membres. Étaient là, sous le tutorat sourcilleux de Pierre-Paul Royer-Collard, Camille Jordan, Hercule de Serre, Prosper de Barante et François Guizot, bientôt rejoints par Victor de Broglie, gendre de Germaine de Staël, et déjà le jeune et surdoué Charles de Rémusat ; les trois derniers seront ministres de Louis-Philippe. En janvier 1819, Guizot revint à l'Intérieur comme directeur général de l'administration départementale et communale, fonction qui le mettait au contact direct des réalités du terrain, comme on dit. En avril, commissaire du gouvernement, il monta pour la première fois à la tribune du Palais-Bourbon, qu'il devait illustrer avec tant d'éclat.

L'assassinat du duc de Berry, le 13 février 1820, fut sa chance. L'arrivée en force des ultra-légitimistes le fit tomber à gauche. Révoqué en juillet du Conseil d'État, son cours de Sorbonne suspendu deux ans plus tard, l'ancien haut fonctionnaire, désormais libre de parole et de plume, s'ébroue dans l'arène politique et s'impose dans le monde intellectuel. De l'intérieur du système, il est passé à l'extérieur, d'où il mène l'attaque, par des essais polémiques contre le ministère et la contre-Révolution, des activités associatives à la Société de la morale chrétienne et surtout à la société Aide-toi, le ciel t'aidera, fondée en juin 1827 et présidée par lui, afin de mobiliser les électeurs pour les prochaines échéances, contribuant ainsi au remplacement de Villèle par Martignac en janvier 1828. Enfin, son cours de Sorbonne, repris en 1828 et consacré à l'histoire de la civilisation, tout en demeurant strictement universitaire, attire une foule considérable de jeunes gens d'esprit libéral, dont certains s'engageront résolument dans le mouvement conduisant à la révolution de Juillet. Guizot, dès lors, est reconnu comme l'une des principales têtes pensantes de l'opposition de gauche, illustrée par La Fayette et Benjamin Constant. Aussi est-il temps pour lui de déployer ses talents là où se construit la décision politique, la Chambre des députés, à laquelle il est éligible depuis octobre 1827, anniversaire de ses quarante ans. L'arrivée de Polignac à la tête du ministère en août 1829 rend la démarche encore plus pertinente. Un siège se libère opportunément dans la quatrième circonscription du Calvados, celle de Lisieux. De Châteaubriand à Dupont de l'Eure, tout le spectre politique lui apporte son soutien. Le 24 janvier 1830, Guizot est élu par 281 voix sur 626 inscrits et 446 suffrages exprimés, sans qu'il ait mis les pieds dans l'arrondissement, telle étant sa célébrité. Il n'y est toujours pas allé lorsqu'il est réélu après la dissolution de la Chambre le 16 mai par Charles X, qui déclenche ainsi le mouvement conduisant à sa chute.

À compter du 26 juillet, Guizot participe aux multiples conciliabules de députés d'opposition, et se rallie sans enthousiasme au duc d'Orléans, qu'il ne connaît pas personnellement. Il met sa plume au service des proclamations destinées à éviter l'installation d'une république ou d'une monarchie élective, et c'est à lui qu'est due la formule fameuse : « La Charte sera désormais une vérité ! » Peut-être est-ce elle qui lui vaut d'être nommé ministre de l'Instruction publique le 31 juillet par la Commission municipale de Paris. Le lendemain, le duc d'Orléans, désormais lieutenant général du royaume, lui fait accepter l'Intérieur et, devenu roi des Français, le confirme le 11 août dans un cabinet dont les figures principales sont le duc de Broglie, depuis quelques années l'ami de Guizot le plus proche, Dupont de l'Eure, Mathieu Molé et le baron Louis et, sans portefeuille mais non sans poids, Casimir Perier et Jacques Laffitte, au total les opposants les plus en vue sous la Restauration. Cette fois, Guizot est à la barre, dans le gouvernement réellement représentatif que, depuis quinze ans, il appelait de ses vœux et travaillait à faire prévaloir, dans les idées et dans la pratique.

À l'Intérieur

Au ministère de l'Intérieur, dont le dernier titulaire, Peyronnet, qui avait pris une part prépondérante dans la rédaction des ordonnances liberticides promulguées par Charles X, venait d'être incarcéré à Vincennes avec trois de ses collègues, tout était à faire. La reconnaissance, l'implantation et la mise en marche du nouveau régime reposaient en bonne partie sur lui. Le nouveau ministre se mit à la tâche avec une ardeur presque excessive, prenant sur son sommeil dont il était pourtant si jaloux. Outre sa participation à la rédaction de la Charte révisée et adoptée le

7 août, il fit les gestes qu'appelait la victoire de la liberté qui avait guidé le peuple lors des Trois Glorieuses, comme l'attribution de pensions aux combattants de Juillet ou leurs ayants droit, ou le retour de l'église Sainte-Geneviève à la fonction et appellation de Panthéon. Surtout, il mit en œuvre le rétablissement de la garde nationale, que Charles X, la jugeant frondeuse, avait licenciée en 1827. La Fayette, héros alors immensément populaire, retrouva le commandement qui lui avait été attribué quarante et un ans plus tôt, signe parmi d'autres que la révolution de 1830 parachevait celle de 1789. On sait l'importance du rôle joué par cette fiction de la population en armes, un million et demi d'inscrits tout de même, durant tout le règne de Louis-Philippe, y compris dans sa disparition. Il lui fallut aussi procéder à l'épuration de l'administration territoriale, principal employeur de fonctionnaires. Guizot, dans ses *Mémoires*, tint à rappeler, avec une certaine insistance, que sa main n'avait pas tremblé, lui qu'on accusait volontiers d'indécision. Les quatre cinquièmes du corps préfectoral furent révoqués, dont 76 des 86 préfets. Les maires des villes grandes et moyennes, dont la nomination appartenait au ministre, ne furent pas mieux traités. La plus grande partie du personnel qui avait servi sous Villèle fit ainsi les frais des gages donnés à l'opinion encore très remontée. De fait, expliquait Guizot dès le 13 septembre, « la plupart de ces fonctionnaires, instruments empressés ou dociles d'un système de fraude ou de violence, avaient encouru la juste animadversion du pays ». Aux nobles légitimistes furent substitués le plus souvent des bourgeois libéraux, issus de l'administration, de la députation ou du barreau, mais aussi des figures originales comme Amédée Thierry, frère d'Augustin, auteur à succès d'une *Histoire des Gaulois*. Au fond, l'essentiel était de s'être montré hostile aux Bourbons depuis 1820. Guizot, dans ses choix orientés sous la pression révolutionnaire encore vive, et opérés dans une urgence parfois confuse,

devait aussi tenir compte des échéances électorales que l'invalidation ou la démission de nombreux députés de droite, ainsi que la nomination de députés à des postes de fonctionnaires, rendaient immédiatement nécessaires.

On vit ainsi, le même jour, le ministre de l'Intérieur convoquer les électeurs de la Savoie et présenter au roi les modalités de décoration de la Chambre des députés, par un concours ouvert aux meilleurs peintres du moment. En effet, réorganisant le ministère, Guizot avait créé une division des « Sciences, Belles-Lettres et Beaux-Arts », élargissant ainsi le spectre de ses interventions. Y furent nommés le médecin Hippolyte Royer-Collard, neveu de Pierre-Paul ainsi honoré, et le jeune archéologue philhellène Charles Lenormant, neveu par alliance de Mme Récamier. Autre jeune pousse prometteuse, Jules Michelet, disciple et suppléant de Guizot à la Sorbonne, devint chef de la section historique des Archives royales. Parmi les nombreuses initiatives prises par ce ministre tout-terrain, la création, le 23 octobre, de l'Inspection générale des Monuments historiques, confiée à un représentant de la jeune France libérale de vingt-huit ans, critique d'art et fin lettré, Louis Vitet, auquel succéda en 1834 Prosper Mérimée. La plupart des jeunes gens ainsi promus accompagnèrent toute la vie politique de leur patron.

Dans une société qui continuait d'être agitée par des secousses répliques de la révolution de Juillet, ce gouvernement sans chef reconnu était tiré à hue et à dia. Il se disloqua à l'occasion du prochain procès des quatre ministres de Charles X qui avaient été incarcérés. La fraction radicale de l'opinion n'écartait pas la peine de mort, et les plus excités furent près de lyncher les accusés. Le préfet Odilon Barrot, publiquement, ne la récusa pas non plus. Pour Guizot, auteur en 1822 d'un essai vibrant contre *De la peine de mort en matière politique*, cette perspective était inconcevable. Il demanda la révocation du préfet, mais son collègue Dupont de l'Eure s'y opposa. Dès lors Guizot se retira, accompagné de Victor de Broglie, seul pair de France, en 1815, à avoir refusé la condamnation à mort du maréchal Ney. Le 2 novembre 1830, Jacques Laffitte devint président du Conseil, le premier du nouveau régime. Le député du Calvados, épuisé, resta deux ans hors du gouvernement. Son passage à l'Intérieur, démontrant son savoir-faire et son ardeur, l'avait intégré dans le groupe restreint du vivier ministériel. Il y avait beaucoup appris du maniement des hommes et des rouages de l'administration, et de la personne même de Louis-Philippe. Surtout, l'issue de cette expérience avait fait apparaître nettement les deux camps autour desquels s'organiserait la monarchie de Juillet : celui pour lequel les acquis de la Révolution, inscrits pour l'essentiel dans la Charte modifiée, formaient la masse de granit inébranlable sur laquelle devait reposer le gouvernement de la raison, l'autre pour lequel la rupture de Juillet était l'étape d'un processus qui devait se poursuivre en épousant l'évolution de la société : « Résistance » conservatrice là, « Mouvement » progressiste ici. Guizot, désormais, s'inscrivait dans le premier, de plus en plus fortement. Il impliquait la reconnaissance des capacités du roi, constitutionnellement irresponsable, à intervenir dans la définition et la conduite des affaires, idéalement en concertation avec le gouvernement et le Parlement, sous le regard de l'opinion publique, c'est-à-dire de la presse, dont la liberté d'expression était légalement consacrée. Cette conception, ici résumée à grands traits, Guizot l'appelait « le gouvernement libre ». Sa fonction était de garantir les fondements et d'organiser la pratique des libertés individuelles et des droits civils, pour stabiliser durablement une société en proie aux secousses et aux déchirements depuis quarante ans, entre anarchie et absolutisme. Guizot, dans son cours de 1820-1822, faisait remonter les « origines du gouvernement représentatif » à l'Angleterre anglo-saxonne des VIIIe et IXe siècles. Il faudrait à la France, qui avait tardé à trouver son équilibre, bien des générations pour l'assimiler réellement. Maintenir le récent et fragile *statu quo* était déjà ambitieux. On le sait, le mot d'ordre « Enrichissez-vous ! », qui n'a jamais été prononcé sous cette forme, habille pour toujours la mémoire de Guizot d'une tunique de Nessus. De fait, il appelait les Français à gérer et à faire fructifier le capital politique et social acquis pour au moins plusieurs générations par les révolutions de 1789 et de 1830.

Instituteur de la nation

Le 11 octobre 1832 fut constitué un gouvernement de centre droit bientôt désigné comme « le ministère de tous les talents », à savoir, sous la présidence plus impressionnante que talentueuse du maréchal Soult, Broglie aux Affaires étrangères, Thiers à l'Intérieur et Guizot à l'Instruction publique. Ce fut la période la plus heureuse de la vie politique de Guizot, et sans doute de la monarchie de Juillet. Au 116 *bis*, rue de Grenelle, où il resta, sauf courte interruption, jusqu'en avril 1837, cet universitaire était comme chez lui. Depuis vingt ans, lorsqu'il avait créé avec sa première épouse Pauline de Meulan les *Annales de l'Éducation*, Guizot portait un intérêt actif et constant à la question scolaire, sur laquelle il exposa ses idées en 1816 dans son *Essai sur l'histoire et sur l'état actuel de l'Instruction publique en France.* « L'État, écrivait-il, donne l'éducation et l'instruction à ceux qui n'en recevraient point sans lui, et se charge de les procurer à ceux qui voudraient les recevoir de lui. » C'est que, ajoutait-il, elles permettent d'établir « soit entre le gouvernement et les citoyens, soit entre les diverses classes de la société, une certaine communauté d'opinions et de sentiments qui deviendra un lien puissant, un gage de repos et un principe d'ordre efficace ». Ainsi se réalisera le « gouvernement des esprits », éclairés par l'élévation du savoir individuel et la diffusion de la morale collective.

Bien préparé à « seconder le progrès de la civilisation intellectuelle », selon sa propre expression, Guizot se tailla un département à sa mesure. Si, comme protestant, il jugea convenable d'en détacher les Cultes, il reçut la tutelle de l'Université, de l'Institut, du Collège de France, de la Bibliothèque royale, des Archives de France, du Muséum d'histoire naturelle, de la faculté de médecine, etc. L'administration centrale est pourtant légère ; avec trois divisions réparties en dix bureaux, elle ne compte que trois ou quatre dizaines de fonctionnaires. Auguste Génie, dévoué et expéditif, est chef du cabinet, et entame avec Guizot une relation intime et durable, débordant parfois ses attributions. Le ministre mit un soin particulier dans la gestion des personnes, au-dedans et au-dehors, car, rappelle-t-il dans ses *Mémoires*, « de tous les départements ministériels, l'Instruction publique est peut-être celui où il importe le plus au ministre de ménager l'opinion des hommes qui l'entourent, et de s'assurer de leur appui dans ses entreprises ».

Cet appui, Guizot l'obtint pour la plus considérable de ses multiples actions, la loi du 28 juin 1833 relative à l'enseignement primaire. Cette fameuse législation, qui trouva à la Chambre des députés un soutien dépassant de beaucoup la majorité ministérielle, faisait obligation à chaque commune de posséder une école de garçons et d'entretenir un instituteur, promu à la dignité de fonctionnaire public. Au chef-lieu de chaque département devra se trouver une école normale destinée à former les enseignants. Le principe de l'obligation scolaire n'est pas retenu, celui de la gratuité non plus, mais les familles pauvres sont exemptées de contribution scolaire, et les manuels dont le ministère passe commande en grand nombre leur sont fournis gratuitement. Conformément à l'article 69 de la Charte, la loi affirme que « l'instruction primaire est ou publique ou privée ». Cette liberté, s'agissant des écoles privées, c'est-à-dire en fait catholiques, est reconnue à tout individu pourvu d'un brevet de capacité et titulaire d'un certificat de moralité délivré par l'autorité publique. Un comité local de surveillance sur les écoles publiques et privées, où figurait de droit le curé ou le pasteur aux côtés du maire et de trois conseillers municipaux, complétait le dispositif, auquel s'ajouta en 1835 une inspection primaire permanente. Guizot obtint les crédits nécessaires à ses ambitions, puisque le budget de l'enseignement primaire, dont la qualité s'améliora continûment, passa de 7,8 millions en 1832 à 12,4 millions en 1835. Ce texte, fruit d'un compromis nécessaire entre l'État et l'Église catholique, consacrait le premier comme responsable et garant de l'enseignement primaire, mais assurait aussi réellement la liberté d'enseignement. Le clergé était tenu à juste distance, mais la religion, au sein de l'enseignement déclaré laïque, était placée au premier rang. Entre 1833 et 1847, le nombre d'enfants scolarisés dans le public passa de 1,2 à 2,4 millions. Les principes de cette loi fondatrice demeurèrent intacts pendant près d'un siècle et demi, et si demeure ici et là dans la mémoire collective le nom de Guizot, c'est à elle qu'il le doit. Ce succès, Guizot ne l'obtint pas pour l'enseignement secondaire, tant le conflit entre l'Université et l'Église demeurait vif.

Ce considérable effort de pédagogie, Guizot entendit l'étendre à la nation tout entière. Pour la réconcilier avec son passé, pour enraciner la royauté de Juillet, dont la légitimité ne provenait ni de l'hérédité, ni du sacre, ni de l'élection, il s'employa à l'intégrer dans l'histoire nationale, en procédant par la voie de la science. L'auteur, en 1823, d'*Essais sur l'histoire de France*, l'éditeur, de 1823 à 1829, des trente volumes des *Documents relatifs à l'histoire de France depuis la fondation de la monarchie jusqu'au* XIIIe *siècle*, l'enseignant en Sorbonne de l'*Histoire de la civilisation en France*, était dans son élément. Il était porté par le goût de l'histoire répandu partout dans le public. De cette impulsion naquirent, au début de 1834, la Société de l'histoire de France, dont l'objectif était de « populariser l'étude et le goût de notre histoire nationale dans une voie de saine critique, et surtout par la recherche et l'emploi des documents originaux », puis, le 18 juillet, un comité « chargé de diriger les recherches et la publication des documents inédits » relatifs à l'histoire de France, institué et présidé par le ministre ès qualités, et financé sur fonds publics, qui prendra plus tard le nom de Comité des travaux historiques et scientifiques. La Société et le Comité, qui ont procuré depuis près de deux siècles beaucoup des matériaux de notre historiographie, existent et travaillent encore aujourd'hui sur les bases jetées par Guizot. Ce dernier sut s'entourer, dans cette entreprise, des meilleures compétences : Daunou, Cousin, Villemain, Barante, Fauriel, Mignet, A. Thierry, Michelet, Quinet, Champollion-Figeac... En janvier 1835 fut créé un second comité « chargé de concourir à la recherche et à la publication des monuments inédits de la littérature, de la philosophie, des sciences et des arts considérés dans leurs rapports avec l'histoire générale de la France » – rien de moins ! –, où siégeaient Victor Hugo, Mérimée et Sainte-Beuve. On n'oubliera pas, dans la même veine, le rétablissement dès octobre 1832 de l'Académie des sciences morales et politiques. Au total, le bilan de Guizot au ministère de l'Instruction publique constitue, de l'aveu même de ses adversaires contemporains ou posthumes, son titre de gloire le moins contestable.

Affaires étrangères

Le 15 avril 1837, Guizot quitta le gouvernement à la suite d'une de ces figures compliquées du ballet entre Thiers, Molé et lui-même, à quoi se résumaient durant cette période les aléas politiques et parlementaires, avec la participation intéressée de Louis-Philippe, expert à semer la zizanie en sa faveur. Il y revint le 29 octobre 1840 dans un cabinet Soult, au portefeuille des Affaires étrangères, considéré depuis la Restauration comme le plus important et qu'avaient occupé avant lui Molé, Broglie, Thiers, également présidents du Conseil. Sa nomination boulevard des Capucines et surtout sa personnalité le désignaient clairement comme le principal ministre. Durant quatre-vingt-huit mois, record dans nos annales, il dirigea les Affaires étrangères. Huit mois passés comme ambassadeur en Angleterre, où il n'était jamais allé jusque-là, car Guizot ne voyage pas, l'avaient préparé à la tâche. De plus, il connaissait parfaitement l'histoire anglaise, et en particulier celle de sa révolution sur laquelle il avait publié en 1826-1827 deux volumes très remarqués outre-Manche. À bien des égards, le système politique britannique lui inspirait de l'admiration. Or c'était avec la Grande-Bretagne que, durant tout son mandat, il aurait principalement à traiter.

Il était admis, depuis plusieurs années, que Guizot était impopulaire. Lui-même le reconnaissait, avec une sorte de dédain, un mot qu'il affectionnait. « Je ne méprise pas la popularité, disait-il, je méprise l'impopularité. » Sa politique à l'égard de l'Angleterre accrut cette impopularité, lui valant le sobriquet de « lord Guizot », réputé se coucher toujours devant le cabinet anglais parce qu'il paraissait étranger à tout réflexe nationaliste. La monarchie de Juillet, depuis l'origine, était placée en Europe devant une alternative : la gloire, avec le risque assumé de la guerre pour effacer les traités de 1815 ; le repos, avec la paix au prix du compromis et de l'acceptation du système européen existant, quitte à le faire évoluer en douceur. C'est à ce second choix que Louis-Philippe s'était toujours tenu, et dont Guizot était convaincu. Il l'affirma dans deux maximes : sur le fond : « Il ne faut pas que la France se trompe sur ses moyens d'influence en Europe. La révolution et la guerre, comme moyens d'influence, sont usées en Europe. » Sur la méthode : « En politique extérieure, on ne peut pas ne penser qu'à soi seul, et ne faire que ce qui vous convient et vous plaît à vous-même ; il faut faire la part des autres. » Les autres, c'était avant tout le gouvernement britannique, première puissance mondiale. La chance voulut que, en août 1841, le belliqueux whig Palmerston soit remplacé au Foreign Office par le tory Aberdeen, qui était dans les mêmes idées que son collègue français. Avec le noble lord écossais, Guizot noua des rapports de plus en plus intimes, à tel point qu'en parallèle avec les dépêches officielles les deux ministres échangeaient une correspondance personnelle avec la volonté de « se tout dire ». Guizot exposa à la Chambre, en janvier 1844, la définition de ce qui devint pour Aberdeen *A cordial good understanding* : « Sur certaines questions, les deux pays ont compris qu'ils pouvaient tenir d'accord une certaine conduite, qu'ils pouvaient s'entendre et agir en commun, sans engagement formel, sans aucune aliénation d'aucune partie de leur liberté. » Durant cinq ans, cette première entente cordiale entre les deux États, consacrée en septembre 1843 par la visite de Victoria en France, la première depuis Henri VIII, rendue l'année suivante à Windsor par le roi des Français, permit de résoudre à l'amiable nombre de crises : droit de visite maritime pour lutter contre la traite négrière ; intervention française au Maroc pour réduire Abd el-Kader ; surtout, la prise de possession de Tahiti par la France, car, jugeait Guizot, « il ne convient pas à la France d'être absente dans une si grande partie du monde quand les autres (entendez les Anglais) y sont et s'y établissent » ; sous les clameurs de l'opposition et de la presse, la faible majorité de députés qui donnèrent *quitus* à Guizot fut flétrie du nom de « pritchardiste » – de Pritchard, ce consul d'Angleterre dont la personne cristallisa la crise – tandis qu'Aberdeen était accusé à Londres d'avoir été « guizoté ». La paix, un instant menacée, avait été maintenue et l'est demeurée depuis après tant de siècles d'hostilités, et Tahiti restait à la France.

Le paradoxe voulut que, quand Guizot s'opposa réellement à l'Angleterre au risque d'une rupture majeure, à propos de ce qui devint l'affaire des mariages espagnols, les mêmes dénoncèrent son acharnement à faire prévaloir la position française et lui dénièrent son succès. Or, après bien des tensions, la jeune reine d'Espagne Isabelle II n'épousa pas le candidat poussé par la Couronne britannique et par Palmerston revenu aux affaires, mais celui préconisé par Paris, et le duc de Montpensier, dernier fils de Louis-Philippe, devint le même jour d'octobre 1846 le mari de la sœur cadette de la reine. Ce qui valut pour l'Espagne se produisit en Grèce, où la vive concurrence d'influence entre Anglais et Français tourna en faveur de ces derniers. En Italie, Guizot soutenait les velléités réformatrices du nouveau pape Pie IX, dont il obtint que les Jésuites ferment volontairement leurs établissements en France, pour faire prévaloir la stabilité de la péninsule « entre les conspirations radicales fomentées à Londres et les routines absolutistes de Vienne » incarnées par Metternich.

La chute

L'énergie déployée par Guizot dans ces affaires, et dans bien d'autres qui excédaient largement son périmètre ministériel, demeure stupéfiante. « Ce que M. Guizot écrit de lettres, de notes, d'instructions, n'est pas croyable », constatait l'ambassadeur Barante en 1844. S'y ajoutaient ses multiples interventions à la Chambre, sur tous les sujets, car sa prodigieuse éloquence écrasait ses adversaires et lui permettait, par ce gouvernement de la parole en partie illusoire, d'imposer sa politique, pour la plus grande satisfaction de Louis-Philippe, que son ministre tout-terrain savait mettre de son côté. Comme l'écrivait en 1846 le secrétaire de l'ambassade de Russie Balabine, « il domine, et la France et les Français ont besoin d'être dominés ». À l'été 1846, le parti ministériel remporta un succès électoral éclatant, qui n'était pas dû seulement au nombre de fonctionnaires peuplant la Chambre et à la pratique de la candidature quasi officielle. Plus que jamais, l'heure était à la conservation, toute réforme, même bénigne, renvoyée à un avenir indiscernable : « La stabilité et la bonne conduite des affaires de tous les jours, voilà les seuls vrais, les seuls grands intérêts d'aujourd'hui », du moins ceux de la classe moyenne que le régime avait accrue et renforcée. Pour la génération que Guizot, par sa pédagogie, avait initiée aux vertus du libéralisme et de l'instruction, toute perspective paraissait bloquée. Le 24 février 1848, le président du Conseil le paya de sa chute, qui entraîna celle de la monarchie constitutionnelle. À soixante ans, dont près de trente-cinq de vie publique, François Guizot était rendu à lui-même. Sa carrière politique, brisée d'un coup, ne repartira pas. Mais, faisant, comme toujours il s'y est efforcé avec succès, de nécessité vertu, il s'installa, pour encore un quart de siècle, dans un rôle de retraité extraordinairement actif qui lui valait l'attention renouvelée de ses contemporains, à défaut de la postérité. Dès 1831, devant les députés, il avait annoncé : « Dans les pays libres, le meilleur gouvernement n'est presque jamais populaire. Il a toujours contre lui le parti des espérances et celui des mécomptes. »

Bibliographie sélective

Broglie Gabriel de, *Guizot*, Paris, Perrin, 1990.

Guizot François, *Mémoires pour servir à l'histoire de mon temps*, édition abrégée, introduite et annotée par Laurent Theis, Paris, Perrin, 2024.

Johnson Douglas, *Guizot. Aspects of French History 1787-1874*, Londres, Routledge & K. Paul, 1963.

Rosanvallon Pierre, *Le Moment Guizot*, Paris, Gallimard, 1984.

Theis Laurent, *François Guizot*, Paris, Fayard, 2008.

—, *Guizot. La traversée d'un siècle*, Paris, CNRS Éditions, 2014.

13

Adolphe Thiers (1797-1877)

Ses trois vies

par Georges VALANCE

La presse du XIXe siècle s'est régalée avec le nom de Thiers et sa petite taille (un mètre cinquante-cinq), sous le sobriquet de Mirabeau-mouche. Un jour, *Le Figaro* a même calculé qu'il lui faudrait une épouse et six enfants pour que sa famille fasse un « Thiers entier ». Plus sérieusement, sa carrière paraît s'être déroulée en trois grandes étapes, en trois vies, en « trois Thiers » : le journaliste de son arrivée à Paris en 1821 à la création en 1830 du journal *Le National* et la révolution de Juillet. La politique active sous la monarchie de Juillet et la IIe République jusqu'en 1851. Enfin, l'homme d'État qui se révèle de 1863 à 1873 avec ses discours visionnaires sur la chute de l'Empire, la libération du territoire et l'acclimatation de la République.

Chateaubriand ne se trompe pas dans son célèbre article sur la presse dans le *Journal des débats* : « [C'est] un élément jadis ignoré, une force autrefois inconnue introduite maintenant dans le monde ; c'est la parole à l'état de foudre ; c'est l'électricité sociale. » Mais c'est le journaliste Adolphe Thiers qui, avec quelques collègues du *National*, a mis en branle cette « force inconnue » qui, en trois jours, a fait tomber le régime de la Restauration.

Certes, au départ, c'est le roi Charles X qui, le dimanche 25 juillet 1830, met le feu aux poudres en signant les ordonnances qui dissolvent la Chambre et suspendent la liberté de la presse. Dès le lundi, Thiers publie le manifeste, signé par quarante-quatre journalistes, qui va enclencher la révolution de Juillet : « Le régime légal est interrompu : celui de la force est commencé. Dans la situation où nous sommes placés, l'obéissance cesse d'être un devoir. Les citoyens appelés les premiers à obéir sont les écrivains des journaux : ils doivent donner l'exemple de la résistance à l'autorité, qui s'est dépouillée du caractère de la loi. Nous sommes dispensés d'obéir. » Il serait exagéré de faire de Thiers, alors âgé de trente-trois ans, le *deus ex machina* de la révolution de Juillet. Il ne descend pas dans la rue et ne participe pas à l'érection d'une des six mille barricades qui obstruent bientôt les rues de Paris. Il n'empêche : grâce à sa plume et à son audace, il va acquérir une énorme influence sur les événements.

C'est son talent qui lui permet de franchir les portes de la grande bourgeoisie et même de l'aristocratie. Depuis des années, il fréquente les salons du prince de Talleyrand et de sa nièce, la duchesse de Dino. La haute banque lui est ouverte avec l'hôtel du banquier Laffitte, la plaque tournante de l'opposition orléaniste. Au matin du 30 juillet, c'est avec l'accord de Laffitte qu'il publie un second manifeste qui est un vibrant appel au duc d'Orléans : « Charles X ne peut plus rentrer dans Paris : il a fait couler le sang du peuple. [...] Le duc d'Orléans a porté au feu les couleurs tricolores ; [il] peut seul les porter encore ; nous n'en voulons pas d'autres. C'est du Peuple Français qu'il tiendra sa couronne. » Désormais, Thiers n'est plus un journaliste, mais un homme politique portant un projet : changer la dynastie, remplacer la branche aînée des Bourbons par la branche cadette des Orléans. Étant entendu que « le roi règne et ne gouverne pas ».

À peine a-t-il diffusé ce second appel qu'il se rend chez le duc d'Orléans à Neuilly pour le convaincre de rallier la « révolution ». Le duc étant absent, Thiers est reçu par sa sœur Madame Adélaïde. Il n'y va pas par quatre chemins : « Que le duc d'Orléans vienne aujourd'hui au milieu de Paris déclarer qu'il se rallie à la révolution. » Madame Adélaïde brûle aussi ses vaisseaux : « Si vous croyez que l'adhésion de notre famille peut être utile à la révolution, nous la donnons volontiers. Je suis prête à me rendre à Paris. » Thiers rentre à Paris pour annoncer l'accord du duc d'Orléans à une centaine de députés réunis au Palais-Bourbon.

Le lendemain, 31 juillet, ces députés nomment le duc lieutenant général du royaume (une idée du duc de Broglie et de Thiers). Et, le 9 août, le lieutenant général devient le « roi des Français » sous le nom de Louis-Philippe Ier au terme d'un des plus jolis tours de passe-passe de l'histoire de France et au prix de mille huit cents morts sur les barricades. Ceux que le poète Heine, alors correspondant dans la capitale, appellera les héros de Juillet : « Journées sacrées de juillet ! que votre soleil était beau ! que le peuple de Paris était grand ! »

« Il n'est pas parvenu, il est arrivé »

Et Thiers, que devient-il ? Son ami Charles de Rémusat décrit son état d'esprit : « Il était impatient de mettre la main aux affaires. Il aimait et admirait le métier de gouvernement. Il croyait avoir constaté, en écrivant l'Histoire, son aptitude à la politique étrangère, à la guerre, à l'administration, aux finances, etc.

Et la part qu'il avait prise à l'établissement du gouvernement nouveau lui faisait un devoir d'y participer. » Un devoir ou plutôt un défi. Trois mois plus tard, il est député d'Aix-en-Provence et, au printemps 1832, entre dans le gouvernement Soult. C'est l'époque du célèbre mot de Talleyrand sur le jeune Thiers : « Il n'est pas parvenu, il est arrivé. » Dans ce gouvernement qui durera quatre années, Thiers est chargé du Commerce, des Travaux publics et de l'Intérieur.

On n'échappe pas à son destin, à sa malédiction. Celle de Thiers est la répression : sous la monarchie de Juillet, durant les journées sanglantes de juin 1848 et sous la Commune. Le 9 avril 1834 éclate à Lyon l'insurrection sociale dite « des mutuellistes », suivie, le 12, à Paris, d'une insurrection républicaine.

La répression est sanglante. À Lyon, plus de trois cents morts restent sur les pavés. À Paris, Thiers accompagne les troupes qui encerclent les émeutiers dans le quartier Saint-Denis. L'immeuble du 12 de la rue Transnonain, d'où est parti un coup de feu et dont tous les habitants sont massacrés, restera longtemps le symbole de la répression aveugle et Thiers, « l'assassin de la rue Transnonain ». Il restera également l'auteur des « lois scélérates », votées en septembre 1835, qui réduisent les droits des accusés et rognent la liberté de la presse. Pas de quoi être fier pour un ancien journaliste du *National* !

En tout cas, Louis-Philippe lui sait gré de son zèle. En février 1836, Thiers présente son premier gouvernement avec en charge deux grands dossiers : le projet du mariage du fils aîné du roi avec une archiduchesse autrichienne et celui d'une intervention militaire en Espagne. Mais il échouera dans les deux cas. Sur le premier, il est traité avec mépris par Metternich et, sur le second, il se heurte au refus de Louis-Philippe, qui ne veut pas d'un conflit qui pourrait se transformer en guerre européenne. Thiers cale : « Le roi ne veut pas de l'intervention ; je la veux ; je me retire. »

Thiers le belliqueux

Le second gouvernement Thiers se clôt également sur un conflit avec le roi. Louis-Philippe le rappelle en mars 1840. Mais, dès le 28 octobre, il démissionne. À peine a-t-il eu le temps d'envoyer les premiers colons en Algérie (les futurs « pieds noirs »), de décider le retour des cendres de Napoléon et, moins grandiose, de mettre la France au bord de la guerre avec les « quatre puissances » de la coalition de 1813, l'Angleterre, l'Autriche, la Prusse et la Russie !

Comment en est-il arrivé là en huit mois de gouvernement ? Tout part du soutien que Thiers apporte au pacha d'Égypte, Méhémet-Ali, en révolte contre le sultan turc, lui-même soutenu par Londres, qui envoie un ultimatum des « quatre puissances » au pacha. Thiers est mis au défi : aider l'Égypte, c'est faire la guerre à l'Europe. En France, l'homme de la rue est belliciste sur le thème : « guerre à la perfide Albion ». Le choc semble inévitable lorsque Louis-Philippe, qui avait soutenu Thiers, change de langage : « Mon cher ministre, je ne veux la guerre à aucun prix. Je souffrirai tout plutôt que d'arriver à cette extrémité. On ne viendra pas me prendre mes provinces d'Alsace. » Désavoué, Thiers démissionne. Résultat inattendu de cette crise : le sursaut des sentiments antifrançais en Allemagne : « Thiers, par son bruyant tambourinage, écrit Heine, a réveillé de son sommeil léthargique notre bonne Allemagne. »

« J'ai besoin de retraite, de repos, j'ai besoin de reposer les autres de moi, et moi des autres », écrit Thiers à sa belle-mère. Il est loin d'imaginer qu'une cure d'opposition de trente années l'attend et qu'il devra patienter jusqu'en février 1871 pour revenir au pouvoir. Cette cure lui sera très pénible, comme il l'avouera à un ami : « La perte du pouvoir, la perte des moyens de diriger les destinées de son pays est amère. » Jusqu'à la chute de Louis-Philippe, il tentera de déstabiliser son rival Guizot puis, sous la IIe République, il appartiendra à la droite dure, le « comité de la rue de Poitiers ».

Il publie ainsi un ouvrage sur « la propriété, ce droit fondamental auquel tout se rapporte ». Alors que le chômage et la disette frappent le peuple, il affirme que « l'ouvrier est aujourd'hui plus riche et plus heureux qu'il ne l'a jamais été ». Et il prononce à l'Assemblée un discours haineux contre les classes populaires, cette « vile multitude » à laquelle il convient de retirer le droit de vote.

Louis Napoléon, « ce crétin que l'on mènera facilement »

Mais, curieusement, il prend l'initiative de jouer la carte d'un aventurier de la politique, Louis Napoléon Bonaparte, qui est candidat à un poste nouveau : la présidence de la République. Thiers, tenté par ce poste, sait que son passé orléaniste est trop récent. Cependant, pense-t-il, un mandat de quatre ans non renouvelable, ce n'est pas une éternité, et Louis Napoléon sera un président de transition idéal : « C'est un crétin que l'on mènera facilement. »

Avec de telles arrière-pensées, il est fatal que les deux hommes se fâchent. Au début, c'est l'euphorie : le soir de l'élection présidentielle, Louis Napoléon dîne chez Thiers et lui propose – en vain d'ailleurs – la présidence du Conseil. Deux ans plus tard, Thiers prépare avec les durs du comité de Poitiers la destitution du président. Croyant l'avoir fait, il pense pouvoir le défaire facilement. Mais le « crétin » est le plus rapide. Le 2 décembre 1851, il déclenche son coup d'État. Thiers est arrêté dans son lit, conduit à la prison de Mazas et bientôt expulsé du territoire.

Pour un exil qui, il est vrai, ne dure que huit mois. Le 20 août, un décret l'autorise à retrouver son hôtel de la place Saint-Georges, avec, dira-t-il, « la reconnaissance qu'on doit à l'homme qui vous a pris une montre et qui la rend ».

Pas de reconnaissance, mais pas d'agressivité non plus. Durant dix ans, Thiers se tient en dehors des joutes politiques et se consacre à sa monumentale *Histoire du Consulat et de l'Empire*. Mais lorsque le dernier volume est paru, en 1862, Thiers s'ennuie. La politique lui manque.

Les occasions d'y revenir ne font pas défaut. L'opposition rêve de le récupérer. Des proches de l'empereur cherchent à les réconcilier. Napoléon III ne vient-il pas de le qualifier d'« historien national » ? Même Bismarck, l'ambassadeur de Prusse, s'en mêle : « Je veux vous réconcilier avec l'empereur. La bouderie n'est pas une politique. Laissez-moi faire et nous ferons ensuite une bonne besogne en Europe. » Mais Thiers n'oublie pas le coup d'État et restera toujours attaché au système parlementaire. Comme l'écrit l'historien Henri Malo, « il n'est ni l'ami ni l'ennemi de l'empereur, il ne boude que la manière dont on gouverne [...] Son opposition, ardente au fond, modérée dans la forme, l'affirmera comme l'un des hommes d'État les plus clairvoyants de son temps ».

Si Thiers veut laisser une trace dans l'Histoire, c'est maintenant. Des élections sont prévues en 1863. Il est élu à Paris. L'exil et l'âge l'ont mûri. « Dans la position que mon âge m'a donnée, je n'ai besoin de flatter aucun pouvoir sur la terre, ce que je veux ce n'est pas menacer, c'est avertir. » Il ne va pas s'en priver. Député d'opposition indépendant, il s'empare de la tribune. Sept années durant, il harcèle le régime à travers quarante grands discours consacrés aux institutions, aux questions économiques et à la politique étrangère.

Le 11 janvier 1864, après douze années d'absence à la Chambre, il fait sa grande rentrée avec un discours historique sur les « libertés nécessaires », celles auxquelles les Français « ne peuvent renoncer », comme la liberté individuelle, la liberté électorale et la liberté de la presse. Il a averti : « Ce sera un dialogue entre l'Empire et moi. » Dans la péroraison, il enfonce le clou : « Qu'on y prenne garde, ce pays, aujourd'hui à peine éveillé, ce pays si bouillant, chez lequel l'exagération des désirs est si près de leur réveil, ce pays, qui permet aujourd'hui qu'on demande pour lui du ton le plus déférent, un jour peut-être il exigera. »

Autre passion de Thiers : l'économie. Sur ce plan, il est d'un classicisme total. Il nourrit une hostilité quasi maladive envers le libre-échange et, en finances, il tient une seule règle : un gouvernement doit tout payer, y compris ses erreurs ; une dette doit être amortie et le budget doit être en équilibre. Chaque année, il décortique les comptes publics et annonce que l'Empire court à la banqueroute.

C'est en politique étrangère qu'il frappe le plus l'opinion, par deux discours prophétiques qui, en mai 1866 puis en mars 1867, annoncent le désastre de 1870. Mai 1866, Thiers monte à la tribune qu'on a dû ajuster à sa petite taille. Les bancs des députés sont complets et le Tout-Paris se presse pour l'écouter. « Pourquoi cette queue de voitures dehors ? C'est M. Thiers qui donne une séance de musique de chambre », plaisante le magazine *La Vie parisienne*. Un témoin de la séance, Ludovic Halévy, raconte : « De ce petit corps, sortit une petite voix grêle et pointue [...] Et tout d'un coup, elle prit de l'accent, du corps, de l'autorité. Un grand silence se fit. »

Son discours est une charge contre le « principe des nationalités » que Napoléon III vient de mettre en œuvre avec l'unité italienne, que Thiers estime dangereuse pour la France : « On n'a jamais vu une puissance s'appliquant à élever sur sa frontière une puissance presque égale à la sienne, et avec laquelle il faudra tôt ou tard compter. » Il est un des rares responsables politiques à entrevoir les effets à long terme de l'unification italienne sur les équilibres européens : « elle sera la mère de l'unité allemande » tandis que la constitution d'une grande Allemagne et d'une Italie unifiée feront de la France une « puissance de troisième ordre ».

« Il n'y a plus une seule faute à commettre »

Le deuxième grand discours de politique étrangère, en mai 1867, précise les ultimes et néfastes conséquences de la politique de l'empereur. Les lignes ont beaucoup bougé en un an. L'Italie et la Prusse ont signé un traité d'alliance, comme Thiers l'avait prévu. Berlin et Vienne, qui avaient attaqué le Danemark en 1864 et annexé les duchés du Schleswig et du Holstein, sont maintenant en guerre : le 3 juillet 1866, l'armée autrichienne est battue à Sadowa. L'Autriche est exclue de l'Allemagne au profit de la Prusse. Tout cela sans que Napoléon III bouge le moindre grenadier !

Thiers ne décolère pas : « La question est si grave que je sortirais de ma bière pour montrer le danger qui menace la France. » Il rappelle que la France, signataire du traité de Westphalie, a son mot à dire sur l'organisation de l'Allemagne : « Le plus grand principe, qui a été proclamé alors par toute l'Europe, est que l'Allemagne doit être composée d'États indépendants liés entre eux par un simple lien fédératif. » L'inverse de la politique des nationalités. Thiers est si ému qu'il va jusqu'à évoquer ce cauchemar pour tous les Français : la perte de l'Alsace : « Cette héroïque Alsace qui, à l'époque de la Révolution, s'est défendue contre l'invasion comme aurait pu le faire une vieille province française, faudra-t-il lui dire : "Vous parlez allemand, donc il faut vous séparer de nous !" » Et Thiers de conclure sur cette terrible mise en garde : « Je vous le déclare : il n'y a plus une seule faute à commettre. »

Napoléon III, de son côté, multiplie les erreurs, au Mexique, en Italie, en Autriche, jusqu'à ce sinistre 19 juillet 1870 où il déclare la guerre à la Prusse sans alliés, sans plan de campagne. Comme Cassandre au temps de la guerre de Troie, Thiers ne cesse de mettre en garde l'empereur, mais Cassandre n'eut pas à gérer les catastrophes qu'elle avait prédites. Thiers si ! « Sauvez-nous ! Tirez-nous de là ! » lui crient les Parisiens qu'il rencontre.

L'homme de soixante-treize ans est devenu prudent. Après la chute de l'Empire, il refuse d'entrer dans le gouvernement de la Défense nationale du général Trochu et accepte seulement d'aller sonder Londres, Vienne, Saint-Pétersbourg et Florence sur l'aide diplomatique que ces pays pourraient apporter à la France. La mission échoue. Tous ses interlocuteurs lui donnent le même conseil : « Négociez ! Négociez ! »

C'est également son avis personnel. Rentré en France, il obtient du gouvernement le mandat de négocier un armistice avec les autorités prussiennes. Le 1er novembre, il rencontre Bismarck à Versailles. Son mandat est d'obtenir une suspension des combats pendant vingt-cinq jours afin de ravitailler Paris et d'organiser des élections libres sur tout le territoire. Mais très vite surgissent les pierres d'achoppement. Bismarck exige notamment la remise d'un fort de la capitale. Trois jours plus tard, le ministre des Affaires étrangères, Jules Favre, ordonne à Thiers de rompre les discussions. Thiers n'est plus qu'un simple particulier, ne possédant ni mandat, ni responsabilité gouvernementale, ni la moindre mission.

Ceux que Thiers appelle les « fous furieux », Gambetta et la délégation gouvernementale installée à Tours, continuent la lutte. Mais les armées du Nord, de la Loire et de l'Est décrochent, après quelques éphémères succès, tandis qu'à Paris la population est au bord de la famine. Dans une lettre à sa femme, Bismarck se moque de ces Parisiens réduits à « manger leurs chiens et leurs beaux chats à longs poils ». Aucune aide extérieure n'est à espérer. Au contraire, même, si l'on en croit cet éditorial du *Times* : « M. de Bismarck, avec ses éminentes facultés, ne poursuit qu'un seul but : le bien de l'Allemagne, le bien du monde entier. Puisse le peuple allemand faire son unité. Puisse la Germanie devenir la reine du continent. »

Il ne reste plus à la France qu'à reprendre les négociations le 24 janvier 1871, six jours après la proclamation du nouveau Reich allemand à Versailles. C'est Jules Favre qui s'y attelle et conclut un armistice beaucoup plus dur que celui refusé en novembre. Les forts extérieurs sont remis à l'ennemi, l'armée de la capitale est prisonnière de guerre et une rançon de 200 millions de francs est imposée à la ville.

En clair, cet armistice désarme totalement la France. Mais il permet d'organiser des élections générales, de négocier un véritable traité de paix, de sortir du provisoire dans lequel est plongé le pays depuis la chute de l'Empire et, soit dit en passant, de réinstaller Thiers sur son cheval.

Les électeurs sont appelés aux urnes dès le 8 février et donnent une écrasante majorité aux « listes de la paix » et à leur leader, Thiers, qui recueille personnellement près de 2 millions de voix et est élu dans vingt-six départements. Un double plébiscite pour lui et pour la paix.

Le 17 février, les députés le nomment « chef du pouvoir exécutif », mais le libellé lui déplaît : « Me prenez-vous pour un cuisinier ? Prenez-vous la France pour une cuisine ? » Il fait ajouter « de la République française ». Les députés royalistes, largement majoritaires, grognent un peu, mais Thiers les rassure : ce vocable est provisoire et ne préjuge en rien du « régime définitif » que se donnera le pays. Quant à lui, il « maintiendra le *statu quo* en attendant qu'il soit statué sur les institutions de la France ».

C'est ce qu'on a appelé le « pacte de Bordeaux » entre Thiers et les députés qui rêvent de rétablir la monarchie mais sont retenus par deux fortes considérations : ils sont divisés entre candidats légitimistes, orléanistes (et même bonapartistes) et ils ne sont pas pressés d'assumer les conséquences territoriales et financières de la défaite. Thiers fera la sale besogne, le roi viendra ensuite !

À peine Thiers a-t-il mis en place son gouvernement bordelais qu'il part pour Versailles négocier un « traité de paix préliminaire ». Bismarck impose un véritable chemin de croix à cet homme âgé. Tactique classique, il commence par « assouplir » l'adversaire en le flattant : « Ce n'est pas à vous que devait incomber une pareille tâche ! Je ne sais si la France vous a fait du bien, mais je sais qu'elle s'en est fait beaucoup à elle-même en vous confiant ses destinées. »

Autre tactique classique : Bismarck est le « gentil » qui doit sans cesse en référer aux « méchants », le Kaiser et le généralissime Moltke : « Je ne suis pas le maître. On me reproche d'être trop faible. » Dans un cas, au moins, son émotion semble sincère. L'écrivain Maxime Du Camp raconte : « Thiers épuisé, à bout d'arguments, laissa tomber sa tête entre ses mains, éclata en sanglots et fut sur le point de s'évanouir. Bismarck l'enleva, le coucha sur le canapé et lui dit : “Dormez, reposez-vous ; c'est trop de fatigue, vous y succomberez.” »

Cette attention n'empêche pas Bismarck de s'emparer de l'Alsace, de Metz, de la Lorraine germanophone et d'une indemnité de 5 milliards de francs-or. Au total, il atteint ses objectifs alors que Thiers se donne beaucoup de mal pour de bien maigres résultats. Belfort est finalement laissé à la France, mais en échange de l'entrée humiliante des troupes du Reich dans Paris. Et, si Bismarck accepte de ramener l'indemnité de 6 à 5 milliards, c'est grâce à l'intervention du gouvernement anglais, qui redoute qu'un tel transfert d'argent bouleverse le marché des changes européen, et non à la réaction de fierté de Thiers : « Vous voulez ruiner la France dans ses finances, la ruiner dans ses frontières ! Eh bien, qu'on la prenne, qu'on l'administre, qu'on y perçoive les impôts ! Nous nous retirerons et vous aurez à la gouverner, en présence de l'Europe, si elle le permet. »

Le 26 février, Thiers et Favre signent le « traité de paix préliminaire ». Le 1er mars, l'Assemblée de Bordeaux le ratifie dans la résignation. Les députés alsaciens-lorrains protestent solennellement. Thiers prononce un discours d'une émouvante franchise : « S'il y avait à mes yeux une seule chance de soutenir la lutte, de la soutenir heureusement, jamais je ne me serais imposé une douleur qui a été une des plus grandes de ma vie. » Et le député Edgar Quinet prédit à la tribune : « Le droit ne sort pas du fait. La cession de l'Alsace-Lorraine c'est la guerre à perpétuité sous le masque de la paix ! »

« Le massacreur de la Commune »

Thiers écrit dans ses *Notes et souvenirs* posthumes : « Quand je fus chargé des affaires, j'eus immédiatement cette double préoccupation de conclure la paix et de soumettre Paris. » Si le traité de paix a été globalement bien accepté, la gestion de la crise de la Commune a été et reste très contestée. On reproche toujours à Thiers d'avoir abandonné la ville aux insurgés pour la réduire ensuite plus sûrement et la livrer aux « fusilleurs » comme le général de Galliffet qui exécutera les communards aux cheveux blancs en leur disant : « Vous avez vu juin 1848. Vous êtes plus coupables que les autres. »

Le moins que l'on puisse dire est que le « chef du pouvoir exécutif » s'est peu soucié de la situation matérielle, psychologique et morale des habitants avant d'utiliser la force et de les enfermer dans un second siège de Paris.

Dès le 18 mars, le jour des graves incidents de Montmartre et de l'exécution de deux généraux par la foule, Thiers, installé au Quai d'Orsay avec le gouvernement, expose sa stratégie ou, plus précisément, son plan de repli, tel qu'il l'avait déjà conseillé pendant les journées de juin 1848 : quitter Paris et aller refaire l'armée en province. Les trois ministres républicains du gouvernement, Favre, Simon et Picard, s'opposent à cette dangereuse manœuvre qui implique d'abandonner la ville aux insurgés pour la leur reprendre ensuite par la force. Mais Thiers tient à cette tactique de siège. Il ordonne l'« évacuation complète de Paris » et part aussitôt pour Versailles. À Paris, l'émeute est devenue insurrection et le « chef du pouvoir exécutif », chef de guerre… civile !

Est-ce dû aux connaissances militaires acquises lors de ses recherches napoléoniennes ? En tout cas, Thiers suit personnellement la reconstitution de l'armée, qui compte bientôt cent trente mille combattants bien équipés. Le problème est que leur formation morale n'a pas suivi et que la répression sera féroce.

Le 22 mai, alors que les Versaillais entrent dans Paris, Thiers promet dans un violent discours que « l'expiation sera complète ». Il précise certes qu'elle se fera « au nom des lois et par les lois ». Mais, durant la « Semaine sanglante » du 21 au 28 mai, Versailles, et donc finalement Thiers, laisse la bride sur le cou aux soldats et à l'esprit de vengeance des officiers bonapartistes ou royalistes. Dix-sept à vingt mille communards meurent sur les barricades ou sont fusillés. Thiers le reconnaît dans ses *Souvenirs* : « L'armée se vengeait avec fureur sur les vaincus dès qu'ils étaient à sa portée. »

Et lui, est-il blanc-bleu ou est-il ce criminel dépeint par la tradition de gauche, « ce singe autorisé pour un moment à donner libre cours à ses instincts de tigre » dénoncé sans nuances par Karl Marx ? Personnellement, Thiers n'est pas sanguinaire. Chaque fois qu'un cas particulier lui est soumis, il intervient. Comme pour ce membre de la Commune, Jules Bergeret, qui risque la peine de mort et à qui il permet de quitter la France : « Eh bien, grand gamin, on a donc oublié de vous fusiller ? » Mais relever quelques gestes individuels ne suffit pas à effacer l'infamant surnom de « massacreur de la Commune ».

Le chef du pouvoir exécutif a traité avec le Reich et rétabli la paix intérieure. Il lui reste à redresser les finances, à réorganiser le pays et à lui redonner des institutions solides. Trois défis pour Thiers homme d'État.

« Je ne suis que le syndic de la faillite Bonaparte », disait-il avec humour au vu des finances laissées par le Second Empire. Recevant le gouverneur de la Banque de France en mars 1871, il avoue : « J'ai besoin d'argent. Nous sommes gueux comme des rats d'église. Nous n'avons pu réunir que dix millions : il m'en faut au bas mot deux cents ! »

Selon l'historien Périer de Féral, la guerre a coûté plus de 10 milliards, auxquels il faut ajouter les 5 milliards d'indemnités et leurs intérêts à 5 %. Or, emprunter est risqué pour un pays qui vient de connaître une défaite militaire et une guerre civile. Pourtant, en juin 1871, Thiers lance un emprunt de 2 milliards de francs à 6,25 % d'intérêt. C'est la bonne surprise ! Les épargnants affluent et apportent 4,5 milliards, dont le Trésor ne retient que 2,2 milliards. De quoi susciter l'envie de récidiver. Un an plus tard, en juillet 1872, Thiers émet une seconde opération de 3 milliards à 6,17 %. Cette fois, c'est la folie. Près d'un million de souscripteurs français et étrangers offrent plus de 43 milliards de francs à un État dont on ne sait même plus s'il s'agit d'un empire, d'un royaume ou d'une république.

La rançon sera payée, mais la France doit rembourser ces emprunts. Car, sous Thiers, l'État rembourse ses dettes ! Pour amortir la dette, un seul remède : augmenter les impôts. Pour la seule année 1871, six lois fiscales majorent les taxes existantes ou en créent de nouvelles. Sont frappés, dans des fourchettes allant de 20 à 100 %, le sucre, le café, les épices, les alcools, le papier, les débits de boissons, les timbres, etc. En moins de quatre ans, le pays a rétabli ses finances, relevé ses ruines, relancé son économie, réorganisé son armée, payé une rançon colossale et libéré son territoire. Le dernier franc est versé à Berlin le 5 septembre 1873 et le 16, à 7 heures du matin, les derniers soldats allemands ont quitté Conflans et Jarny en Lorraine.

Le fondateur de la République

La libération du territoire et l'acclimatation de la République : n'est-ce pas là un magnifique bilan pour un homme d'État qui a dirigé le pays à peine plus de deux ans ? « Chef du pouvoir exécutif » puis, à partir d'août 1871, « président de la République », il exerce, selon la formule de Jacques Bainville, « une sorte de dictature du bon sens flatteuse pour son ambition, une sorte de stathoudérat parlementaire ».

Mais, peu à peu, Thiers se détache du « pacte de Bordeaux » et entre en conflit avec la droite monarchiste. Le 13 novembre 1872, il abat ses cartes à l'Assemblée : « La République existe ; elle est le gouvernement légal du pays ; vouloir autre chose serait une nouvelle révolution et la plus redoutable de toutes... La République sera conservatrice ou elle ne sera pas. » Thiers vient de livrer le fond de sa pensée. La grande explication avec les monarchistes approche. La gauche ne s'y trompe pas. *La République française*, le journal de Gambetta, écrit : « La journée d'hier est décisive dans l'histoire de France. M. Thiers vient de couper le câble. Il a rompu avec la monarchie. »

Les monarchistes enragent mais doivent encore patienter. Thiers a engagé avec l'Allemagne des négociations sur une libération anticipée du territoire. Les Français ne pardonneraient jamais à un parti qui les aurait fait échouer. Les monarchistes se contentent de préparer l'assaut en limitant l'accès du président à la tribune. Cependant, lorsque est signé le nouveau traité avec l'Allemagne en mars 1873, les chiens sont lâchés.

Le 23 mai, Albert de Broglie, le leader des monarchistes, somme le gouvernement de choisir entre le « camp conservateur et les radicaux qui préparent la revanche légale de la Commune ». Thiers veut répondre, mais on lui oppose le nouveau règlement. Le président de la Chambre, qui est du complot, décrète que Thiers parlera le lendemain dans une séance uniquement consacrée à son audition. Le jour dit, Thiers affiche la couleur : « Je l'affirme : dans les masses, la République a une immense majorité. Le nombre est républicain. » Le 24 mai, Thiers est mis en minorité sur une motion déposée par un député légitimiste. Bien qu'il n'y soit pas contraint, il démissionne dans la soirée. À 23 heures, Mac-Mahon est élu président de la République. Voici venu le temps de la « République des ducs ».

Quant à Thiers, il rejoint les amis de Gambetta. Le 30 janvier 1875, il vote pour l'amendement Wallon qui se réfère à la République et qui est adopté à une voix de majorité. Deux ans plus tard, la maladresse de la droite lui apporte une dernière grande joie en cherchant à lui enlever le mérite de la libération du territoire : indignés, des députés de gauche et du centre le désignent sur son banc et s'écrient : « Le libérateur du territoire, le voilà ! »

C'était le 16 juin 1877. Thiers décède le 3 septembre à un peu plus de quatre-vingts ans. Trois jours plus tard, raconte Jules Ferry, « un million de personnes échelonnées en masse profonde de l'église Notre-Dame-de-Lorette au Père-Lachaise saluent le char d'un seul cri : “Vive la République !” ».

Bibliographie sélective

ANTONMATTEI Pierre, *Gambetta héraut de la République*, Paris, Éditions Michalon, 1999.

BAINVILLE Jacques, *Histoire de trois générations 1815-1918*, Paris, Nouvelle Librairie nationale, 1918.

BORY Jean-Louis, *La Révolution de Juillet*, Paris, Gallimard, 1972.

CHASTENET Jacques, *L'Enfance de la Troisième 1870-1879*, Paris, Hachette, 1952.

GUIRAL Pierre, *Adolphe Thiers*, Paris, Fayard, 1986.

MALO Henri, *Thiers 1797-1877*, Paris, Payot, 1932.

ROTH François, *La Guerre de 70*, Paris, Fayard, 1990.

WARESQUIEL Emmanuel de, *Talleyrand. Le prince immobile*, Paris, Fayard, 2003.

YVERT Benoît (dir.), *Premiers ministres et présidents du Conseil depuis 1815. Histoire et dictionnaire raisonné*, Paris, Perrin, 2002.

14

Jules Ferry (1832-1893)

Le progrès dans l'ordre

par Samuël Tomei

« Ça n'était pas un malhonnête homme. Mais du point de vue de l'intelligence, c'était un homme au-dessous du médiocre, pas fichu de rien faire, pas fichu de dire deux mots[1]. » Ces propos sur Jules Ferry tenus par son ennemi le plus féroce, Clemenceau, à la fin de sa vie, sont excessifs au point qu'on pourrait y déceler, il n'en était pas avare, une provocation. Or, même ses adversaires ne sauraient disconvenir que Ferry, par son œuvre scolaire, coloniale et institutionnelle, a été, pour reprendre les mots de Mona Ozouf, « un artisan majeur de l'identité française[2] ».

1. *Clemenceau parle encore. Dialogues avec Jean Martet*, présenté par Jean-Noël Jeanneney, Paris, CNRS Éditions, coll. « Biblis », 2017, p. 284.

2. Mona Ozouf, *Jules Ferry. La liberté et la tradition*, Paris, Gallimard, 2014, p. 9.

L'expérience gouvernementale de Jules Ferry, ministre du gouvernement de la Défense nationale, puis, pendant la période 1879-1885, deux fois président du Conseil, trois fois ministre de l'Instruction publique et une fois ministre des Affaires étrangères, ne dura qu'un peu plus de quatre années cumulées. À l'aune de cette brièveté, son bilan impressionne.

La propédeutique ministérielle des années 1870-1871

Né à Saint-Dié en 1832 dans un milieu aisé, Jules Ferry fit son droit à Paris pour devenir avocat. Collaborateur du *Temps*, il se distingua comme opposant républicain à l'Empire, notamment en publiant en 1868 un recueil de ses articles sous le titre *Les Comptes fantastiques d'Haussmann*, ouvrage qui lui conféra une certaine notoriété. Élu député du département de la Seine en 1869, il siégea dans les rangs de l'opposition. L'effondrement du régime impérial le précipita dans l'action.

Secrétaire du gouvernement de la Défense nationale, il fut nommé délégué près l'administration du département de la Seine. Son rôle consista à assurer le ravitaillement de la capitale pour gagner du temps face à l'avancée des Prussiens, laquelle, début septembre 1870, poussa plusieurs ministres à gagner Tours pour former une délégation gouvernementale. La ligne était alors celle de la fermeté, affirmée par Jules Favre à Bismarck au château de Ferrières : « Ni un pouce de notre territoire, ni une pierre de nos forteresses. » Pendant le siège de Paris, du 20 septembre 1870 jusqu'au 28 janvier 1871, Ferry veilla à ce que la capitale tînt le plus longtemps possible, pendant que Gambetta, envolé par ballon le 7 octobre pour rejoindre Tours où se trouvait la délégation du gouvernement, organisait la résistance depuis la province pour « surexciter le sentiment de la défense[3] ». Ferry dut également contenir les poussées insurrectionnelles et se révéla un homme d'ordre et de mesure. Le 31 octobre, après l'annonce de la défaite du Bourget et l'envoi de Thiers à Versailles pour parlementer avec Bismarck, alors que les manifestants qui y étaient hostiles séquestraient les ministres à l'Hôtel de Ville, Ferry parvint à s'échapper et, avec Trochu, à la tête de nombreux bataillons de la garde nationale, mata la tentative de soulèvement sans effusion de sang. Soucieux d'asseoir la légitimité du gouvernement, dès le 3 novembre, il convoqua les électeurs pour qu'ils se prononcent sur la conservation par ce dernier de ses pouvoirs : quelque 558 000 Parisiens contre 63 000 répondirent par l'affirmative. Il organisa dans la foulée l'élection des maires d'arrondissement et de leurs adjoints, tous favorables au gouvernement, sauf ceux des XIXe et XXe. La perspective de l'instauration d'une Commune s'en trouva ainsi différée. Ferry prit alors la succession d'Étienne Arago, démissionnaire, comme maire de Paris. Le rationnement alimentaire dû au siège, les habitants en étant réduits à manger du cheval, du chat, du chien, voire du rat, le rendit très impopulaire et lui valut le surnom de « Ferry famine ». Il s'efforçait, comme Trochu dont il louait alors l'audace, l'intelligence et la ferveur républicaine, de résister tant aux « monarchistes et [aux] capitulards » d'un côté, qu'aux « effarés et [aux] malfaiteurs » de l'autre[4]. Le 22 janvier 1871, après l'échec de la sortie de Buzenval, les opposants à la capitulation manifestèrent place de l'Hôtel-de-Ville, exigeant la démission du

3. *Enquête parlementaire sur les actes du gouvernement de la Défense nationale. Déposition des témoins*, t. I, Versailles, Cerf, 1872, p. 393 (audition de Jules Ferry, séance du 24 juin 1871).

4. *Lettres de Jules Ferry 1846-1893*, Paris, Calmann-Lévy, 1914, p. 97 (lettre à Gambetta, Paris, 9 janvier 1871).

gouvernement, et, ici encore, l'ordre fut rétabli, mais cette fois on releva plusieurs morts. Jusque-là partisan de la guerre à outrance, donc de Gambetta, à qui il écrivait le 15 décembre que « le tout » était de tuer des Prussiens, d'en « tuer des monceaux » afin de les lasser, et qu'il faudrait défendre la France quand bien même Paris serait dompté, « comme si Paris n'existait pas », estimant qu'il ne restait plus qu'une dizaine de jours de vivres – il se targuerait, devant la commission d'enquête parlementaire sur les actes du gouvernement de la Défense nationale, d'avoir pu faire tenir la capitale quatre mois et demi avec à peine plus de deux mois de vivres –, Ferry, comme ses collègues, pencha pour l'armistice : « [...] Nous avons tenu, jusqu'au moment où il a été certain qu'il n'y avait plus rien à faire pour la défense[5]. » Il se rapprocha par conséquent de Thiers, le salut étant selon lui dans les élections, seules à même de retremper la République. Aussi le 8 février 1871 reprocha-t-il à Gambetta, acculé à la démission, de ne pas se rendre à l'évidence que le combat était perdu[6]. Honni à Paris, élu député dans ses Vosges natales, Ferry poursuivit néanmoins son action à la tête de la capitale alors que l'Assemblée nationale nouvellement constituée s'installait à Versailles. Un nouveau gouvernement fut constitué, Adolphe Thiers étant élu chef du pouvoir exécutif. Quand, à la mi-mars, les Parisiens, hostiles à l'entrée des Prussiens dans leur ville, voulurent s'emparer des canons de la garde nationale, notamment ceux situés à Montmartre, Ferry, ne prenant pas au sérieux les tentatives de négociation du maire de l'arrondissement, Georges Clemenceau, préconisa, lors de la réunion du gouvernement, que les autorités les reprennent « de force [...] par une opération

5. *Enquête parlementaire, op. cit.*, p. 417, séance du 27 juin 1871.

6. *Lettres de Jules Ferry 1846-1893, op. cit.*, p. 99-106 (lettre à Gambetta, Paris, 8 février 1871).

militaire bien conduite, par un coup de main exécuté la nuit ou de grand matin[7] ». C'est ainsi qu'agit le pouvoir, le 18 mars ; mais l'insurrection gagna en puissance au point que les ministres durent fuir à Versailles. Ferry s'échappa le dernier de l'Hôtel de Ville, alors que la foule réclamait sa tête. Hostile à la Commune, il rentra dans Paris avec les troupes versaillaises après la Semaine sanglante, fin mai. La rupture était consommée entre la gauche modérée et les radicaux, Jules Favre ayant déjà, le 10 mai, signé le traité de Francfort aux termes duquel la France cédait l'Alsace-Moselle au nouvel Empire allemand. Par un décret du 5 juin, Thiers remplaça Ferry comme préfet de la Seine par Léon Say. Le lendemain, dans une lettre à son frère Charles, Ferry dressa le bilan de la période écoulée : « Neuf mois de pouvoir, neuf mois d'angoisses, neuf mois d'outrages et de calomnies, neuf mois de responsabilités et de calvaire[8]. »

À l'issue de sa première expérience du pouvoir, Ferry se révéla un ministre républicain libéral, conservateur et démocrate, hostile aux courants avancés du parti républicain. Même si, paradoxalement, son rayon d'action en tant que ministre fut avant tout municipal, il acquit ses galons d'homme de gouvernement par son sens de l'intérêt général, sa capacité à heurter l'opinion et un courage physique certain. On peut considérer ces quelques mois à un moment dramatique de l'histoire de France – la défaite face aux Prussiens, le siège et la Commune – comme une propédeutique, un épisode structurant. Cette expérience le convainquit plus que jamais de la nécessité, pour les républicains modérés, de « sérier les questions », d'accomplir les réformes au moment

7. *Enquête parlementaire sur l'insurrection du 18 mars. Déposition des témoins*, t. II, Versailles, Cerf, 1872, p. 65 (audition de Jules Ferry, séance du 23 juin 1871).

8. *Lettres de Jules Ferry 1846-1893, op. cit.*, p. 121.

opportun – Ferry serait dès lors une des grandes figures de ce qu'on appellerait l'opportunisme, par opposition au radicalisme.

Comme tous les fondateurs de la IIIe République, Jules Ferry n'a pas attendu le désastre de Sedan pour considérer que l'instruction publique devait constituer l'épine dorsale du régime républicain : l'un de ses maîtres n'était-il pas Edgar Quinet, auteur de *L'Enseignement du peuple* – son livre de chevet – et sa référence Condorcet, le plus puissant théoricien de l'école de la République ? Ils n'en avaient pas tous la même lecture, mais les républicains de l'époque s'estimaient fils de la Révolution française. La logique est simple : le peuple étant souverain, il doit être éclairé et son instruction dégagée de l'emprise des dogmes religieux et politiques et, à cette fin, obligatoire, gratuite et laïque. Déjà quand il combattait l'Empire, Ferry avait prononcé un retentissant discours, salle Molière, le 10 avril 1870, assignant aux temps à venir la mission de « faire disparaître la dernière, la plus redoutable des inégalités qui viennent de la naissance, l'inégalité d'éducation ». Il fit alors « le serment », vivement applaudi par l'auditoire, de consacrer à l'éducation du peuple tout ce qu'il avait d'intelligence, d'âme, de cœur et de puissance physique et morale. Il appelait de ses vœux un programme complet d'éducation qui forme à la fois l'homme et le citoyen. Novateur (et stratège), inspiré par Victor Duruy, il entendait que les filles soient éduquées sur un pied d'égalité avec les garçons, car, reprenant une idée courante à l'époque, « les évêques le savent bien : celui qui tient la femme, celui-là tient tout », l'enfant et le mari… Il fallait donc, sous peine de mort pour la démocratie, arracher la femme à l'Église pour qu'elle appartînt à la Science – libératrice de l'homme, pour le positiviste qu'était Ferry[9].

---

9. Jules Ferry, *La République des citoyens*, t. I, présenté par Odile Rudelle, Paris, Imprimerie nationale, 1996, p. 60-75.

Par surcroît, étant admis que l'ignorance était en bonne partie responsable de la défaite face aux Prussiens, il fallait réarmer la France moralement et intellectuellement.

Fondateur de l'école de la République

La République dut toutefois attendre le tournant de 1879 pour devenir républicaine avec la conquête des trois piliers du régime établi par les lois constitutionnelles de 1875 : Sénat, Chambre des députés et présidence de la République. Symboliquement, les Chambres rentrèrent à Paris puis, l'année suivante, *La Marseillaise* devint hymne national et le 14 juillet fête nationale. Commençait alors la République opportuniste qui dut lutter sans relâche contre la droite cléricale et résister à l'inflexibilité des radicaux-socialistes menés par Clemenceau.

Le 4 février 1879, sous la houlette de William Waddington, on confia à Jules Ferry le ministère de l'Instruction publique et des Beaux-arts, « celui du gouvernement des âmes », selon l'historien nationaliste Jacques Bainville, qui écrirait à raison que ce bourgeois de bonne tenue était « modéré en tout, sauf sur ce point qu'il se chargeait d'"arracher la France aux directions catholiques"[10] ». Cette politique d'affranchissement de l'individu, donc d'affranchissement du peuple – puisque la laïcité est la conjugaison de la souveraineté de l'individu et de la souveraineté de la nation – supposait la laïcisation de l'école publique. Si Jules Ferry ne partait pas

10. Jacques Bainville, « La IIIe République 1870-1935 », dans *La Monarchie des lettres. Histoire, politique & littérature*, édition établie et présentée par Christophe Dickès, Paris, Robert Laffont, coll. « Bouquins », 2011, p. 452-453.

de rien, il n'en a pas moins considérablement renouvelé le système scolaire, donnant à l'école de la IIIe République sa structure.

L'instituteur, « modeste ouvrier de la civilisation », est, selon Ferdinand Buisson, « l'homme de confiance de la République ». Il doit donc être solidement formé. La loi du 9 août 1879, renouant avec l'esprit de la loi Guizot de 1833, prévoit donc que chaque département devra, dans les quatre ans, comporter une école normale d'instituteurs (encore huit départements en manquent) et une école normale d'institutrices (soixante-huit départements en sont dépourvus) – dont sortiront les fameux « jeunes hussards de la République[11] ». Les directeurs de ces écoles et les professeurs qui y enseigneront devront suivre pendant trois ans les cours de l'École normale supérieure de Saint-Cloud pour les garçons, créée en 1881, et de celle de Fontenay-aux-Roses pour les filles, fondée un an plus tôt et où s'illustrera la personnalité exceptionnelle de Félix Pécaut, un « Saint-Cyran laïque, philosophe et républicain[12] », qui « allumer[a] une flamme sacrée[13] » dans l'âme des futures directrices. La loi du 27 février 1880 vise quant à elle à laïciser et professionnaliser le Conseil supérieur de l'instruction publique et les conseils académiques. Deux lois furent promulguées le 16 juin 1881. L'une exige des instituteurs un brevet de capacité pour enseigner – les instituteurs congréganistes ne pourront donc plus se prévaloir d'une simple lettre d'obédience. L'autre instaure la gratuité, suivant le principe de la Révolution selon lequel « l'enseignement primaire étant l'ensemble des connaissances indispensables à tout citoyen,

11. Charles Péguy, « L'argent », dans *Œuvres en prose complètes*, t. III, Paris, Gallimard, « Bibliothèque de la Pléiade », 1992, p. 801.

12. Auguste Sabatier, « Félix Pécaut », *Le Temps*, 2 août 1898.

13. Lettre de Félix Pécaut à Lucienne March, Étampes, 16 août 1890 (archives privées de Lucien Carrive).

il doit être payé sur la "bourse commune"[14] ». L'obligation eût dû venir avant la gratuité, mais le Sénat fit obstacle – l'obligation impliquant la neutralité, donc la laïcité –, et ce ne fut qu'après le renouvellement partiel de la Chambre haute de janvier 1882 que la loi fut définitivement adoptée puis promulguée le 28 mars, rendant obligatoire l'instruction pour les enfants des deux sexes de six à treize ans, leur parcours étant couronné par le certificat d'études. En outre, les cours de morale religieuse seront remplacés par une instruction morale et civique, une morale indépendante des dogmes, « la bonne et antique morale que nous avons reçue de nos pères et mères », dira Ferry dans sa *Lettre aux instituteurs* du 17 novembre 1883.

Chaque mesure fut combattue pied à pied par la droite et il fallut à Ferry se frayer un chemin au sein même de la majorité républicaine, certains, comme Paul Bert, qui lui succéda à l'Instruction publique pendant le « grand ministère » Gambetta, du 14 novembre 1881 au 22 janvier 1882, manifestant un anticléricalisme plus offensif. La laïcisation des locaux scolaires fut malgré tout réalisée avec mesure. Celle du personnel fut quant à elle difficile à obtenir, et ce serait René Goblet qui parachèverait l'œuvre de Ferry : pas moins de vingt-cinq séances seraient nécessaires pour que le Sénat vote la loi finalement promulguée le 30 octobre 1886.

Si l'essentiel de l'effort de Ferry se concentra sur l'école élémentaire, il réforma également l'enseignement secondaire, promouvant en particulier la construction d'établissements pour les filles. Pour ce qui est de l'enseignement supérieur (pour Ferry,

---

14. Article « Jules Ferry » par Ferdinand Buisson, dans *Dictionnaire de pédagogie et d'instruction primaire.*

http://www.inrp.fr/edition-electronique/lodel/dictionnaire-ferdinand-buisson/document.php?id=2754 selon Buisson, « la source vive de la science, le réservoir où sans cesse se répandent, dans la société tout entière, les connaissances et les lumières, le plus précieux trésor de l'humanité[15] »), l'une des mesures les plus significatives fut l'attribution à l'État du monopole de la collation des grades. Le ministre ne parvint toutefois pas à interdire aux congrégations non autorisées d'enseigner, et dut reculer face à une hostilité franche et massive (ce qu'on appela la bataille de l'article 7, *in fine*, donc, retiré de la loi relative à la liberté de l'enseignement supérieur, qui serait promulguée le 18 mars 1880).

L'école de Jules Ferry entendait combiner l'instruction publique émancipatrice de Condorcet et l'éducation nationale intégratrice d'un Quinet, une école, donc, libérale, patriotique et morale – il s'agissait de forger un spirituel républicain, d'entretenir une mystique républicaine. Malgré ses imperfections, et même si elle ne correspondit pas tout à fait à l'épure condorcétienne, elle aura été celle, dans l'histoire de la République, qui s'en rapprocha le plus.

Ministre de l'Instruction publique à trois reprises pour d'assez brèves périodes, dont deux fois en cumulant cette fonction avec celle de président du Conseil, comment expliquer que Ferry ait pu laisser une empreinte aussi profonde que durable ? D'abord, il avait un projet longuement mûri, clair et complet ; ensuite, sa vision de l'instruction était partagée par la majorité républicaine qui, on l'a dit, en avait fait la priorité du régime ; enfin, il a su nommer les personnalités idoines à la bonne place : Louis Liard à l'enseignement supérieur, Charles Zévort à l'enseignement secondaire et, surtout, Ferdinand Buisson à l'enseignement primaire, directeurs qu'il réunissait chaque soir pour faire le point. Buisson resta à son poste pendant presque dix-sept ans ; alors que

---

15. *Ibid.*

le ministère a changé de titulaire à vingt reprises pour quinze ministres différents, c'est lui qui, un des meilleurs connaisseurs de l'école, jour après jour, a construit l'édifice, pierre par pierre. C'est que l'administration contribue à la continuité de l'État : « [...] de grands commis restent en place – ils peuvent accomplir leur œuvre », écrit Fernand Braudel, ajoutant : « Songez à Vauban, songez à Ferdinand Buisson qui a fabriqué l'école laïque sous la IIIe République[16]. » Sans Ferry (et ses successeurs qui, malgré leur diversité, s'accordaient sur l'importance de l'enjeu), pas de Buisson, et, sans Buisson, pas d'école.

Loin de la ligne bleue des Vosges

La volonté de Bismarck, après sa victoire de 1870-1871, de maintenir la France isolée au sein d'une Europe monarchique, le conduisit à soutenir les républicains. Puis il employa le moyen de la colonisation pour susciter des dissensions entre Paris et Rome puis entre Paris et Londres. Au congrès de Berlin de 1878, le chancelier allemand suggéra ainsi aux Français qu'ils pourraient s'établir en Tunisie.

Les opportunistes au pouvoir y virent l'occasion pour la France de recouvrer ses forces militaires et économiques dans une Europe désormais dominée par l'Allemagne et le Royaume-Uni. Président du Conseil une première fois de septembre 1880 à novembre 1881 puis de février 1883 à mars 1885 – en même temps que ministre des Affaires étrangères à partir de novembre 1883 –, Jules Ferry mit ainsi un terme à la politique dite « de recueillement » qui suivit la débâcle de 1870.

16. Fernand Braudel, *Les Ambitions de l'Histoire*, Paris, Éditions de Fallois, 1997, p. 537.

L'expédition tunisienne, qu'il décida avec le concours de la Chambre, eut pour prétexte la sécurisation de la frontière algérienne contre les incursions des Kroumirs. Le président du Conseil eut l'habileté de rendre solidaires les questions algérienne et tunisienne pour légitimer la possession de cette « clef de notre maison ». Le 13 mai 1881, lendemain de la signature du traité du Bardo instaurant le protectorat, Gambetta écrivit à Ferry : « La France reprend son rang de Grande Puissance[17]. » Le 23 mai, un seul député vota contre la ratification. Après les élections de fin octobre, sommé de s'expliquer par les députés, Ferry avança qu'il s'agissait pour la France d'assurer « le triomphe de la civilisation sur la barbarie *(murmures à droite)*, la seule forme de conquête que la morale moderne puisse admettre[18] ». Affaibli par les attaques de Clemenceau, qui le harcelait sur la question coloniale, Ferry démissionna le 10 novembre 1881. Comme le craignaient les radicaux, l'opération tunisienne froissa l'Italie – cette dernière ayant des intérêts en Tunisie et la volonté de s'y installer plus encore –, ce qui permit à Bismarck d'arrimer la péninsule à l'Allemagne et à l'Autriche-Hongrie avec la signature de la Triple-Alliance le 20 mai 1882. Les radicaux parvinrent à faire capoter toute intervention française en Égypte aux côtés des Britanniques, Clemenceau faisant à cette occasion chuter le ministère Freycinet. Revenu aux affaires en février 1883, Ferry poursuivit sa politique : il stabilisa la situation à Madagascar et continua la colonisation de l'Afrique noire.

Bénéficier des bonnes grâces de Bismarck pour sa politique extérieure faisait de « Ferry l'Allemand » une cible de choix pour les radicaux mais aussi pour la droite. Après avoir établi

17. *Lettres de Gambetta 1868-1882*, Paris, Grasset, 1938, lettre n° 474.

18. Jules Ferry, *La République des citoyens*, *op. cit.*, t. II, p. 243 (extrait de la séance du 5 novembre 1881).

le protectorat français sur l'Annam (25 août 1883), le ministre accentua l'intervention française au Tonkin, qui donnait accès au marché de la Chine du Sud. Il s'agissait en outre de ne pas laisser les Britanniques avancer seuls leurs pions en Extrême-Orient et, par ailleurs, ici aussi, pour la France d'assurer son rôle de soldat de la civilisation. À force d'une activité diplomatique intense, Paris parvint à un accord avec Pékin, sur le point d'être signé au moment où une dépêche en provenance de Lang Son faisant état d'un recul français fut surinterprétée en métropole. La rumeur publique accusa « Ferry-Tonkin », le voua à la mort. Ses explications à la tribune de la Chambre n'y firent rien, et Clemenceau, ce 30 mars 1885, mit un terme définitif à la carrière ministérielle du Vosgien : « Ce n'est pas un ministre, ce ne sont plus des ministres que j'ai devant moi, ce sont des accusés de haute trahison *(Rumeurs au centre. – Oui ! Oui ! à droite et à l'extrême gauche)* sur lesquels, s'il subsiste encore en France un principe de responsabilité et de justice, la main de la loi ne tardera pas à s'abattre. » Jules Ferry aura été parmi les hommes politiques français les plus haïs – ainsi, deux ans plus tard, il n'aurait pas raison d'une violente campagne (ni des manœuvres de Clemenceau) et serait battu à l'élection présidentielle ; une semaine plus tard, il serait blessé par deux balles tirées par un déséquilibré.

Ferry tâcha par sa politique extérieure de renforcer le rôle international de la France, par son activité diplomatique de ne pas s'aliéner les autres puissances européennes, c'est-à-dire de jouer le jeu de Bismarck mais au service des intérêts du pays. À cette volonté de rétablir le prestige du vaincu de 1870 s'ajoutaient un but économique – on connaît sa fameuse formule selon laquelle la colonisation était fille de la révolution industrielle – et une visée idéologique – la France républicaine avait le devoir moral de civiliser les « races inférieures » en leur apportant notamment l'instruction et les bienfaits de la science. Enfin, au lieu du système rigide et autoritaire de la colonisation, il préférait la relative souplesse du protectorat. C'est notamment ce qu'il expliqua aux députés le 30 juillet 1885, quelques mois après sa chute. Clemenceau répliqua par un discours souvent cité dans lequel il pourfendait la violence de l'entreprise coloniale, qui de surcroît dispersait nos forces et coûtait plus cher qu'elle ne rapportait, un discours qui ruinait l'idée qu'il y aurait un droit de races soi-disant supérieures à civiliser les races considérées comme inférieures.

Une République plus libérale et plus démocratique

Bâtisseur de l'école de la République, promoteur d'une politique d'expansion, Ferry marqua également l'histoire institutionnelle. La révision des lois constitutionnelles de 1875 exacerba la division entre radicaux et opportunistes. Les premiers exigeaient leur démocratisation immédiate et la plus poussée : suppression du Sénat (ou tout au moins son élection au suffrage universel), suppression de la présidence de la République (ou tout au moins abrogation du droit de dissolution de la Chambre) – autant de vestiges d'Ancien Régime pour un républicain de stricte observance. Si bien qu'ils créèrent une ligue révisionniste. Les opportunistes considéraient pour leur part que le pays n'était pas encore prêt pour les réformes décisives et entendirent républicaniser modérément les lois constitutionnelles. La bataille parlementaire fut rude entre ceux qui dénonçaient la « révision infinitésimale » (selon Camille Pelletan) envisagée par Ferry et ceux qui, avec ce dernier, pourfendaient un intransigeantisme à leurs yeux source de désordre et nuisible à l'enracinement de la République. Pour les uns, les lois de 1875 étaient une machine de guerre braquée sur le suffrage universel ; pour les autres, le bon instrument pour installer pas à pas la République.

En faisant échec à une révision intégrale par un Congrès souverain, le président du Conseil parvint à ses fins. La loi du 14 août 1884 dispose qu'il est mis un terme à l'élection de sénateurs inamovibles (ils sont alors 75 sur 300) ; on élargit en outre un peu le collège électoral, sans toutefois renoncer à l'élection indirecte. Autres éléments importants de la réforme : on supprime les prières publiques prononcées le dimanche suivant la rentrée parlementaire et, surtout, désormais, « la forme républicaine du gouvernement ne peut faire l'objet d'une proposition de révision » et les membres des familles ayant régné sur la France sont inéligibles à la présidence de la République. Ferry fit donc sortir les lois de 1875 de leur ambiguïté en fermant la voie à toute restauration monarchique ou impériale : « Oui ! c'est pour la dignité de la République, plus encore que pour sa sécurité, que nous vous demandons de déclarer qu'elle est désormais la forme définitive du gouvernement. *(Oui ! oui ! et applaudissements à gauche. – Exclamations ironiques à droite)* », avait-il déclaré aux deux Chambres réunies en Assemblée nationale le 11 août 1884. C'était la fin de la République provisoire.

Autre point commun avec tous les républicains de son temps, Ferry tenait pour les libertés locales. Président du Conseil pour la seconde fois, il fit voter la loi du 5 avril 1884 aux termes de laquelle les maires et leurs adjoints sont élus pour quatre ans (comme les députés), les séances du conseil municipal étant publiques – loi qui ne concerne pas Paris, souvenir de la Commune oblige. Même si le préfet conserve une tutelle financière sur la commune, cette loi est « la loi essentielle et utile de la République, celle qui mieux que toute autre a assuré son triomphe et sa durée », écrira en 1932 Albert Thibaudet, qui résumera par cette formule sa pensée : « La République est le régime du maire élu[19]. » Le radical Édouard Herriot, grand admirateur de Ferry, ira dans le même sens : « La commune est la cellule essentielle de la patrie[20]. »

L'ancien opposant à l'Empire fut également à l'origine de trois grands textes libéraux. La loi du 30 juin 1881 sur la liberté de réunion rompt avec la logique autoritaire de l'autorisation préalable, remplacée par une déclaration préalable. La fameuse loi du 29 juillet 1881, sur la liberté de la presse, supprime toute mesure préventive, le délit d'opinion et instaure le droit de réponse. Elle a contribué, grâce aussi aux progrès de l'instruction, à un essor sans précédent de la presse. Puis, après un parcours législatif difficile, la loi sur les syndicats professionnels, promulguée le 21 mars 1884, octroie aux syndicats la personnalité civile. Loi modeste, mais, si Jules Ferry était libéral sur le plan philosophique, il l'était également en matière économique – ce qui le distinguait nettement des radicaux. Pour lui, l'État n'avait pas à mener de politique sociale active et devait veiller aux grands équilibres budgétaires : ni protectionnisme, ni grands travaux, ni politique du logement[21]. La République sociale attendrait.

*

Battu aux législatives de 1889, il retrouva un siège de parlementaire au Sénat deux ans plus tard. Élu président de la Chambre haute le 24 février 1893, il mourut trois semaines plus tard.

---

19. Albert Thibaudet, « Les idées politiques de la France », dans *Réflexions sur la politique*, édition établie par Antoine Compagnon, Paris, Robert Laffont, coll. « Bouquins », 2007, p. 173.

20. Édouard Herriot, *Jadis. Avant la Première Guerre mondiale*, Paris, Flammarion, 1949, p. 172.

21. Jean-Michel Gaillard, *Jules Ferry*, Paris, Fayard, 1989, p. 421.

La modération de Jules Ferry n'empêchait pas qu'il fût ferme – une force trempée dans les épreuves du siège de Paris et de la Commune. Cultivé, orgueilleux, cet opiniâtre ministre se révéla habile tacticien parlementaire et, l'Histoire le confirmera, bon stratège de l'établissement de la République dans la durée.

Si ses adversaires de la gauche radicale-socialiste regrettèrent la minceur de son bilan au regard des promesses faites sous l'Empire, ils ne pouvaient contester que Ferry avait procédé à la première des deux grandes séparations que suppose une République digne fille de la Révolution : celle de l'école publique d'avec les Églises. Il aura ainsi réalisé une partie cardinale de leur programme… Il fut également un grand colonisateur (plutôt qu'un colonialiste[22]) et aura ainsi conforté la puissance internationale de la France – mais à un prix qui lui est désormais imputé à grief. Enfin, par ses réformes institutionnelles, il rendit la République un peu plus républicaine.

Homme des impulsions décisives, Jules Ferry aura contribué à donner à la IIIe République ses principaux traits : enseignante, impériale, démocratique et libérale.

22. Mona Ozouf, *Jules Ferry. La liberté et la tradition*, *op. cit.*, p. 85.

Bibliographie sélective

Ferry Jules, *Lettres 1846-1893*, Paris, Calmann-Lévy, 1914.

—, *La République des citoyens*, présenté par Odile Rudelle, 2 vol., Paris, Imprimerie nationale, 1996.

Gaillard Jean-Michel, *Jules Ferry*, Paris, Fayard, 1989.

Ozouf Mona, *Jules Ferry. La liberté et la tradition*, Paris, Gallimard, 2014.

Rudelle Odile, *La République absolue 1870-1899*, Paris, Publications de la Sorbonne, 1986.

Tomei Samuël, *Ferdinand Buisson (1841-1932). Protestantisme libéral, foi laïque et radical-socialisme*, Lille, ANRT, 2004.

15

Waldeck-Rousseau
(1846-1904)
L'homme qu'on n'attendait pas

par Christophe Bellon

En juin 1899, René Waldeck-Rousseau prend la tête de ce qui sera le plus long gouvernement de la IIIe République. À l'issue de cette période, sa majorité est victorieuse aux élections législatives de 1902. Il choisit cependant de se retirer de la vie publique, tel Cincinnatus, et meurt deux années plus tard. Trop jeune pour écrire ses Mémoires, mort à cinquante-sept ans, Waldeck-Rousseau glisse rapidement dans l'oubli. Il laisse cependant une œuvre considérable, injustement évaluée depuis. Les manuels d'histoire le retiennent comme le chef de la défense républicaine, alors que sévit l'affaire Dreyfus, moment essentiel qui vit s'élever la France républicaine contre la France catholique. Au-delà, il reste probablement l'un des grands ministres de l'Intérieur du régime républicain, installé place Beauvau à trois reprises : avec Gambetta d'abord, dans le « grand ministère » ; avec Jules Ferry ensuite ; à son propre compte enfin, comme président du Conseil. Il entretint l'image de celui qui ne voulait pas le pouvoir ; il le conquit pourtant. D'une intégrité presque maladive, il l'exerça avec un détachement et un désintéressement qui lui assurèrent une grande autorité. Pendant toute sa vie publique, de ses débuts à sa sortie, il est l'homme qu'on n'attendait pas.

Penser la République, ou le pouvoir par défaut

René Waldeck-Rousseau se construit dans l'ombre et l'admiration de son père, qui fut député à la Constituante en 1848, catholique et ardent défenseur de la République, et dont il choisit de porter le prénom. La politique a été une rude réalité pour ce père intègre et scrupuleux, soutien de Cavaignac, défenseur des sociétés de secours mutuel. Déçu par la vie publique et meurtri par le coup d'État, il se réfugie dans son métier d'avocat. À Nantes, où naît son fils, sa carrière lui apporte renommée, popularité et succès aux élections municipales. Il reste que l'échec de son parcours national est lourdement vécu par la famille.

René fils surmonte ce sentiment d'injustice en recevant de sa mère une éducation janséniste qui laisse peu de place à l'apitoiement et qui le pousse vers le meilleur, en dépit de tous les obstacles. Après avoir vaincu de graves problèmes oculaires, il mène des études de droit sans éclat, d'abord à Poitiers, puis à Paris ; il obtiendra sa licence au bout de cinq ans. Il admire Lamartine et son *Jocelyn*, s'enthousiasme aussi pour Baudelaire et ses *Fleurs du mal*, bercé dans une forme de romantisme suranné qui peut le rassurer. À ses heures perdues, il se passionne pour la peinture, à laquelle il ne cessera de s'adonner avec un certain talent.

Pour ce jeune homme laborieux, le choix du métier d'avocat est l'aboutissement d'un long chemin semé d'embûches, où il a fait l'apprentissage du doute. Dans une correspondance quotidienne avec sa mère, qui s'étendra sur vingt-cinq années, il s'émeut régulièrement de ne pouvoir réussir ce qu'il entreprend et, se rappelant l'enfant jadis chétif qu'il fut, se voit en jeune adulte vulnérable : il se plaint régulièrement de son tempérament « de jeune fille fragile ». Il n'a alors que vingt-deux ans. Il exprime son admiration pour les idées républicaines dans un essai intitulé *Ce qui tue les Républiques*, qui sera publié après sa mort.

Les relations politiques de son père lui procurent des rencontres qui seront décisives pour son devenir, non point en raison de l'importance des personnalités qui l'accueillent, mais par l'effet qu'elles provoquent sur lui. Il fait la connaissance de Jules Simon et de Jules Favre, croise Adolphe Thiers, après avoir soutenu vigoureusement Émile Ollivier en 1869. Mais Jules Dufaure reste son maître à penser. Leurs tempéraments sont similaires ; peu diserts, détestant prendre la parole en public, d'une capacité de travail hors du commun, menant enfin une existence quasi monacale, ils détonnent dans une classe politique aux ambitions bavardes et affirmées.

Devenu avocat, à Saint-Nazaire puis à Rennes, Waldeck est rapidement à son aise dans un métier qui le contente, dès ses premières plaidoiries. Sa renommée grandit, sans qu'il s'en aperçoive vraiment, occupé à traiter des affaires de plus en plus importantes. Les dix années qu'il passe à Rennes le comblent. La solitude ne lui pèse pas, et il s'émeut à peine, le soir venu, que quelques dossiers soient ses seuls compagnons réguliers.

Alors que les lois constitutionnelles de 1875 tentent d'ancrer la République plus durablement et que les forteresses de la droite conservatrice tombent, il est encouragé par ses succès d'avocat à s'intéresser à la politique. Dans la ville de Rennes, la République s'installe progressivement, encerclée par des campagnes restées royalistes. Waldeck-Rousseau défend la République, mais sa crainte de l'engagement, peut-être liée au souvenir de son père, lui fait d'abord redouter l'appel de la politique. Chemin faisant, à son corps défendant et après avoir promis le contraire à sa mère, il franchit cependant le pas de la candidature. Il aura fallu pour cela la lettre d'un ancien préfet à ses parents pour les dissuader d'entretenir leur fils dans une image négative et désabusée de la vie publique. Une élection partielle se présente en 1879 ; il est élu, dès le premier tour. Le voici engagé, un peu malgré lui.

Waldeck-Rousseau avait surpris en se portant candidat ; il est aussi le député qu'on n'attendait pas. Quelques mois seulement après son élection à la Chambre, le voici rapporteur d'un texte essentiel pour la « République aux républicains » : la réforme de la magistrature. Contre nombre de républicains authentiques, le député d'Ille-et-Vilaine part à l'assaut de l'inamovibilité des juges, un combat qu'il mène tout en finesse et qui aboutira quelques années plus tard. Il aura entre-temps fait ses armes et gagné ses galons de législateur ardent et efficace, mais respectueux de la procédure et des institutions. Il est adepte de l'urgence, quand la culture parlementaire nécessite de prendre son temps. Il avance, sous l'œil admiratif de Gambetta, qui l'a arraché aux troupes ferrystes.

Gouverner la République par l'affirmation de l'État

Waldeck-Rousseau commence par refuser de devenir ministre, comme, deux années plus tôt, il avait décliné l'engagement politique. Il ne peut résister bien longtemps à l'offre qui lui est faite, d'autant qu'il reçoit, *in pectore*, l'accord inquiet de ses parents. Entre 1881 et 1884, il fait donc l'apprentissage du gouvernement républicain. Dans les premières semaines, ses coups d'essai sont des coups de maître. Auprès de Gambetta, qui lui propose à trente-quatre ans le ministère de l'Intérieur, le député de

Rennes vit au cours des quelques mois du « grand ministère » (novembre 1881-janvier 1882) une expérience originale. Parmi les républicains qui entourent le grand tribun, rares sont les spécialistes du droit. Waldeck, malgré sa jeune expérience, fait donc figure d'expert juridique de la « camarilla gambettiste », ainsi nommée par ses concurrents directs, proches de Jules Ferry. Numéro deux de Gambetta, le jeune ministre de l'Intérieur a carte blanche et fait des jaloux.

Il prend à bras-le-corps l'objectif d'une réorganisation intégrale de son ministère. Sa circulaire aux préfets, datée de novembre 1881, est un acte d'autorité qui tranche dans la pratique. Gambetta, mi-surpris, mi-conquis, déclare à ses amis inquiets de tant de fougue : « avec cela, nous vivrons trois mois, ou nous vivrons trois ans ». De plus, la promotion, en quelques semaines, du scrutin de liste, aux lieu et place du scrutin d'arrondissement qui a fait la République, dérange et inquiète. Elle dresse contre ses promoteurs enthousiastes tout ce que le jeune régime compte d'arrondissementiers. Waldeck-Rousseau se moque des oppositions, même quand elles viennent de son camp. C'est une des forces de son caractère. Quant à Gambetta, elles le stimulent, au risque, parfois, de l'aveugler : il est question, par exemple, de réviser les lois constitutionnelles pour y inscrire la réforme électorale. À la recherche contrariée du bon gouvernement, les deux hommes croient pouvoir faire confiance à leur majorité. Mais dans celle-ci, on craint les excès d'autorité de Gambetta qui, de plus, a perdu de son prestige parmi les républicains les plus avancés. Mis en minorité, le gouvernement tombe en janvier 1882 et, avec lui, le gambettisme. Il faut alors sauver l'unité républicaine.

Waldeck, par fidélité et probablement aussi par conviction, relève le gant. Au chevet d'un État qu'il souhaite plus efficace et garant de toutes les libertés, il démontre sa bonne foi dans une activité parlementaire débordante. Président du groupe parlementaire qui s'en réclame à la Chambre, il supplée un Gambetta qui s'est réfugié dans le silence, sans s'effacer complètement. Ayant posé le diagnostic d'un mauvais fonctionnement démocratique, qui englue la décision politique dans les lenteurs de processus émollients, il rédige l'ordonnance : il y a « nécessité pour la République d'être un gouvernement ». Plus de dix ans après sa création, elle n'en a toujours pas le visage.

Gambetta survit onze mois à sa chute. Il appartient à ses proches de faire fructifier son héritage. Waldeck-Rousseau hésite de nouveau à s'engager. Au début de 1883, Jules Ferry a entrepris d'absorber dans l'opportunisme le courant gambettiste. Répondant à ses avances avec discernement, Waldeck-Rousseau accepte de retourner au ministère de l'Intérieur, dans un gouvernement que l'on a vite surnommé le cabinet Ferry-Waldeck-Rousseau. Le voici une nouvelle fois, mais pour deux ans (1883-1885), dans la situation de *secundus a rege*. Il ne changera ni le cap ni le style qu'il s'était fixés lors de sa première expérience gouvernementale.

L'autorité doit être l'arme indispensable de la loi. La querelle des prétendants que la mort de Gambetta a provoquée fait mieux comprendre cette obsession du ministre. Les manifestations séditieuses lui donnent du crédit, même quand il s'agit d'arrêter, sans états d'âme, Louise Michel, l'une des meneuses. Place Beauvau, on veut aller plus loin dans l'affirmation de la puissance de l'État. La réforme du code pénal de 1810, autour de l'idée de relégation des récidivistes, rencontre un certain assentiment majoritaire. Dans le même temps, le ministre veut achever la réforme par laquelle il s'était fait connaître, en souhaitant faire de l'État l'« intendant de la démocratie » : il s'attaque ainsi aux feux mal éteints de la réforme judiciaire. Pour éviter la dilution de l'autorité dans les faiblesses du régime, une révision constitutionnelle est nécessaire : Ferry et Waldeck en acceptent le principe, à l'été 1884, mais à condition d'en inspirer le contenu.

Transformer la République du gouvernement parlementaire passe par la déclinaison d'un libéralisme d'État : l'État se veut autoritaire d'abord pour préserver les libertés fondamentales. À la manière de Guizot, Waldeck-Rousseau propose d'enrichir la fabrique parlementaire de grandes lois sur les libertés publiques : ainsi de la loi du 5 avril 1884 relative à l'organisation municipale, véritable « loi de Pénélope » où se dessine la République au village. En outre, la suppression des sénateurs inamovibles est la mesure phare de la révision constitutionnelle. Grâce à une majorité nouvelle, moins fondée sur l'unanimité républicaine que sur la recherche de l'union de tous les républicains opportunistes, Ferry et Waldeck-Rousseau naviguent sans grand encombre. Mais Waldeck met un prix à son association au gouvernement du député des Vosges : une politique sociale volontariste qui, à ses yeux, pourra seule régénérer la République. Ferry accepte ce risque politique pour garder Waldeck à ses côtés : le ministre de l'Intérieur prend en charge, dans une association originale, les affaires sociales.

Régénérer la République par la question sociale

L'engagement social du ministre est bien établi. Mais il veut aller plus loin, tant qu'il en a le pouvoir, et familiariser les républicains avec la question sociale. Or les opportunistes et, en large partie, leurs concurrents directs, les radicaux, sont loin d'être versés dans ce domaine ! Le ministre de l'Intérieur fonde son action sur la richesse de son activité parlementaire passée. Il a défendu la responsabilité des patrons en matière d'accidents du travail, a promu les sociétés de secours mutuel si chères à son père, a assuré la protection de l'enfance et des enfants abandonnés. Il a travaillé à l'institution d'un système de garantie collective des caisses d'épargne. En 1884, il veut dépasser ces premières mesures législatives, en développant son intérêt pour la méthode de l'arbitrage.

Alors que les socialistes menacent de faire du droit de grève un symbole de leur action politique, Waldeck-Rousseau cherche une réponse en donnant un cadre libéral à l'action des syndicats. Il pousse à l'adoption, au terme d'un long parcours législatif, de la loi du 21 mars 1884 qui donne un cadre juridique aux associations professionnelles. Dans son esprit, il ne s'agit que d'une étape vers la construction du droit général des associations ; mais, pour l'heure, il s'en contente, car sa majorité ne lui permet pas d'aller au-delà. Ferry, que l'on dit effrayé par l'engouement de son ministre pour la question ouvrière, n'est guère disposé à le suivre plus loin. Viendra, quinze ans plus tard, à l'initiative du même Waldeck, l'élargissement de ce droit à toutes les associations.

Si Waldeck-Rousseau a pu consacrer plus de dix-huit mois à la réforme sociale, c'est que, par ailleurs, l'hypothèque laïque a été levée. Anticlérical mesuré, Waldeck n'a jamais repris à son compte la dénonciation, par Gambetta ou Paul Bert, du cléricalisme comme « ennemi ». Il avait d'ailleurs refusé, en 1881, l'intégration des affaires cultuelles dans son portefeuille ministériel, dans la crainte d'avoir à s'exprimer de la sorte. Élevé dans la tradition catholique, le ministre de l'Intérieur ne se voyait pas exprimer des propos désobligeants à l'encontre de la religion. Ayant entendu établir et entretenir, sa vie durant, une relation personnelle à Dieu, en dehors de toute médiation ecclésiale, il traita toujours la question laïque avec discernement, œuvrant à la constitution de l'association politique indépendamment de la norme religieuse.

Dubitatif sur l'article 7 de la loi de 1880, l'ancien élève de l'Externat des enfants nantais défendait en principe la liberté de l'enseignement, mais il finit par se rallier à peu près à toutes les lois laïques du cabinet Ferry, où il accepta la responsabilité des cultes. Il se contenta de veiller à ce que la laïcisation de la vie sociale fût réalisée tranquillement, sans choquer les consciences. Dépassant les combats laïques de première ligne, il imposa, dans l'ombre de Jules Ferry, un esprit nouveau avant l'heure, ouvrant la possibilité de la réforme dans d'autres domaines.

Waldeck-Rousseau n'a jamais recherché le pouvoir pour le pouvoir. Après deux années ininterrompues au ministère de l'Intérieur, il est satisfait de le quitter. Des raisons plus sombres expliquent son épuisement, au début de 1885 : la République reste difficilement gouvernable ; ses travers et ses pesanteurs nécessitent chez quiconque veut la dompter une abnégation totale et difficilement tenable dans l'exercice du pouvoir.

En réserve de la République : les leçons du pouvoir

Le 30 mars 1885, à la chute du ministère Ferry, Waldeck-Rousseau prend ses distances avec la vie politique et ministérielle, refusant de participer à un nouveau gouvernement. Alors qu'il n'a pas quarante ans, l'ancien ministre éprouve une lassitude de plus en plus prononcée pour la politique. Les hésitations et les erreurs des républicains l'ont déçu. C'est l'heure des premières amertumes. On essaie de le retenir, de l'attirer sur les listes républicaines de plusieurs départements. Rien n'y fait. Il parle maintenant de « dégoût » de la politique : « Tout cela me laisse froid. [...] Je me soucie d'être député comme d'une guigne et encore les guignes sont un fruit savoureux, tandis que le mandat de député ne produit que des fruits amers[1]. » Seul bémol à ce désenchantement : le scrutin de liste qu'il a défendu est appliqué au renouvellement de la Chambre de 1885. C'est vraisemblablement la raison qui le pousse, *in extremis*, à se porter candidat sur la liste républicaine d'Ille-et-Vilaine : il est réélu député.

Dans les années qui suivent, il ne siège que par intermittence : « l'aveuglement et la courte vue des gens de mon parti m'écœurent. Lors même que je le voudrais, il n'y a rien à faire et je ne le veux pas[2] ». Alors que le président Grévy est poussé à la démission, Waldeck-Rousseau constate le climat politique délétère, notamment au Palais-Bourbon : « La Chambre fait carnage de tout ; voilà ce que c'est que d'avoir laissé vivre cette bête féroce[3]. » L'affaire Boulanger est un coup de massue : « le détraquement devient général et la politique va comme une sarabande[4] », regrette-t-il, en se mettant « hors champ » de la vie publique.

Il se console avec son métier d'avocat. Inscrit au barreau de Paris à partir de 1886, c'est le temps des grandes plaidoiries. Il redevient un avocat d'affaires en vue, riche et au portefeuille étoffé de clients prestigieux, d'Émile Zola au pape Léon XIII. Son temps n'est consacré qu'au travail : « Je sors très peu, je ne reçois que l'indispensable, je ne dîne pas en ville, je n'ai pas de monde à déjeuner, et je travaille avec acharnement[5]. » Il plaide partout en France, de Vannes à Aix-en-Provence, de Saint-Lô à Bar-le-Duc. En trois ans, il intervient dans plus de trois cents procédures. L'avocat impressionne autant que le ministre par

1. Bibliothèque nationale de France (BnF), NAF 28971, C.6, lettre à sa mère, 19 août 1885.

2. Bibliothèque de l'Institut (BI), Ms 4563, lettre à sa mère, lettre 115, 18 août 1886.

3. BI, Ms 4563, lettre à sa mère, 1887.

4. *JO*, Débats, Chambre des députés, séance du 3 juillet 1888.

5. BI, Ms 4563, lettre à sa mère, 14 juin 1885.

son autorité naturelle et son indépendance. On insiste sur son apparence statique et ses plaidoiries au cordeau qui le faisaient apparaître, selon Maurice Barrès, comme « figé dans son silence, tel un brochet dans sa gelée[6] ».

Les changements survenus dans sa vie publique ont gagné aussi son univers privé. Waldeck-Rousseau épouse, le 7 décembre 1888, Marie Durvis, la belle-fille du savant Charcot. L'ancien ministre, célibataire de quarante-deux ans, se trouve, du jour au lendemain, marié et père de famille. Cette nouvelle vie le notabilise. Le salon de sa femme, dans leur hôtel particulier de la rue de l'Université, nécessite qu'il croise le « Tout-Paris », ce qu'il a en horreur. Accédant à la grande bourgeoisie, notamment à son train de vie financier, il ne parvient pas à accepter cette nouvelle existence et ses obligations très éloignées de sa propre éducation et de son goût personnel pour la discrétion.

Le retour en politique, impératif mais inattendu

La stabilisation républicaine, après le moment Boulanger, n'a pas échappé à Waldeck-Rousseau. Les conditions d'une véritable République modérée semblent voir le jour plus tôt qu'il ne l'espérait, avec le ralliement à la République des catholiques et la diffusion d'un esprit nouveau. L'ancien ministre se fend de plusieurs discours sur sa manière d'entrevoir une République enfin apaisée. Il se rend compte bien vite que le chemin de retour vers le pouvoir est escarpé. Après s'en être détourné, faut-il le réemprunter ? L'approche de la cinquantaine a adouci son ressenti de 1885. Apparaît chez cet être taciturne la crainte de voir laissé trop longtemps le régime républicain sans capitaine.

6. Maurice Barrès, *Leurs figures*, Paris, Plon, 1932, p. 194.

Le retour de Waldeck en politique est soumis à un préalable : il lui faut d'abord reconquérir un mandat parlementaire, pour bénéficier d'une tribune. L'occasion arrive plus tôt que prévu, avec une élection sénatoriale partielle dans le département de la Loire, en 1894. Il la saisit ; il est élu. Qui s'y attendait réellement ? Probablement même pas lui-même. À l'étroit dans la Chambre haute, il profite de l'élection présidentielle anticipée de janvier 1895, provoquée par la démission de Jean Casimir-Perier, pour se porter candidat à la magistrature suprême. Plusieurs observateurs ont vu dans cette précipitation la manifestation visible d'une stratégie politique redoutable. Il n'en est nullement question. Poussé vraisemblablement par quelques proches, il a souhaité se compter en testant sa candidature auprès de Chambres plusieurs fois renouvelées depuis qu'il avait exercé la fonction de ministre. Le voici à nouveau en situation inattendue, affrontant une élection à laquelle rien ne le destinait à concourir si vite. Après ce tour de piste infructueux, ses priorités et l'ambition qu'il assigne à son nouveau mandat de sénateur ne tardent pas à venir : il veut s'engager dans la réforme parlementaire, au nom d'une décision politique efficace. Waldeck-Rousseau fournit alors le *vade-mecum* du bon parlementaire pour quiconque veut œuvrer au bien commun.

Un retour au premier plan nécessite aussi de créer un *leadership* politique, en l'occurrence chez les progressistes. Cette ambition, qui est d'abord un pragmatisme, tient en trois mots : une revue, un programme, un parti. C'est ainsi que l'ancien ministre de l'Intérieur s'appuie sur la *Revue politique et parlementaire* comme vecteur de communication de ses idées. Il élabore un programme d'action qui doit servir de fer de lance à un mouvement politique conçu comme un club à l'anglaise. Dans une période où les partis politiques n'existent pas encore, Waldeck fait figure de précurseur, en lançant le Grand Cercle républicain, le 22 mars 1898, en vue des élections législatives du printemps. Rêvant d'un bipartisme à l'anglaise, il s'imagine en leader d'un parti républicain libéral.

Après Gambetta et Ferry, le dernier des trois au secours de la République

Le succès escompté aux élections de 1898 n'est pas au rendez-vous. Waldeck-Rousseau s'en désole, mais constate que, si le pays a des institutions parlementaires, il n'a pas de « mœurs parlementaires ». La crise politique née de l'affaire Dreyfus fait fi de ce type de considération. L'heure est grave. Waldeck-Rousseau, longtemps discret sur l'Affaire, ne tarde plus à passer du terrain judiciaire au terrain politique. Le 28 février 1899, il monte à la tribune du Sénat pour combattre le projet de loi de dessaisissement de la chambre criminelle de la Cour de cassation. Il estime que les nationalistes sont peu nombreux, mais déterminés. Il faut donc agir et ne pas donner l'impression de la faiblesse. Avec le renvoi, le 3 juin, du capitaine Dreyfus devant le conseil de guerre de Rennes, les événements s'enchaînent, donnant corps à la crise politique. Le lendemain, le président Loubet est frappé par un royaliste. Le 12, le gouvernement Dupuy est renversé.

Le 22 juin 1899, après une première tentative, Waldeck-Rousseau forme le gouvernement et obtient une majorité de combat, des socialistes jusqu'à l'aile gauche des progressistes. Il n'est pas le choix premier du président de la République. Poincaré tenait la corde, quand plusieurs personnalités, Bourgeois, Brisson ou Deschanel, avaient renoncé à s'engager, devant la situation difficile du pays. Le sénateur de la Loire rappellera que, de nouveau, dans cette autre séquence de sa vie publique, il n'était pas attendu : « Les avenues qui conduisent au pouvoir, toujours si bruyantes, ne présentaient pas à ce moment leur animation coutumière[7]. » Le courage reconnu à Waldeck tenait en quelque sorte « du devoir sans récompense autre que celle que procure la conscience de son seul accomplissement[8] ».

Président du Conseil, il retrouve, pour la troisième fois, le ministère de l'Intérieur, à la tête duquel sa première mission est de rétablir l'ordre républicain. Dans ce but, il forme un gouvernement resserré et à sa mesure : « Il faut que chacun accepte d'avance ce que je pourrai faire[9] », déclare-t-il à son jeune ministre des Finances, Joseph Caillaux. L'audace de la combinaison ministérielle vient du choix de deux hommes dont la présence dans le gouvernement est largement commentée. Alexandre Millerand, ministre du Commerce, qui a la charge de la politique sociale, est le premier socialiste membre d'un gouvernement. En outre, pour mettre l'armée au pas, il fallait un chef militaire qui bénéficiât de l'autorité nécessaire. Malgré son passé de « fusilleur de la Commune », le général-marquis de Galliffet, prince des Martigues, ancien gambettiste, entre donc au ministère de la Guerre, sous les huées de la gauche. Pari réussi pour Waldeck, selon Georges Leygues, son ministre de l'Instruction publique : « Lorsqu'on le vit arriver au pouvoir, avec son courage tranquille, son élégance nonchalante, cet homme qui, depuis tant d'années, se dérobait au pouvoir, tout à coup, on se sentit rassuré[10]. »

Waldeck-Rousseau se donne trois mois pour agir. Galliffet fait revenir le calme dans l'armée, après avoir déclaré : « Silence dans les rangs ! » Il fallait aussi en terminer avec l'affaire Dreyfus. Le

---

7. Cité par Paul Reynaud, *Waldeck-Rousseau*, Paris, Grasset, 1913, p. 177.

8. *La Revue diplomatique*, 2 juillet 1899, p. 2.

9. BN, NAF, 24887, lettre 87.

10. Cité par Jacques Raphaël-Leygues, *Georges Leygues. « Le père » de la marine. Ses carnets secrets de 1914-1920*, Paris, Éditions France-Empire, 1983, p. 37.

chef du gouvernement et son ministre de la Guerre travaillèrent seuls tout l'été pour qu'une solution rapide, rassurant l'opinion et mettant un terme aux troubles dans le pays, pût aboutir. Lorsque le conseil de guerre de Rennes condamne Dreyfus le 9 septembre, Waldeck et Galliffet tombent d'accord sur une solution de compromis, capable de remplir le double objectif de sortir de l'Affaire rapidement et de sauver tout aussi vite Alfred Dreyfus : la grâce du capitaine est accordée par Loubet le 19 septembre. Le calme revient. « L'incident est clos ! » déclare Galliffet.

Entre-temps, le chef du gouvernement, appuyé sur son ministre de la Guerre et sur Louis Lépine, qu'il a fait revenir à la préfecture de police de Paris, a dû faire face à la menace nationaliste. Après l'arrestation immédiate des activistes, il met un terme à l'épisode estival et grotesque du fort Chabrol. À la rentrée des Chambres, la République est sauvée. Waldeck-Rousseau peut inaugurer, place de la Nation, *Le Triomphe de la République*, la statue de Dalou. Et pour clore la séquence de l'apaisement, il fait voter l'amnistie pour toutes les actions judiciaires se rattachant à l'affaire Dreyfus. Galliffet peut quitter le cabinet, considérant que sa mission est terminée.

Un compromis laïque et social pour une République durable

Pour consolider la République qu'il vient de sauver, le chef du gouvernement propose son grand projet associatif. Par la capacité donnée au citoyen de créer librement une association, Waldeck fait valoir l'engagement civique pour la République. Mais il veut par le même texte mettre de l'ordre dans le développement, jugé désordonné et dangereux, des congrégations. Sur ce plan, le chef du gouvernement a plus de mal à faire passer ses idées. Il estime que l'autorisation d'existence des congrégations relève du pouvoir exécutif ; la majorité parlementaire entend réserver ce pouvoir à la loi, dans une claire intention restrictive. Waldeck, soucieux de défendre le principe de l'association, a laissé faire, ne mesurant sans doute pas quel profit un gouvernement franchement anticlérical pourrait tirer du recours au Parlement. Il se contente de défendre la paroisse contre le monastère, les séculiers contre les ordres réguliers. Son compromis laïque inclut le respect du Concordat, traité qui lie l'État à l'Église catholique et qui ne lui semble raisonnablement pas pouvoir être rompu.

Parallèlement à la définition du régime des associations et des congrégations, Waldeck-Rousseau laisse à son ministre Millerand le soin de promouvoir de nouvelles politiques sociales. Mais une vague de grèves d'une ampleur inédite, de l'été 1899 à l'été 1901, l'oblige à intervenir. Des ouvriers grévistes lui ont adressé des demandes réitérées d'arbitrage ; des associations ouvrières entament leurs réunions par le vote de motions de reconnaissance à son égard. Des conflits du Creusot jusqu'à ceux de Saint-Étienne, Waldeck-Rousseau se trouve sur la brèche et parvient, par sa médiation, à faire cesser les fortes tensions entre patrons et ouvriers. Il s'engage dans la voie de l'arbitrage obligatoire des conflits du travail.

En point d'orgue des chantiers entrepris, Waldeck-Rousseau suscite la réforme de l'enseignement secondaire, après le succès de l'Exposition universelle inaugurée le 14 avril 1900. La réforme du baccalauréat et la réduction de la part des humanités à l'avantage des sciences, comme la réorganisation du passage du premier au second degré de l'enseignement public, furent les priorités gouvernementales.

Les ultimes combats

Les élections législatives du printemps 1902 sonnent la fin de l'expérience Waldeck-Rousseau et des trente-six mois de ce gouvernement à l'exceptionnelle longévité. Certes, son action à la présidence du Conseil lui a permis de réaliser une prouesse politique : les élections sont remportées par la majorité sortante, où dominent socialistes et radicaux. Mais pour lui, son choix est fait : il se retire des affaires, probablement pour préparer l'élection présidentielle, après quelques mois de repos. Il propose à Loubet de nommer à sa succession Combes qui, dans son esprit, devait être un chef de gouvernement de transition. Le zèle de Combes à se saisir de la loi de 1901 pour engager une politique laïque intense efface la modération de son prédécesseur, sa prudence et sa clairvoyance. Waldeck s'en tient à quelques réactions dans l'hémicycle du Sénat. Atteint d'un cancer du pancréas, il s'éteint le 10 août 1904.

Ministre et président du Conseil, il aura montré ce qu'il avait fallu de courage pour gouverner en modéré, lui que le pouvoir n'avait intéressé que pour les possibilités qu'il donne de peser sur le destin des hommes. L'éloge funèbre que prononce le président du Sénat, le 18 octobre 1904, dit l'essentiel : « Waldeck-Rousseau montra ce qu'un homme d'État véritablement digne de ce nom peut inspirer de confiance lorsque à la vue nette des choses s'ajoutent le sentiment du devoir et le parti pris de ne rien entreprendre sans la résolution d'aboutir[11]. »

11. *JO*, Débats, Sénat, séance du 18 octobre 1904, p. 876.

Bibliographie sélective

Charles-Ernest Joseph, *Waldeck-Rousseau*, Paris, Éditions de la Revue bleue, [1903].

Deschamps Gaston, *Waldeck-Rousseau. Orateur et homme d'État*, Paris, Charpentier et Fasquelle, 1905.

Haraucourt Gaston, *Waldeck-Rousseau intime*, Paris, Imprimerie nationale, 1905.

Leyret Henry, *Waldeck-Rousseau et la Troisième République (1869-1889)*, Paris, Charpentier et Fasquelle, 1908.

Péguy Charles, « Le testament politique de Waldeck-Rousseau », *Cahiers de la Quinzaine*, Cinquième cahier de la sixième série (VI-5), 22 novembre 1904.

Pezant Jean-Louis, *Écrits*, Paris, Éditions Lextenso, 2011.

Reynaud Paul, *Waldeck-Rousseau*, Paris, Grasset, 1913.

Sorlin Pierre, *Waldeck-Rousseau*, Paris, Armand Colin, 1966.

Waldeck-Rousseau René, *Pour la République (1883-1903)*, Paris, Charpentier et Fasquelle, 1904.

—, « Ce qui tue les Républiques », *Revue de Paris*, 1908, vol. 15(3).

16

Georges Clemenceau (1841-1929)

Un ministre réformiste en milieu agité ou hostile

par Sylvie BRODZIAK

« Tombeur de ministères » dans les années 1880, « Tigre », « briseur de grèves », « premier flic de France » à partir de 1906, « père la Victoire » en 1918, la carrière politique de Georges Clemenceau fut longue et a marqué l'histoire de la France et de l'Europe depuis le Second Empire jusqu'à la veille de la crise de 1929. Né en Vendée en 1841, carabin monté à Paris, il fut tour à tour enfermé dans Paris assiégé en 1870, médecin des pauvres à Montmartre, maire du XVIIIe arrondissement, président du conseil municipal de la ville de Paris en 1875, député de la Seine en 1881 puis du Var en 1885, dreyfusard lors de l'Affaire. En 1893, victime d'une campagne de presse mensongère lors du scandale de Panamá, il perd son siège de député, et entame sa « traversée du désert » qui dure jusqu'en 1902, date à laquelle il est élu sénateur du Var. Quatre ans plus tard, il quitte le palais du Luxembourg pour devenir ministre dans le gouvernement Sarrien, qu'il remplace en tant que président du Conseil du 25 octobre 1906 jusqu'au 20 juillet 1909. Sa première expérience politique à l'échelle nationale le confronte à une crise économique et sociale inédite en ce début de siècle. Ministre de l'Intérieur, il est chargé d'éteindre les feux de la contestation ouvrière ; il s'en acquitte et, chef du gouvernement, s'emploie à réaliser un programme qu'il veut social. En novembre 1917, c'est encore dans un contexte de grand trouble qu'il est nommé président du Conseil par le président de la République Raymond Poincaré. Devenu ministre de la Guerre et président du Conseil du 15 novembre 1917 au 18 janvier 1920, il mène la France à l'armistice et à la paix. Le 16 janvier 1920, au Sénat, lors du traditionnel vote pour désigner le candidat à la présidence de la République, Paul Deschanel est choisi. Clemenceau, blessé et fatigué, sait que sa carrière s'achève, il jette l'éponge, remet sa démission à Poincaré, et, dès février, part en voyage loin des ors de la République.

1906, enfin ministre !

Lorsque, le 14 mars 1906, le président du Conseil, le radical Sarrien, réunit chez lui ses futurs ministres pour converser autour d'un verre, il est saisi, dit l'anecdote, par la repartie de Clemenceau à sa banale question : « Que prendrez-vous ? » « L'Intérieur », lui répond sans hésiter son hôte, lui soufflant par là même le portefeuille convoité. Sarrien, quelque peu froissé, se rabat alors sur la Justice et constitue un gouvernement de ténors progressistes, destiné à apaiser les dissensions apparues à gauche au sein de l'Alliance démocratique, ou Bloc des gauches : Aristide Briand, exclu du Parti socialiste, est ministre de l'Instruction et des Cultes, Raymond Poincaré est aux Finances, Léon Bourgeois aux Affaires étrangères, Gaston Doumergue au Commerce, à l'Industrie et au Travail, Louis Barthou aux Travaux publics. Âgé de soixante-cinq ans, le nouveau ministre de l'Intérieur Georges

Clemenceau est un « vieux débutant ». Revenu dans l'arène politique en 1902 comme sénateur, il a participé avec vigueur au débat sur la loi de séparation des Églises et de l'État. Sans parti, sa qualité d'électron libre à gauche, intransigeant et résolument anticlérical, inquiète tout autant ses amis que ses adversaires. Ainsi en est-il de Briand qui, tout en adhérant à sa conception sociale et démocratique de la République, souhaite ne pas entrer en conflit ouvert avec lui et a suggéré au terne Sarrien[1] de faire entrer dans son gouvernement le « républicain de bataille », l'« ennemi juré de Ferry », le dreyfusard dont il se méfie.

Il faut dire que le rédacteur en chef du *Bloc*, journal qu'il fabrique seul du 27 janvier 1901 au 25 mars 1902, n'a cessé d'étriller le personnel politique de l'époque, dénonçant son immobilisme ou son idéalisme stérile. Pour exemple, le dimanche 3 février 1901, dans son hommage au journaliste communard Lissagaray, mort le 25 janvier, il conclut : « C'est grâce à l'immodération des Lissagaray que des jeunes comme Barthou, Poincaré, Deschanel, peuvent assoupir dans la graisse les passions généreuses dont ils n'auront connu que le salaire. » Malgré sa traversée du désert entre 1893 et 1902, à nouveau au premier plan avec l'affaire Dreyfus, Clemenceau demeure impatient et énergique et n'a de cesse de se démarquer des « Millerand, Waldeck-Rousseau, Méline, Lanessan, Baudin, Barthou, Poincaré, Deschanel, Doumer, toute la bande "*des hommes pratiques*" qui nous ont fait par leur science du *relatif* (oh combien !) la belle République où nous vivons[2] ».

1. Surnommé « Ça rien » par ses adv

2. *Le Bloc*, 17 février 1901.

Face aux grèves et aux émeutiers

Nommé ministre de l'Intérieur, il va affronter l'exigeante réalité du pouvoir. Immédiatement, il se trouve confronté à l'agitation sociale qui, depuis 1904, perdure sous de multiples formes. Votée le 9 décembre 1905, la loi de séparation des Églises et de l'État, en ordonnant la mise en œuvre des inventaires des biens de l'Église et des congrégations dans chaque paroisse, suscite de virulentes oppositions et aboutit parfois à de véritables drames. Les fidèles barricadés dans des églises, des monastères ou des couvents refusent d'obtempérer aux ordres des procureurs généraux de la direction générale de l'Enregistrement. Après la résistance à l'inventaire de Sainte-Clotilde le 1er février à Paris, puis la parution de l'encyclique *Vehementer nos*, le 11 février, qui condamne la séparation et appuie implicitement les catholiques, de violents incidents se produisent dans l'Ouest, le sud-est du Massif central et en Flandre, à la ville comme à la campagne. Le 6 mars, la tragédie de Boeschèpe, petite commune du nord de la France où le fils du percepteur abat un cabaretier venu assaillir l'église en compagnie de cent cinquante à deux cents opposants à l'inventaire, ébranle non seulement l'opinion publique, mais aussi le ministre de l'Intérieur, partisan inconditionnel de l'ordre républicain mais redoutant depuis toujours la violence et le bain de sang. En conséquence, le 16 mars, il envoie une note secrète aux préfets leur enjoignant de poursuivre les inventaires sans user de la force publique et même leur demande de les interrompre au moindre signe de résistance parce que, explique-t-il : « Nous trouvons que la question de savoir si l'on comptera ou ne comptera pas des chandeliers dans une église ne vaut pas une vie humaine. » Les esprits s'apaisent de part et d'autre.

Plus périlleuse et difficile est la gestion du conflit qui suit la catastrophe de Courrières, le 10 mars, dans le premier bassin minier du Nord-Pas-de-Calais. Ce jour-là, un coup de grisou ensevelit 1 644 mineurs, dont 1 099 ne rejoindront jamais le jour vivants. Dès le 14 mars, une grande grève éclate spontanément. Clemenceau débarque le 17 mars à Lens, malgré l'opposition du président du Conseil Sarrien. Il n'arrive pas en terre inconnue. En 1884, la commission d'enquête parlementaire sur les grèves d'Anzin qu'il a présidée a été sa rencontre liminaire avec le mouvement ouvrier. Politique venu du bocage vendéen, député de la Seine, il ne connaît que très partiellement le peuple et le travail de la révolution industrielle. Dans son ouvrage *La Mêlée sociale*, paru en 1895, le chapitre intitulé « Dans les mines » expose l'impact de cette enquête sur ses choix politiques et sociaux et sur son appréhension des luttes ouvrières. Surpris, à l'époque, par la violence patronale et « la tyrannie de la compagnie d'Anzin », il pose le droit de grève nécessaire et inaliénable comme un impératif que les patrons comme l'État doivent respecter, reconnaît sans réserve l'indispensable droit syndical qui protège tout autant des patrons que du pouvoir en place, et érige en absolu le droit à l'égalité, au respect et à la protection de la République.

En mars 1906, encore marqué par le souvenir de son premier voyage, le « pays du Nord » accueille favorablement le ministre de l'Intérieur. On aime la rapidité de sa réaction : Clemenceau a « sauté » dans le train, reconnaissant à son tour l'importance du conflit et manifestant l'intérêt et le souci de la République pour les mineurs du Pas-de-Calais. Son fameux discours de Lens commence ainsi : « Je ne viens pas pour discuter leurs revendications mais pour rassurer les ouvriers que leur droit de grève serait pleinement respecté » ; la presse le juge conciliant et juste tout en reconnaissant « le geste spontané et crâne par lequel M. Clemenceau voulut affirmer son respect de la loi[3] ». La loi qui est, selon le ministre, le droit de grève mais aussi la liberté

3. Henri Turot, *La Petite République*, 19 mars 1906, p. 1.

du travail dans une République sociale ordonnée parce que « le premier besoin d'une société, la première condition d'une société, c'est l'ordre. Il doit régner avant tout ; sans lui, c'est le troupeau. On peut arriver à l'ordre par la violence ou par la liberté, la justice et le droit. La violence ne saurait rien fonder[4] ».

Aussi, après avoir négocié avec la Fédération des mineurs dite le « vieux syndicat », menée par son ami, le député socialiste Basly, et après avoir assuré qu'il n'enverrait pas la troupe pour prévenir d'éventuels troubles à l'ordre public, soucieux « d'aller à la foule » pour pacifier l'atmosphère, il se dirige, accompagné du préfet du département, vers la seule réunion publique qui se tient alors à Lens et qui regroupe les partisans du syndicaliste dissident CGT Broutchoux. Là, face à une assemblée hostile, « le citoyen ministre » réaffirme solennellement sa volonté de ne pas envoyer de soldats sauf si la situation dégénère. Et pour mieux concrétiser son appel au calme, en disciple de Gambetta qui ne croit pas en la force préventive de la troupe, il reste trois jours à Lens, rencontre les représentants du patronat et ceux des syndicats pour tenter de négocier, mais échoue face à des organisations qui ne sont plus des outils de négociations entre classes : d'aucuns largement pénétrés par les anarchistes s'affirment « rouges » et, en révolutionnaires, prônent le sabotage et l'action directe ; d'autres, « les jaunes », se veulent le bras armé du patronat. Clemenceau, qui refuse la lutte des classes et ne croit pas en la grève générale, doit prendre ses responsabilités dans un climat social explosif où montent en puissance le socialisme et le syndicalisme. De retour à Paris, son voyage est pourtant jugé courageux, et Jaurès, son grand adversaire, soutient, dans *L'Humanité*, le discours de Lens, qui, dit-il, évite la provocation.

---

4. Clemenceau, *Sur la démocratie. Neuf conférences de Clemenceau*, rapportées par Maurice Ségard, Paris, Larousse, 1930, p. 84.

Mais les actes de violence augmentent, des grévistes attaquent les maisons des non-grévistes : le préfet réprime l'émeute en faisant intervenir l'armée. À partir du 20 mars, vingt mille militaires contrôlent le bassin houiller. Clemenceau, en ministre responsable, couvre les agissements du fonctionnaire. Le climat se détériore de plus en plus et devient quasi insurrectionnel. Le syndicaliste maire de Lens Basly échoue à calmer les grévistes. Le 19 avril, à Denain, au cours d'un affrontement entre la troupe et les grévistes, le lieutenant Lautour est lapidé à mort. Le lendemain, Clemenceau, de retour à Lens par train spécial, assiste aux obsèques, mène l'enquête, rencontre quelques mineurs et tente une ultime conciliation entre ouvriers et directeurs des compagnies du Nord et d'Anzin. Nouvel échec. Clemenceau rentre à Paris. Dans la presse, le second voyage du 18 avril, « où M. Clemenceau qui paraissait très surexcité est parti par train spécial à 9 heures pour Arras », est déprécié par rapport au premier, et l'on parle désormais d'une mauvaise « descente » dans le bassin houiller. « L'excellent publiciste – journaliste de *La Justice* », le député d'extrême gauche de 1884, est effacé par le ministre de l'Intérieur qui a menti et fait tirer.

La grève, elle, se généralise. Aux forges d'Hennebont, mille huit cents ouvriers cessent le travail pendant quatre mois. À Paris, les terrassiers, les postiers se mettent en grève : trois cents sous-agents grévistes sont révoqués aux PTT. Ouvriers et employés réclament de meilleurs salaires, ne supportent plus le mépris des patrons et des contremaîtres. Le 1er mai, la CGT les mobilise pour obtenir la journée de huit heures. Clemenceau ne cède à aucune revendication, ni à celles des ouvriers, ni à celles des fonctionnaires, d'autant plus qu'il leur dénie le droit de cesser le travail parce que, liés par un contrat à l'autorité publique, ils ne sauraient par une grève entamer le bon fonctionnement de l'État et « entraver l'exercice de la souveraineté nationale ». Trois mois plus tard, face à ses détracteurs, dont les socialistes et les radicaux-socialistes, qui l'accusent d'avoir trahi la cause ouvrière « en matant les grévistes », il assume sa décision au nom du maintien de la liberté du travail, de l'ordre et de la sécurité publique. À la Chambre, les 18 et 19 juin, face à Jean Jaurès qui l'accuse d'être « une contradiction vivante, d'être la guerre civile », il se justifie au nom du réalisme républicain dans un discours finalement assez proche de ceux tenus par ses anciens ennemis opportunistes en 1881. La réforme, explique-t-il, ne peut être pensée et accomplie que dans une République pacifiée. Elle ne peut naître ni de la pression idéologique – en l'occurrence le dogme socialiste – qui tue « le juste et libre développement de l'individu », ni du désordre, du chaos qui fragilise les plus faibles.

Un gouvernement de gauche pour une politique sociale

Le 19 octobre 1906, Sarrien, fatigué, démissionne. Le 25 octobre, le président Fallières nomme Georges Clemenceau président du Conseil, un républicain qu'il trouve « alerte, infatigable, [un] politicien, blanchi sous le harnais, et [et] pas du tout vieux jeu[5] ». Toujours ministre de l'Intérieur, Clemenceau, qui, carabin, s'était approprié comme outil conceptuel et moyen d'action l'*altruisme* d'Auguste Comte et l'avait extrait de sa gangue religieuse pour en faire une valeur politique de gauche nommée « altruisme social », propose un « programme social de générosité » dont les objectifs sont de réduire les inégalités tout en renforçant les libertés fondamentales : réduction de la durée de la journée de travail, extension de la capacité des syndicats, vote d'une loi sur les retraites ouvrières, nationalisation de la Compagnie des chemins de fer de l'Ouest, rachat par l'État de certaines compagnies

5. *L'Illustration*, 29 octobre 1906.

minières. Pour le mener à bien, il s'entoure de parlementaires radicaux, radicaux-socialistes, républicains de gauche et socialistes non affiliés à la SFIO. Le socialiste indépendant Viviani est chargé de créer le ministère du Travail, emblématique du désir de répondre aux besoins de la France, très en retard en matière de législation sociale sur certains pays européens comme l'Allemagne, mais aussi de la volonté d'étendre le rôle de l'État qui ne peut ignorer l'arrivée sur la scène sociale et politique d'un mouvement ouvrier combatif et structuré. Plus symbolique est l'arrivée du général Picquart au portefeuille de la Guerre, un militaire dont l'attitude courageuse a contribué à la fin du monde ancien où l'État a bafoué la vérité et la justice.

Mais, dans un climat politique inédit, né de la rupture du Bloc des gauches confirmée par la création de la SFIO en 1905, dans un climat social que l'épidémie de grèves[6] et la violence des affrontements ne cessent d'abîmer, face à la résolution d'en découdre de l'anarcho-syndicaliste CGT, adepte de l'action directe contre la République bourgeoise, Clemenceau oublie la négociation et fractionne la liberté. Au nom du maintien de l'ordre et du droit au travail, le président du Conseil réprime par la force et, à Villeneuve-Saint-Georges, le 1er août 1908, fait arrêter les dirigeants de la CGT. Dans la presse et l'opinion, l'ancien radical admiré devient l'« assassin des ouvriers », le « sauveur de l'ordre bourgeois ». Son refus de dissoudre la CGT en mai 1907 est oublié par la gauche. Sa détestation du chaos et son goût pour le respect des hommes et des biens l'amènent à créer la police judiciaire, avec le commissaire de police Célestin Hennion. Le 30 décembre 1907, un décret institue douze brigades mobiles

6. Jusqu'en 1909, la révolte s'étend des électriciens aux postiers en passant par les vignerons du Midi en 1907 et la tragique manifestation de Draveil-Vigneux et Villeneuve-Saint-Georges en 1908.

pour faire la « chasse au crime ». Son autoritarisme et sa passion pour l'ordre républicain aboutissent à deux ruptures. La première est la défection de la classe ouvrière vis-à-vis des radicaux. La seconde est le désaveu et l'abandon de Clemenceau par l'extrême gauche. Contesté, voire haï par les uns, non soutenu par les autres, le gouvernement Clemenceau ne tient pas ses promesses et son bilan législatif paraît faible, mis à part la création du ministère du Travail. Seule la nationalisation de la Compagnie des chemins de fer de l'Ouest est réalisée, et le projet de Caillaux, qui consiste à supprimer les cinq impôts directs pour les remplacer par des taxes sur les revenus, ne passe que très partiellement en 1908 ; quant à l'abolition de la peine de mort, son propre camp lui a fait défaut.

Éviter la guerre

Implacable en matière de politique intérieure, Clemenceau conduit cependant la politique extérieure de la France avec discernement et une grande mesure entre 1906 et 1909. Fortement marqué par 1870, il ne veut pas d'un conflit et n'appartient pas au camp « revanchard », même si, depuis la défaite, « nul ne peut croire en l'Allemand ». Très conscient de l'incapacité de la France à soutenir une guerre, préoccupé par les difficultés que connaît la Russie prérévolutionnaire, il tient à ménager l'Allemagne et ne souhaite pas engager la France dans l'aventure marocaine. Ministre de l'Intérieur, Clemenceau a participé à la conférence d'Algésiras en avril 1906 qui, en plaçant le Maroc sous la protection des grandes puissances européennes, le met au cœur des relations du puissant trio colonial formé par la France, l'Allemagne et la Grande-Bretagne. En conséquence, lorsque, au début d'août 1907, des Européens, et notamment des Français, sont massacrés à Casablanca, Clemenceau refuse la riposte envisagée par son ministre Pichon et essaie de maintenir le fragile équilibre entre la Grande-Bretagne, partenaire de l'Entente cordiale signée en 1904, et l'Allemagne, qui réclame l'égalité des droits sur le Maroc. Avec l'aide de diplomates et de négociateurs talentueux comme Jules Cambon ou Tardieu, Clemenceau œuvre à une détente avec l'Allemagne dans la dignité. Le 9 février 1909, un accord économique et politique entre la France et l'Allemagne est signé : les deux puissances s'engagent à respecter la souveraineté du Maroc, et, tout en reconnaissant la préséance politique de la France, les deux ennemis de 1870 peuvent s'associer pour développer l'empire chérifien. Mais l'avenir d'un président du Conseil est déterminé avant tout par sa politique intérieure. Accusé d'avoir « brûlé ce qu'il a adoré », son gouvernement tombe le 20 juillet 1909, à la satisfaction de la droite et de la gauche dure.

1917. « Faire la guerre, rien que la guerre »

Le 5 janvier 1915, dans une lettre à la veuve de son ami Lambiotte, Georges Clemenceau écrit : « Je voudrais pouvoir vous dire que nous verrons bientôt la fin de tant d'horreurs. Hélas ! non. Ce sera long, trop long. » Deux ans plus tard, en novembre 1917, Raymond Poincaré, qui « connaît les défauts terribles de Clemenceau, son orgueil immense, sa mobilité, sa légèreté », se résout à lui offrir la présidence du Conseil, ne trouvant « personne qui réponde aux nécessités de la situation[7] ». Le vendredi 16 novembre à 16 heures précises Clemenceau entre dans son bureau, lui présente en bloc son gouvernement et lui « tient ce langage irréprochable » : « Monsieur le Président, je

7. Raymond Poincaré, *Au service de la France. Neuf années de souvenirs*, t. IX : *L'Année trouble, 1917*, Paris, Plon, 1932, p. 373.

vous présente "vos" nouveaux ministres [...] nous sommes tous réunis pour une œuvre patriotique. En dépit des exclusives, nous sommes, du reste, de fermes républicains. Nous voulons nous consacrer entièrement à la guerre et travailler activement à la victoire. » Patrie, République, victoire, en trois mots Clemenceau affirme la mystique de la nation qui l'anime et pour laquelle il doit et veut se battre. À l'époque, alors que le pays est à terre après l'échec meurtrier de l'offensive Nivelle, qu'il sort difficilement des mutineries de mai et de juin, qu'il est paralysé par les grèves et divisé par la sortie des socialistes du gouvernement, l'opinion publique, accablée par les pénuries et ravagée par les chagrins, approuve l'arrivée du Tigre au pouvoir.

Ainsi, lui qui, en septembre 1916, pouvait, par ses articles régulièrement censurés et ses vigoureuses interventions au Sénat, exaspérer et être qualifié d'« affreux pitre[8] », est, dès le 17 novembre, accepté comme unique recours. L'assurance du soutien populaire ajoutée au mépris de ses adversaires politiques a incontestablement renforcé son désir de terminer au plus vite une guerre qu'il n'a jamais voulue : « Par tous les moyens, évitons la guerre. Emmenons tant que nous pourrons à La Haye les nations qui auront perdu leur propre force de redressement. Allons jusqu'à la limite des transactions acceptables. Quant à laisser toucher à ce qui est juste, à ce qui est l'honneur, jamais, jamais[9] ! » Cependant, en 1911, par suite de la gestion désastreuse de la crise d'Agadir par Caillaux, Clemenceau n'a plus aucune illusion et sait qu'une guerre contre l'Allemagne s'annonce. C'est pourquoi, dès

8. Lettre d'Étienne de Nalèche, directeur du *Journal des débats*, à son ami Pierre Lebaudy, industriel sucrier, 28 février 1916, https://naleche.hypotheses.org/

9. *Sur la démocratie. Neuf conférences de Clemenceau rapportées par Maurice Ségard*, Paris, Larousse, 1930, p. 133.

1913, il se prépare à l'action. Le 5 mai, il fonde *L'Homme libre*, dont le premier éditorial s'intitule « Une heure difficile » ; le 2 août 1914, il appelle à l'union sacrée ; le 7 août, il vote la loi des trois ans[10], décidé à se mettre en marche aux côtés de tous les Français.

Chef de guerre

Lorsque Poincaré l'invite à entrer dans l'« épopée » autrement que sous le costume de sénateur-président des commissions des Affaires étrangères et de l'Armée, Clemenceau accepte malgré son grand âge – soixante-seize ans –, son diabète et la notoire aversion qu'il éprouve à l'égard du président de la République. Il accepte, mais n'est pas surpris par la proposition. En effet, dès le 2 novembre 1917, lors d'une rencontre imprévue avec le général Mordacq, il lui annonce qu'il « est sur le point de prendre le pouvoir[11] » et, dans la foulée, lui demande d'être son chef de cabinet à la Guerre. Encouragé et ému par l'extraordinaire « grandeur de la tâche patriotique » à accomplir sous la direction du « seul homme capable de mener la France à la victoire », Mordacq acquiesce. D'emblée, tous deux sont en parfait accord sur la stratégie à mener pour faire « une guerre intégrale ». Celle-ci est simple et unique : il faut renforcer la supériorité du pouvoir politique sur le pouvoir militaire et réaliser « la collaboration intime de la politique et de la stratégie ».

Pour cela, tout en s'appuyant sur l'existant, il est urgent de procéder à un renouvellement des pratiques et à une réorganisation

10. Loi qui remplace la loi de 1905 en augmentant d'un an la durée du service militaire.

11. Général Mordacq, *Le Ministère Clemenceau*, t. I, Paris, Plon, 1930, p. 1.

complète des services afin que l'« œil du maître absolument indispensable » soit partout et que la stratégie décidée soit cohérente, clairement comprise et bien transmise sur le terrain. Le gouvernement de Clemenceau est délibérément composé d'hommes politiques de second rang, négligeant les leaders des partis politiques jugés moins dociles. De plus, conscient que « tout évolue autour des ministères de la Guerre, des Affaires étrangères et des Finances », le Tigre prend pour lui-même le ministère de la Guerre, place un homme de confiance, Stephen Pichon, aux Affaires étrangères, et, aux Finances, Klotz, qui « fera l'affaire ». Persuadé que « la besogne la plus importante est celle de ministre[12] », il choisit de réduire à sa plus simple expression le cabinet du président du Conseil, dirigé par Georges Mandel secondé par un chef adjoint, Georges Wormser, et pourvu d'un secrétaire particulier, Jean Martet : trois trentenaires « tous en communion de travail et de pensée[13] ». Au ministère de la Guerre, le cabinet militaire dirigé par Mordacq est en revanche composé de nombreux officiers de l'état-major. Il existe également un cabinet civil dirigé par un préfet, chargé de régler les questions administratives. Si l'on en croit Georges Wormser, acteur de premier plan dans ce dispositif, l'efficacité de la machine gouvernementale est grandement facilitée par la présence du sous-secrétaire d'État à la Guerre, Jules Jeanneney, chargé des affaires courantes, dont la mission est d'alléger la tâche du ministre et de fluidifier les rapports entre les directeurs des différents services.

Une telle réorganisation fondée sur le principe anglo-saxon « *the right man in the right place* » ne va pas sans douleur.

---

12. Georges Wormser, « Témoignage », dans *Origines et histoire des cabinets des ministres en France,* Genève, Droz, 1975, p. 83-96.

13. *Ibid.*

Clemenceau épure l'administration civile et militaire de bon nombre de fonctionnaires (dont des préfets et sous-préfets) et d'officiers jugés trop vieux ou trop lents. Il réduit sans états d'âme les effectifs tout en rajeunissant les cadres. En outre, afin d'« améliorer les méthodes de travail », de simplifier les circuits administratifs et de réagir dans l'urgence, le 13 décembre 1917 Mordacq lui fait approuver la « circulaire des trois jours » qui obligeait, sauf cas spécifique, à régler toute affaire en trois jours. « La douce indifférence bureaucratique » et les temps morts du temps de paix doivent disparaître. Dans le même sens, Georges Clemenceau, journaliste dans l'âme, est persuadé de la nécessité de communiquer vite et bien. Aussi fait-il installer le téléphone à son domicile de la rue Franklin et demande la généralisation de son utilisation dans les ministères. Enfin est adoptée une méthode de travail résolument moderne : la concertation verbale et la réunion avant toute prise de décision. L'État-major général, constitué des deux états-majors de Foch et de Pétain, échappe dans un premier temps à cette vague d'innovation, mais le commandement unique est projeté.

Cette importante et énergique réorganisation n'a pas pour unique fonction d'affirmer l'autorité de Clemenceau, seul de taille à dynamiser la machine gouvernementale et militaire afin d'achever au plus vite la guerre ; il s'agit également de ressouder le front et l'arrière, et de remonter le moral de la France tout entière. Dans son discours d'investiture, Clemenceau affirme haut et fort que la victoire ne sera possible que dans une France solidaire et capable de faire « front commun contre l'ennemi ». À cette fin, il ouvre la chasse aux « embusqués » et aux défaitistes. Ses adversaires politiques Caillaux et Malvy sont les premiers touchés. Désireux de mesurer l'avancement des opérations et soucieux de rencontrer les poilus – ceux « qui ont des droits sur nous », écrira-t-il en 1926 dans le *Mémorial des Alliés*[14], Clemenceau, chef de guerre, poursuit les visites au front, entamées à la fin du mois de septembre 1915 en tant que président de la commission de l'Armée au Sénat. Commencé le 19 janvier 1918 en Champagne, le périple du président du Conseil-ministre de la Guerre s'achève le 9 novembre 1918 à Senlis. Partant de nuit, par train spécial, il arrive au petit matin et achève la route en automobile pour rejoindre les soldats au plus près des lignes ennemies. Sur le champ de bataille ou à l'infirmerie, il écoute, serre les mains, encourage, réconforte, lutte contre les « errements de certains officiers ». L'espace de quelques heures, il vit l'expérience terrible des « enfants de la patrie ». En même temps, tribun incomparable, Clemenceau n'hésite pas, à la Chambre ou sur le terrain, par des grands discours, constellés d'envolées à la Démosthène et de métaphores coups de poing, à contrer ses adversaires, vaincre les résistances et gagner définitivement à sa cause les Françaises et les Français. Son discours du 8 mars 1918, où se bousculent phrases exclamatives, images audacieuses et répétitions incantatoires, en est un des plus beaux exemples.

Toutefois, à une époque où l'espérance de vie pour les hommes de sa génération est à peine de quarante ans, il est évident que le déploiement d'une telle activité et la dépense d'une si grande énergie sont à la fois admirables et dangereux pour un homme de soixante-dix-sept ans, atteint d'arythmie cardiaque, diabétique et

14. *Mémorial des Alliés*, Paris, Daniel Jacomet et Cie pour la Société des éditions nationales, 1926. Ouvrage essentiellement constitué de reproductions en fac-similé d'autographes de très nombreuses personnalités de la guerre de 1914-1918. Les planches sont imprimées sur le recto seul. Titres, ornements en tête et culs-de-lampe composés spécialement par Bernard Naudin. Préface du maréchal Foch. Ce très volumineux ouvrage est un hommage à toutes les puissances alliées qui ont participé à la Première Guerre mondiale.

souffrant d'un handicapant eczéma aux mains. Ancien médecin hypocondriaque, Clemenceau connaît parfaitement la limite de ses forces et, pour tenir jusqu'à la victoire, construit son emploi du temps quotidien avec une rigueur hygiéniste toute militaire. Levé vers 5 ou 6 heures du matin, il se couche tôt, à 20 heures. Bien entendu, cet emploi du temps n'est pas immuable, et Clemenceau est souvent resté jusqu'à 22 heures rue Saint-Dominique[15]. Mais, malgré l'ampleur et la gravité de la tâche, l'ancien médecin garde un temps pour lui entre 13 et 14 heures, pour recevoir ses proches et suspendre la tension permanente.

L'union sacrée pour la paix

Secondé par Mordacq et ses fidèles collaborateurs, Georges Clemenceau trouve la force d'exercer un contrôle étroit sur les opérations militaires pensées à partir du 26 mars 1918 dans le cadre du commandement unique. Mais, si la victoire est dans les imaginaires bien souvent mise à l'actif d'un courageux chef de guerre charismatique, la paix, elle, n'est jamais, dans une démocratie, l'œuvre d'un seul homme, si valeureux soit-il. D'ailleurs, le gouvernement Clemenceau, long de vingt-six mois jusqu'en janvier 1920, qui aurait pu mettre à mal l'union sacrée par l'absence de socialistes en son sein, a le souci de préserver une certaine cohésion politique. Il y arrive grâce à son image d'homme providentiel acceptée par la majorité de ses adversaires traditionnels et cultivée dans l'opinion publique. De plus, le président de la République, Raymond Poincaré, tout en ne pesant pas sur les décisions, accepte à contrecœur de se cantonner dans un rôle

15. Le ministère de la Guerre est sis à l'hôtel de Brienne, 14, rue Saint-Dominique à Paris. On peut y visiter les bureaux de Clemenceau et de De Gaulle.

de représentation jusqu'à la fin de la guerre, et la cohérence de l'exécutif n'est pas menacée. Le Tigre n'altère pas non plus le fonctionnement du régime parlementaire. Il ne « gouverne pas par le silence », comme le soutiennent certains de ses détracteurs, et fait régulièrement contrôler ses actions. À huit reprises, il met en jeu sa responsabilité politique en posant la question de confiance. Il n'y a donc pas de « dictature Clemenceau », même si, dans son étude sur le « parlementarisme de guerre[16] », Nicolas Roussellier précise que Clemenceau utilisait « la question de confiance pour faire voter les projets de loi préparés par son gouvernement et pour faire repousser *sine die* les interpellations les plus gênantes. C'était aussi un moyen qui lui permettait de discipliner en permanence sa majorité politique unie par le combat contre les socialistes et contre les tentations pacifistes[17] ». Georges Clemenceau, vieil animal politique, sait que, pour travailler à la victoire, il ne peut diviser la République. Dans ce but, il s'emploie à calmer les animosités qu'il a pu auparavant susciter. La lettre envoyée à Maurice Barrès le 10 décembre 1917 va dans ce sens : « Vous me souhaitez cruellement d'être heureux. Il faudra, en effet, que la Fortune nous vienne en aide. Avec le concours de tous les cœurs français, nous devons l'y forcer. Je compte sur vous, comme tous peuvent compter sur moi. » Le ministre de la Guerre ne délaisse pas non plus ses relations personnelles, des hommes politiques étrangers plus ou moins impliqués dans la résolution du conflit. Ainsi, le 8 octobre 1917, il rassure l'ancien président Theodore Roosevelt dont les deux fils sont sur le

16. L'expression est de Fabienne Bock, *Un parlementarisme de guerre 1914-1919*, Paris, Belin, 2002.

17. Nicolas Roussellier, « Le Parlement français et la Première Guerre mondiale », *Parlement*[*s*]. *Revue d'histoire politique*, 2008/2, n° 10, p. 13-30. URL : https://www.cairn.info/revue-parlements1-2008-2-page-13.htm

front à Gondrecourt, et, le 22 avril 1918, il lui annonce que la France refuse toute aide morale et matérielle du magnat de la presse Hearst, puisque « ni lui ni ses organes ne se sont rangés sans détour et sans arrière-pensée du côté des Alliés[18] ». Enfin, compétence rare à l'époque, Georges Clemenceau maîtrise la langue anglaise et peut entretenir une correspondance personnelle avec Woodrow Wilson bien avant l'armistice. Ainsi, il active ses réseaux et rencontre en privé certains des acteurs de la paix de Versailles. Loin de vouloir mettre en place une diplomatie secrète comme le lui reprochent, à la Chambre, Albert Thomas, Briand et Marcel Cachin le 29 décembre 1917, il croit en la fécondité des rencontres bilatérales en matière de politique extérieure. En ce sens, les 15 et 24 décembre 1917, il répond à l'invitation privée du président des États-Unis, arrivé le 14 à Paris. Pour lui qui veut construire une bonne paix garante des intérêts français présents et à venir, il ne s'agit pas d'« épanchements mal placés », il s'agit de garantir l'avenir de l'Europe et du monde parce que, explique-t-il, les « premiers entretiens vont nous conduire à des discussions laborieuses et redoutables par leurs conséquences. Je dis "redoutables" parce que si nous n'aboutissions pas à un accord notre victoire serait vaine et les épouvantables désastres que nous avons connus auraient tôt ou tard un recommencement[19] ». Tout en se jetant à corps perdu dans l'élaboration des traités de paix, il n'oublie pas l'urgence de bâtir une République sociale et fait voter en avril 1919 la journée de huit heures. C'est cependant la paix de Versailles qui manifeste au mieux le style Clemenceau, à savoir : agir et mener une politique ambitieuse, énergique et déterminée

18. Georges Clemenceau, *Correspondance (1858-1929)*, édition établie et annotée par Sylvie Brodziak et Jean-Noël Jeanneney, Paris, Robert Laffont-BnF, 2008 p. 526-527.

19. Discours à la Chambre des députés, 29 décembre 1918.

tout en usant de la conciliation afin d'atteindre l'objectif visé : « C'est à celui qui entreprend de suggérer la route, de faire les concessions nécessaires et celles-là seulement pour garder la plus nombreuse compagnie le plus longtemps possible[20]. » Il sait la paix fragile comme toute paix, lui qui « [conçoit] la vie comme un combat perpétuel dans la guerre et dans la paix ». À ceux qui vont suivre de la fortifier et de la conserver ! Même s'il reconnaît que l'exercice du pouvoir éloigne bien souvent les hommes de leurs grandes et belles idées, les présidents du Conseil comme leurs ministres : « Jamais gouvernement n'a manqué d'apologie pour ses fautes, jamais ministre ne fut à court d'explications pour ses méfaits[21]. »

Bibliographie sélective

CHANET Jean-François, *Clemenceau. Dans le chaudron des passions républicaines*, Paris, Gallimard, 2021.

DUROSELLE Jean-Baptiste, *Clemenceau*, Paris, Fayard, 2007.

MORDACQ (général), *Le Ministère Clemenceau. Journal d'un témoin*, t. I et II, Paris, Plon, 1930.

WINOCK Michel, *Clemenceau*, Paris, Perrin, coll. « Tempus », 2011.

20. *Le Bloc*, dimanche 19 mai 1901.

21. *La Dépêche de Toulouse*, 24 avril 1900.

17

Aristide Briand (1862-1932)

Le pèlerin de la paix

par Jean-Yves LE NAOUR

Onze fois président du Conseil, plus de vingt fois ministre ! Aristide Briand bat tous les records. De sa première élection à la Chambre des députés, en 1902, jusqu'à sa mort, en 1932, les Français ont pris l'habitude de croiser sa silhouette massive, de plus en plus voûtée l'âge venant, avec pour signes particuliers une épaisse moustache en crosse de pistolet et des cheveux mi-longs perpétuellement en pétard. Avec cela, une tenue à la va-comme-je-te-pousse, une cigarette constamment rivée au coin des lèvres et un air d'artiste nonchalant. Mais, quand il prend la parole, l'orateur se réveille, ses mains fines se mettent à fouetter l'air et le tribun captive son auditoire avec sa voix de violoncelle. À la Société des Nations, il a fait verser des larmes à des diplomates endurcis qui en avaient entendu d'autres.

Étrange destinée, tout de même, que celle d'Aristide Briand, détesté à gauche et à droite durant toute sa carrière ministérielle, à gauche parce qu'il est accusé de l'avoir trahie, à droite parce qu'il n'en a jamais été ni de cœur ni d'esprit. Comme Clemenceau, qui ne l'aimait guère, c'est un inclassable. Quand il décède, au début des années 1930, il est pourtant immensément populaire parce qu'il incarne une idée à laquelle tous les Français veulent croire passionnément : la paix. Il l'a tellement incarnée que la politique de conciliation avec l'Allemagne est alors appelée « briandisme ».

Sanctifié, vénéré comme un prophète à un moment où la paix commence à vaciller et la conciliation franco-allemande à branler dans le manche, Aristide Briand donne son nom à des milliers de rues, d'avenues et de boulevards. Aujourd'hui encore, il est au seizième rang de la popularité en matière toponymique, loin derrière de Gaulle, Jaurès où Hugo, mais tout de même devant Jeanne d'Arc ou Marie Curie. Après 1939 cependant, on n'entend plus parler de lui. Celui qui avait défendu la sécurité collective et l'entente avec Berlin n'était plus qu'un prophète découronné, un rêveur berné, et le briandisme une coquille vide. Hitler et la Seconde Guerre mondiale avaient balayé tout son ouvrage. En 1962, pour le centenaire de sa naissance, il n'y a aucune manifestation pour remuer ses cendres. Et cependant, depuis vingt ans, il opère son grand retour dans nos mémoires, un intérêt manifesté par la multiplication des biographies qui le décrivent un peu rapidement en « père de l'Europe ». S'il ne fut pas le naïf que ses adversaires ont décrit, cédant tout à l'Allemagne sans rien obtenir en échange à l'exception de belles paroles, il n'est peut-être pas ce père fondateur qu'on veut bien dire. La caricature est-elle décidément son destin ?

Convictions et ambitions

Avant de devenir l'inamovible ministre des Affaires étrangères de 1925 à 1932, en dépit de la valse des gouvernements et du changement des majorités, un vrai record sous la IIIe République,

Aristide Briand a déjà une longue carrière derrière lui. Et une carrière atypique ! Né en 1862 à Nantes dans un milieu populaire de cafetiers, il n'a peut-être pas grandi sur les genoux des prostituées comme le prétend méchamment Léon Daudet, mais il ne possède ni les codes ni les réseaux de l'élite politique qui aura une fâcheuse tendance à le mépriser. Ainsi, brocardant son supposé manque de culture et son peu d'appétence pour le travail, Clemenceau aura ce mot vachard : « Poincaré sait tout et ne comprend rien, Briand ne sait rien et comprend tout. » Pourtant, avec des études de droit, Briand n'est pas un ignorant. Certes, il a mené la vie de bohème dans la capitale et conservé de cette époque son éternelle coupe d'artiste, mais il a tout de même décroché sa licence et enfilé la robe d'avocat. Sa culture n'est sans doute pas classique, lui qui n'est pas né avec une cuillère en argent dans la bouche ; cela ne l'empêche pas d'être un orateur, un tribun, qui fait ses premières armes d'éloquence dans les prétoires.

Curieux avocat qui survole ses dossiers, ne prépare rien et ne lit pas ses notes. Il se contente d'écouter, improvise sa plaidoirie et mise tout sur son pouvoir de persuasion. Et cela fonctionne ! Il appliquera la même méthode une fois devenu ministre et même président du Conseil. On ne peut pas dire que son bureau soit embarrassé de rapports et de fiches ! De fait, il n'est pas un besogneux comme Poincaré, lui aussi avocat mais du genre méticuleux, qui connaît ses dossiers sur le bout des doigts. Briand reçoit, écoute, se forge son opinion, écrit peu. Pour se comporter ainsi, il dispose d'une mémoire exceptionnelle et d'une remarquable capacité de synthèse, mais cette méthode de travail est tellement surprenante qu'elle lui vaut l'étiquette de dilettante. Le président Poincaré, encore lui, qui l'avait nommé chef du gouvernement en 1915, ne supportait pas son comportement en Conseil des ministres, quand il fermait les yeux et donnait l'impression de dormir. Autant le premier est un homme de l'écrit, autant le second est un homme de l'oral. Il ne faudra pas compter sur Briand pour laisser des Mémoires et faciliter la tâche aux historiens ! Et cependant, avant d'être député, élu à sa troisième tentative en 1902, il a souvent écrit. Non pas des ouvrages, mais des articles, dans *La Démocratie de l'Ouest*, *La Lanterne*, puis ce sera *La Petite République* et *L'Humanité*, où il faisait figure de lieutenant de Jaurès.

Du socialisme au centrisme, Briand a négocié trois grands virages avant de s'imposer aux affaires de la République. De tendance anarchiste tout d'abord, défenseur de la grève générale, il a trop d'ambition pour choisir la voie du syndicalisme révolutionnaire comme son ami Fernand Pelloutier. Un temps tenté par le guesdisme, qui introduit le marxisme en France, il s'en éloigne à cause de son dogmatisme qui brime à la fois son réformisme et son individualisme. Il se fait alors traiter d'« anarchiste de carton ». En Jaurès, enfin, il a trouvé une pensée plus souple qui fait du socialisme le continuateur de la révolution de 1789 et de l'idéal républicain, mais il finit une fois de plus par rompre quand on lui propose d'intégrer un ministère. Jaurès, qui s'attelle à unifier les chapelles socialistes dans la SFIO, voit trop loin pour Briand, dont l'ambition est immédiate. Les méchantes langues diront qu'il va à la soupe. Qu'importe. Voici le fils de cafetiers devenu ministre.

S'il est appelé au gouvernement en mars 1906, c'est qu'il s'est rapidement fait remarquer en tant que rapporteur de la loi sur la séparation des Églises et de l'État (1903-1905). Anticlérical et membre de la Libre-Pensée, il n'envisage pas du tout de dresser la République contre l'Église, mais cherche la voie d'un apaisement par un texte « raisonnable et tolérant » qui garantirait aux catholiques l'exercice de leur culte en toute liberté. Il commence ici sa carrière de conciliateur, d'homme de compromis. Ce sera dorénavant sa marque de fabrique. C'est ainsi qu'il se présente quand il accède à la présidence du Conseil en 1909. On le louera pour cette capacité à désarmer les affrontements, et on le critiquera aussi comme l'homme qui ne sait pas choisir, et donc pas gouverner. L'historienne Madeleine Rebérioux le qualifiera ainsi rudement de « prince des équivoques ». Il a seulement compris, selon la formule du cardinal de Retz, qu'on ne sort de l'ambiguïté qu'à son détriment.

La guerre jusqu'au bout ?

Venu du socialisme mais l'ayant laissé derrière lui, d'aucun parti sinon du sien, son attitude de conciliateur le destine à réunir des majorités républicaines élargies au centre, à la différence des blocs des gauches précédents. Il est donc l'homme des modérés et s'attire en retour les flèches de la droite, incapable de faire la conquête du centre, comme de la gauche radicale et socialiste, pour laquelle il n'est qu'un « renégat ». Caillaux, le chef des radicaux, le qualifie pour sa part d'« endormeur », du fait de sa capacité à charmer ses interlocuteurs et à anesthésier les querelles. Au demeurant, il n'est pas si mou que cela. En octobre 1910, confronté à une grève générale des cheminots, il décide de les mobiliser, ce qui les rend passibles du conseil de guerre en cas de refus d'obtempérer. Dire que, quinze ans plus tôt, Briand prônait la grève générale ! Dans le même temps, il fait perquisitionner *L'Humanité*, le quotidien dont il fut le collaborateur, et arrête les chefs de la CGT. Briand serait donc un « ferme conciliateur », pour reprendre les mots de Gérard Unger, un de ses derniers biographes. Sur les bancs radicaux et socialistes, c'est d'autres noms d'oiseaux qu'on l'affuble, à commencer par celui de « dictateur ».

Le parti de Briand est pris. En 1913, de nouveau président du Conseil – pour peu de temps –, il lance le projet des trois ans de service militaire qui fera tant de bruit. Confronté à une montée des effectifs de l'armée allemande, il fait le choix de la sécurité du pays, quitte à diviser la gauche et à s'appuyer sur la droite et le centre. Revenant au gouvernement en août 1914 avec la guerre, au poste de garde des Sceaux, il se pose en homme fort, une fois n'est pas coutume. Quand il reprend les rênes de la présidence du Conseil en octobre 1915, dans une situation où le gouvernement est critiqué pour avoir laissé la bride sur le cou aux militaires, il bombe le torse : « L'heure est aux actes, déclare-t-il virilement. C'est vers l'action que doivent être tendus tous les ressorts du gouvernement. Des décisions claires, nettes et rapides ; une exécution prompte, dégagée des vaines formalités, exempte de toute hésitation, de toute incertitude : c'est à quoi nous appliquerons nos esprits et notre énergie [...] Nous sommes décidés à aller jusqu'au bout. » Mais la pose martiale fait long feu et le naturel revient au galop. En dehors des mots – cette fameuse éloquence que l'historien Jean-Baptiste Duroselle décrit comme « vide » –, il n'y a pas grand-chose. Briand louvoie, gagne du temps et ne tranche pas entre l'état-major, qui ne veut pas de contrôle parlementaire, et les Chambres qui le réclament à cor et à cri, entre le général Joffre qui veut rester tout-puissant et son rival Gallieni qui voudrait le remplacer, entre la priorité au front occidental et la reprise du mouvement *via* l'armée d'Orient. Au final, à force de tergiverser, de différer les solutions, de manquer d'énergie, Briand se rend insupportable. S'il sacrifie Joffre en décembre 1916, en l'élevant hypocritement à la dignité du maréchalat, il est trop tard pour sauver le cabinet, qui s'écroule en mars 1917.

Avec l'ascension de Clemenceau, homme à poigne pour le coup, Briand est pour longtemps sur la touche. Enfermant Joseph Caillaux, bannissant Louis-Jean Malvy, les deux principales têtes du parti radical, pour éviter toute solution de rechange à son cabinet, Clemenceau ne se gêne pas pour déclarer que Briand fera partie de la prochaine charrette si jamais il ose s'opposer à lui. Le Vendéen a quelques munitions en réserve, car Briand, imprudent, s'est laissé aller à une conversation secrète et informelle avec un représentant de l'ennemi en vue d'une solution de compromis. On ne sait jamais. Autant avoir deux fers au feu. Il restera donc coi jusqu'à la fin de la guerre, assistant au triomphe du Tigre avec une pointe d'amertume. Lorsque vient le moment de désigner les négociateurs à la conférence de la paix, Briand mène souterrainement campagne en susurrant que celui qui a fait la guerre n'est pas le mieux placé pour faire la paix. Mais Clemenceau l'exécute publiquement à la Chambre : « J'ai lu dans les journaux que je n'étais pas l'homme qu'il fallait pour faire la paix ? Il se peut. Je ne sais pas quel est l'homme qualifié d'une manière spéciale pour cette besogne. Et comme je paraissais le chercher, j'ai reçu plusieurs visites où l'on a voulu me le désigner. » Dès lors, Briand se tiendra ostensiblement dans une position critique à l'égard du traité qu'il déclarera « sans vie ». Invité à Versailles le jour historique de sa signature, le 28 juin 1919, comme tous les anciens présidents du Conseil, il est le seul à se dérober. « La signature du traité n'est pas une représentation », bougonne-t-il. Mais Clemenceau a tort de vendre la peau de l'ours en s'imaginant élu président de la République, en janvier 1920. « Le 17 janvier, j'entrerai à l'Élysée pour sept ans. Pendant sept ans, Briand battra la semelle devant la présidence du Conseil », se réjouit-il un peu trop hâtivement. Car le Breton est parti en campagne contre le Vendéen : aux socialistes, il parle de la brutalité du premier flic de France ; devant les catholiques, il agite l'épouvantail de l'anticléricalisme et du vieil athée militant qui ne rétablira pas les relations avec le Vatican. Ce travail de sape fonctionne. Le 16 janvier 1920, lors d'un scrutin préparatoire, Clemenceau, devancé, retire sa candidature. C'est la revanche de Briand.

Prendre l'Allemagne au collet ?

Malgré les élections de 1919 remportées par le Bloc national, pendant droitier du défunt Bloc des gauches, la France demeure gouvernée au centre. Les différents gouvernements intègrent en effet les radicaux dans leur majorité pour ne pas dépendre des conservateurs, nationalistes et autres réactionnaires. Briand se retrouve donc naturellement aux manettes. S'il n'est pas encore le fervent partisan d'une entente avec l'Allemagne, il sait déjà qu'il faudra bien trouver une politique de compromis avec Berlin et plus encore avec Londres et Washington, hostiles à une trop grande sévérité, tout particulièrement dans le domaine des réparations. Les Anglo-Saxons souhaitent en effet réinsérer au plus vite l'Allemagne dans le commerce mondial, et non faire tourner son économie pour le profit de la France meurtrie, dévastée, ruinée et endettée jusqu'au cou. Dès lors, Paris est confronté à un choix : s'arc-bouter sur l'exécution pure et simple du traité, au risque d'être isolé, ou bien tenter une conciliation, ce qui signifiera lâcher du lest. Quand le président Millerand appelle Aristide Briand à la présidence du Conseil, en janvier 1921, la majorité du Bloc national se crispe, car elle a déjà compris quelle option le « monstre de souplesse » (Barrès) va adopter. Le 18 janvier 1921, deux jours avant son investiture, il reçoit d'ailleurs brièvement l'ambassadeur allemand pour lui confier qu'il fera tous les efforts « pour améliorer les relations avec l'Allemagne » : « Ma politique ne sera pas une politique d'intransigeance ; j'aurai toujours le souci des réalités et je ne demanderai pas l'impossible. » Ainsi, avec Briand, la France passe de « l'Allemagne paiera » à l'Allemagne paiera ce qu'elle pourra. Encore faut-il que Berlin joue le jeu et ne s'enferme pas dans le refus de payer un seul mark de réparation. Aussi, lors de sa déclaration d'investiture, le président du Conseil se fait menaçant, autant pour rassurer sa majorité que pour prévenir les dirigeants allemands. S'il le faut, dit-il, la France emploiera la force « pour imposer le respect de tous les engagements souscrits ».

Malheureusement, l'Allemagne, qui n'a jamais accepté la défaite, ne répond pas à la main tendue. Alors, Briand passe à la manière forte, faisant occuper trois villes allemandes, Duisbourg, Ruhrort et Düsseldorf, en mars 1921, et menace de s'emparer de toute la Ruhr si jamais Berlin n'entend pas raison. Le 5 avril, au Sénat, il lance un avertissement : « Si, l'échéance arrivée, l'Allemagne essaie par de nouvelles tergiversations de se soustraire à ses obligations, à ses engagements, c'est une main ferme qui s'abattra sur son collet. » Le 12 avril, à la Chambre, Briand se dit prêt à frapper : « Nous avons entre les mains un titre exécutoire. Et, l'huissier envoyé, si le débiteur persiste à se montrer récalcitrant, il faut avoir recours au gendarme. » Devant la menace, l'Allemagne finit donc par se soumettre, mais l'arrangement du 30 avril 1921 sur les réparations est très accommodant, contrairement à ce qu'on peut lire très souvent : sur les 132 milliards prévus, seuls 50 sont réellement exigibles. De plus, Briand ne serait pas opposé à réduire la note de moitié si les dettes de guerre de la France à l'égard de la Grande-Bretagne et des États-Unis étaient supprimées, mais, cette fois, c'est l'égoïsme américain qui bloque. Malgré tout, le chef du gouvernement s'aligne de plus en plus sur les positions du Britannique Lloyd George, qui envisage un grand plan de réconciliation, à coups d'investissements, de réintégration de la Russie soviétique dans le concert européen, et de concessions françaises à l'Allemagne en échange de garanties de sécurité. En janvier 1922, alors que la conférence de Cannes commence à peine, la majorité du Bloc national s'effraie de ce que le grand conciliateur risque de céder. Sentant qu'il n'a plus la confiance de la Chambre, du président et d'une partie de son gouvernement, Briand préfère démissionner sans avoir été mis en minorité. Que d'autres fassent mieux.

Avec Poincaré, qui reprend la présidence du Conseil, on en revient à une stricte politique d'exécution du traité de Versailles. L'heure du compromis est passée, car Berlin fait tout pour se dérober et ne rien payer, laissant même filer l'inflation pour se dire incapable de respecter ses engagements. À bout de nerfs, la France met ses menaces à exécution et occupe la Ruhr en 1923 pour se payer en charbon allemand. Le chaos économique, la faillite monétaire et la poussée révolutionnaire font revenir les dirigeants allemands à de meilleurs sentiments. Les Anglo-Saxons, qui spéculent contre le franc, poussent également Poincaré à la négociation. Au fond, derrière Poincaré se dessine l'ombre de Briand, car le premier n'est allé dans la Ruhr que pour ramener tout le monde à la table des négociations et en finir avec la mauvaise foi allemande. Le changement de majorité, avec la victoire du Cartel des gauches en 1924, vient opportunément renforcer le tournant politique inauguré par Poincaré. Briand, lui, s'est réfugié dans un silence désapprobateur depuis des mois. Lui qui a été le chef d'une majorité de Bloc national se rallie au nouveau Bloc des gauches. Comme Talleyrand, il pourrait prétendre qu'il n'est pas une girouette, que c'est juste le vent qui a tourné. Une nouvelle période s'ouvre cependant : sous les auspices américains du plan Dawes (1924), les Allemands acceptent de recevoir beaucoup de dollars et de concéder quelques marks à la France en échange. Des deux côtés du Rhin, on sort enfin de l'affrontement. Reste maintenant à se tendre la main pour cicatriser les vieilles blessures et construire une paix réelle.

« *Arrière les baïonnettes !* »

Convaincu qu'il existe deux Allemagnes, l'une militariste, revancharde et impérialiste, l'autre républicaine et démocratique, Briand entend renforcer la seconde pour que triomphe la paix. Redevenu ministre des Affaires étrangères en avril 1925, il saisit avec chaleur la proposition de pacte rhénan que lui propose son homologue allemand Gustav Stresemann. Ce pacte, qui débouche sur le traité de Locarno (octobre 1925) par lequel les frontières mutuelles de la France, de l'Allemagne et de la Belgique sont reconnues et garanties par l'Italie et la Grande-Bretagne, est vu par l'opinion nationale comme un tournant historique. Stresemann est plus terre à terre et voit surtout dans Locarno le moyen d'internationaliser la question rhénane et de rendre impossible une nouvelle intervention française dans la Ruhr. Enfin, le traité complique sévèrement le secours militaire que la France doit à ses alliés en cas de guerre germano-polonaise ou germano-tchécoslovaque. Mais, après tant de tensions et de bras de fer, comment bouder son plaisir ? Les Français désirent tellement tourner la page de la guerre ! « L'accord de Locarno a ceci de nouveau qu'à l'esprit de soupçon il substitue l'esprit de solidarité », s'enflamme le ministre des Affaires étrangères. La presse est à l'unisson : « Le plus grand événement depuis la guerre », titre *Le Matin.* « La plus grande journée d'Europe depuis l'armistice », continue *Le Petit Journal.* « L'événement le plus important [...] depuis la signature du traité de Versailles », renchérit *Le Temps.* Bientôt, ce qu'on nomme « esprit de Locarno » sera rebaptisé « briandisme ».

Locarno n'est en effet qu'un premier pas. « Il faut que les difficultés qui existent encore soient aplanies », soutient Briand au lendemain de la signature du pacte rhénan. La seconde étape consiste dans l'adhésion de l'Allemagne à la SDN. Briand y tient pour enserrer celle-ci dans un ensemble d'obligations et de contraintes collectives ; Stresemann y tient pour réintégrer le concert des nations et sortir du statut de vaincu. L'un veut canaliser le révisionnisme allemand dans le cadre du droit, l'autre retrouver une souveraineté pleine et entière. L'esprit de Genève ne plane donc pas vraiment, seuls l'intérêt et la *Realpolitik* prévalent. Pourtant, c'est sur le terrain moral que Briand déroule son fameux discours du 10 septembre 1926 pour accueillir l'Allemagne à la SDN, le discours de sa vie, en tout cas celui dont il sera le plus fier et qui sera gravé dans la pierre du Quai d'Orsay après sa mort.

> Plus de guerres, plus de solutions brutales, violentes, sanglantes, pour régler nos différends qui, certes, n'ont pas disparu. Désormais, c'est le juge qui dira le droit. Comme les individus qui s'en vont régler leurs difficultés devant le magistrat, nous aussi, nous réglerons les nôtres par des procédés pacifiques. Arrière les fusils, les mitrailleuses, les canons ! Place à la conciliation, à l'arbitrage, à la paix !

Tonnerre d'applaudissements durant plusieurs minutes. Des diplomates ont les larmes aux yeux, le délégué canadien lance un « Hip hip hourra » qui sera repris par toute l'assistance. L'envoyé spécial du *Vorwärts* écrit que « le discours de Briand est un chef-d'œuvre ». Cette année-là, le ministre monte dans l'Olympe avec l'attribution du prix Nobel de la paix. Le voilà revêtu de l'aube immaculée du faiseur de paix.

Il ne faudrait surtout pas croire que l'idéalisme l'a emporté chez Briand, qui multiplie en même temps les alliances de revers avec les États de la Petite-Entente. Il cherche également à faire revenir les États-Unis dans le jeu européen pour qu'ils apportent la garantie de leur puissance aux frontières de 1919. Le pacte qu'il propose à son homologue américain Kellogg est cependant vidé de sa substance par Washington, qui le transforme en une simple manifestation morale, un engagement à renoncer à la guerre qui, de fait, n'engage à rien du tout. Signé à Paris en août 1928, il sera bientôt recouvert d'une cinquantaine de signatures de la part de pays qui s'interdisent – moralement – de recourir aux armes. Briand est bien conscient que la cote est mal taillée, mais tout est bon à prendre pour renforcer le *statu quo* territorial européen. « Ce pacte n'est pas réaliste ? Il y manque des sanctions ? Mais, est-ce bien du réalisme, celui qui consiste à exclure du domaine des faits les forces morales, dont celle de l'opinion publique ? En fait, l'État qui affronterait la réprobation de tous ses cocontractants s'exposerait au risque positif de voir se former, peu à peu, et librement, contre lui une sorte de solidarité générale, dont il ne tarderait pas à sentir les redoutables effets. Et quel est le pays, signataire du Pacte, que ses dirigeants prendraient la responsabilité d'exposer à un tel danger ? » On atteint ici le sommet de la mystique pacifique du briandisme. La guerre, « frappée d'illégalité », est condamnée à disparaître. Pourtant, les choses ne vont pas tarder à se dégrader.

Le briandisme est mort, vive le briandisme ?

À partir de 1928, les efforts de Briand se heurtent à de puissantes oppositions allemandes. Son projet de Locarno oriental pour garantir les frontières polonaises et tchécoslovaques est balayé par Berlin, qui ne veut pas se lier les mains à l'est. Pour reprendre l'initiative, le Français propose alors à la tribune de la SDN, le 5 septembre 1929, la création d'une fédération européenne. Stresemann ne dit pas non, mais à condition de la réduire à une simple union douanière. De nouveau, derrière l'idéal se profile la rivalité des intérêts : Briand veut un lien fédéral pour garantir la paix, les frontières et interdire le révisionnisme allemand ; Stresemann n'est pas opposé à une solidarité économique qui renforcerait les exportations des usines germaniques, mais refuse la dangereuse solidarité politique. Utiliser l'idée européenne comme moyen n'empêche pas d'y croire sincèrement : à l'occasion, Briand peut se faire visionnaire : « J'ai peur, dit-il, des peuples des steppes et des prairies, et je crains de les voir écraser entre eux notre pauvre vieille Europe. » Ce sera chose faite en 1945. Cet étau n'est d'ailleurs toujours pas complètement desserré à ce jour.

Quoi qu'il en soit, en septembre 1930, un an après avoir lancé son appel vibrant en faveur d'une fédération, le projet est toujours au point mort. Entre-temps, Stresemann est mort, la crise économique partie de Wall Street se répand dans le monde et le nouveau chancelier Brüning n'est plus disposé à négocier quoi que ce soit et utilise même la crise pour remettre les réparations sur le tapis. Pis encore, les nazis, qui ne dépassaient pas les 2,8 % aux élections de 1928, engrangent 6,4 millions de voix aux législatives de septembre 1930 et 107 députés. C'est le choc. Les concessions faites à l'Allemagne devaient renforcer la démocratie ; or ce sont ses adversaires qui sont en train de l'emporter. Critiqué, Briand n'a pas de politique de rechange. « Je défie que l'on fasse autre chose », s'emporte-t-il. Âgé, fatigué, déboussolé par la montée du nazisme, il se raidit dans l'orgueil avec un brin de mégalomanie : « Tant que je serai là où je suis, il n'y aura pas de guerre. »

Malade, parfois pris de malaises, humilié d'avoir échoué à la présidence de la République face à Paul Doumer en mai 1931, Briand tient à se rendre en Allemagne pour tenter de resserrer les liens et s'incliner sur la tombe de Gustav Stresemann avec qui il parlait franchement. Le 26 septembre 1931, dans toutes les gares traversées par son train spécial, le public accourt, les fleurs remplissent le wagon, mais, à Berlin, la claque est clairsemée, organisée, encadrée, rémunérée. Si les nazis ne gâchent pas la fête, c'est que le chancelier a conclu un accord avec eux. Le soir, devant l'hôtel Adlon où le Français est descendu, des étudiants viennent crier « *Nie wieder Krieg* » – plus jamais la guerre. D'autres hurlent « *Frieden* » – la paix. Mais le lendemain, à l'ambassade, ce sont des « Allez-vous-en ! » qui sont scandés depuis la rue. Quelques heures plus tôt, à la sortie du cimetière où il venait de se recueillir sur la tombe de Stresemann, Briand avait croisé un groupe de Chemises brunes qui, stupéfaits de rencontrer le ministre français dans la rue, s'était mis à le saluer le bras tendu. Le vent avait tourné, la tempête se levait, et elle allait emporter toute l'œuvre briandiste, aussi fragile qu'ambiguë, bâtie de 1925 à 1929.

Celui qui disait qu'il fallait avoir le courage d'oser la paix aura la chance de ne pas voir la nuit s'abattre sur le Vieux Continent : il meurt le 7 mars 1932. La foule qui se presse à ses obsèques redoute avec raison que l'on enterre la grande idée avec celui qui l'a portée.

Le nazisme et la guerre ayant démonétisé le briandisme – un idéalisme roulé, une escroquerie, une naïveté, à en croire ses adversaires –, Briand a longtemps disparu des radars mémoriels. Le dernier carré de ses admirateurs – parmi lesquels des munichois et des collaborateurs qui avaient poussé un peu loin la théorie des concessions à l'Allemagne – avait beau prétendre qu'on ne doit pas juger Napoléon sur Waterloo, l'historien Jacques Bariéty pouvait soutenir à juste titre qu'il était « le grand oublié de l'histoire ». Et, subitement, il a fait son grand retour. Pas moins de six biographies lui ont été consacrées en l'espace de vingt ans, avec le nouveau costume de grand-père de l'Europe. Angela Merkel, devant la flamme du Soldat inconnu, le 11 novembre 2009, a même cité Briand et Stresemann comme précurseurs du couple franco-allemand, plaçant la paix au-dessus de tout.

Cette vision est en réalité inexacte. Car ni Briand ni Stresemann ne sont des pacifistes ou des Européens convaincus. Ou, plutôt, ils ne le sont que dans la mesure où la paix et l'Europe peuvent lier les mains de l'Allemagne ou bien permettre de lui rendre sa souveraineté. Briand accepta d'être statufié de son vivant parce que cette sanctification servait sa politique, mais cette politique fut d'abord celle des intérêts de la France, et non la pure émanation d'un idéal abstrait. Reste un homme qui croyait au droit, un réaliste et non un naïf qui pensait qu'il fallait avoir foi dans la paix pour l'obtenir. Reste aussi l'éternelle question de l'impuissance du droit s'il n'est pas garanti par la force.

Bibliographie sélective

Bariéty Jacques (dir.), *Aristide Briand, la Société des Nations et l'Europe 1919-1932*, Strasbourg, Presses universitaires de Strasbourg, 2007.

Bellon Christophe, *Aristide Briand*, Paris, CNRS Éditions, 2016.

Oudin Bernard, *Aristide Briand*, Paris, Perrin, coll. « Tempus », 2016.

Unger Gérard, *Aristide Briand. Le ferme conciliateur*, Paris, Fayard, 2005.

18

Léon Blum
(1872-1950)
Le premier socialiste à la tête d'un gouvernement

par Jean-Numa DUCANGE

Dans l'histoire des grands ministres qui ont gouverné la France, Léon Blum occupe assurément une place à part. Lorsqu'il devient en 1936 président du Conseil – chef du gouvernement à une époque où le président de la République a des pouvoirs peu étendus –, Blum est le premier socialiste à occuper une telle fonction. Certes, depuis 1848, quelques ministres de cette sensibilité politique ont participé à des gouvernements. Albert Thomas, ministre de l'Armement en 1916, en est l'exemple le plus éloquent. Mais en 1936 on change d'échelle avec cet homme, ancien compagnon d'armes de Jean Jaurès, qui ne se destinait pourtant pas particulièrement à une telle fonction. La preuve : alors que nombre de présidents du Conseil sont souvent ministres avant d'accéder à la fonction suprême, Blum, lui, n'a jamais été membre d'un quelconque gouvernement auparavant.

De l'homme de lettres au chef du Parti socialiste

Né dans une famille juive aisée en 1872, Léon Blum reste longtemps un jeune bourgeois amateur de littérature fréquentant les milieux artistiques et la bohème parisienne. On lui doit des poèmes et même quelques pièces de théâtre récemment redécouvertes[1]. Mais, après avoir côtoyé des milieux plutôt anarchisants, il devient haut fonctionnaire au Conseil d'État et s'engage aux côtés de Jean Jaurès. Il admire le célèbre tribun fondateur de *L'Humanité*, député de Carmaux et dirigeant socialiste. Le grand combat qui l'amène vers Jaurès, c'est l'affaire Dreyfus. D'abord parce que Blum est sensible à l'antisémitisme. Athée, il se définit malgré tout comme un Juif français, tenant à cette identité. Mais un autre élément entre en ligne de compte : Jaurès défend une conception particulière du socialisme, qui ne se résume pas à la « lutte de classes » mais comporte aussi une dimension éthique et morale. Blum est marqué à vie par ce premier engagement. Il ne manquera jamais d'ailleurs de rappeler cette proximité avec le grand fondateur pour légitimer sa place dans la galaxie socialiste à ceux qui la contestent.

Reste que, lorsque Jaurès s'allie avec le marxiste Jules Guesde pour unifier le socialisme français en 1905 (est alors fondée la « Section française de l'Internationale ouvrière », SFIO, soit le Parti socialiste), notre esthète fait plutôt partie des déçus. Il s'éloigne alors de la politique et préfère prendre à rebours les mœurs de l'époque, au risque de choquer une bonne partie de l'opinion mais aussi nombre de ses camarades : il publie en 1907 un ouvrage sur le mariage dans lequel il prône l'union libre et la

1. Milo Lévy-Bruhl (éd.), *Le Théâtre de Léon Blum*, Paris, Éditions de l'Aube, 2023.

critique de cette institution « bourgeoise[2] ». Pas exactement un texte qui vous permet de vous lancer en politique et de devenir majoritaire ! Bref, il assume pour l'heure une liberté de ton, restant aux marges du Parti socialiste.

Gardien de la « vieille maison »

La guerre change tout pour les socialistes. C'est également un tournant dans la vie de Léon Blum. Il se situe résolument, comme la plupart de ses amis, du côté de l'« union sacrée » et de la défense nationale. Il joue un rôle plutôt secondaire, mais qui constitue quand même un engagement : dès août 1914 il devient chef de cabinet de Marcel Sembat, ministre (socialiste) des Travaux publics. Il en tire une précieuse expérience pratique et quelques réflexions plus théoriques sur la façon dont l'État peut désormais rationaliser l'économie de marché dans des situations extrêmes.

En 1919, à quarante-six ans, il devient pour la première fois député (de Paris), soit tardivement par rapport à d'autres figures de son parti (Jaurès avait été élu député à vingt-six ans). Son rôle grandit aussi au sein de la SFIO : dans un contexte où la révolution russe attire nombre de militants, il doit préparer le nouveau programme de l'organisation. Mais c'est surtout au congrès de Tours à Noël 1920, qui voit la majorité des délégués de la SFIO se tourner vers Moscou, que Blum acquiert un statut de premier plan. Contre le ralliement au bolchevisme, il garde les clefs de la « vieille maison », défendant un socialisme ancré dans la République et de tradition française qui est d'après lui celui

2. Léon Blum, *Du mariage*, Paris, Bouquins essai, 2021 (édition originale : 1907).

de Jaurès[3]. Avec Paul Faure, l'homme fort de l'appareil, Blum est le nouveau visage du Parti socialiste « maintenu », désormais concurrencé par les communistes. Le PCF plonge dans une relative marginalité et entretient des liens détestables avec Blum et les socialistes. Ces derniers appuient le « Cartel des gauches » en 1924, sans participation gouvernementale, mais l'expérience tourne court. Plus notable est la coalition qui se forme en 1934 : face à la montée du fascisme en Europe et sur le sol français, un « rassemblement populaire » se forme, avec l'aval des Soviétiques. L'Histoire retient le terme de « Front populaire », expression qui en fait tousser quelques-uns, car il s'agit de l'appellation de l'Internationale communiste stalinisée. Toujours est-il que socialistes, communistes mais aussi radicaux – alors encore le grand parti central de la vie politique, oscillant entre le centre gauche et le centre droit – s'unissent et parviennent à gagner les élections législatives du printemps 1936. Début mai, une majorité de gauche est portée au pouvoir – même si les résultats sont très serrés avec les droites. La SFIO étant le parti arrivé en tête, elle doit désigner le nouveau chef de gouvernement.

Le ministre au travail

Tout s'accélère en quelques jours, car Blum n'envisage pas initialement ce poste. Mais il a mené une campagne ardente et gagné en popularité depuis quelques mois à la suite d'un épisode qui frappe beaucoup les esprits. En effet, le 13 février 1936, il subit l'agression de militants d'extrême droite boulevard Saint-Germain lors des obsèques de Jacques Bainville, alors qu'il passait

3. Alain Bergounioux, *Léon Blum. Le socialisme et la République*, Paris, Fondation Jean-Jaurès, 2016.

par hasard à proximité. Les militants le considèrent à partir de là comme un héros.

Blum à la tête du pays, est-ce un bouleversement des pratiques gouvernementales ? À en croire plusieurs de ses collaborateurs, à commencer par son directeur de cabinet, André Blumel, il semble bien que le premier socialiste à diriger la France ait adopté un style particulier. À l'écoute, il sollicite beaucoup d'avis et de conseils. Il conserve des matinées entières à l'écart du tumulte politique pour lire et réfléchir à la situation présente pendant que ses conseillers font tourner les affaires courantes. Avant que les choses ne se gâtent, le président de Conseil se montre très optimiste ; Blumel rapporte ainsi « cette force d'enthousiasme que je n'ai retrouvée nulle part ailleurs depuis : ce besoin d'agir, ce besoin de créer, ce besoin de travailler qui étaient extraordinaires, en même temps qu'une sorte de peur, d'appréhension des catastrophes dont on prévoyait la venue[4] ». Le nouveau président du Conseil cherche à développer un nouvel équilibre en confiant à des ministères des fonctions précises et en créant de nouveaux sous-secrétaires d'État, auxquels sont confiés différents dossiers techniques. Le « numéro 1 » entend ainsi se réserver du temps pour traiter les problèmes d'orientation générale. Une façon de concevoir les choses qui ne lui permettra pas finalement de durer plus que d'autres. Mais il marque quand même son temps en refusant d'accepter un autre portefeuille ministériel : on sait que, sous la IIIe République, la tradition était jusqu'alors d'occuper simultanément le poste de président du Conseil et celui de l'Intérieur (comme Georges Clemenceau entre 1906 et 1909) ou de la Justice. Quelques originalités sont à souligner également avec

4. Cité par Pierre Renouvin et René Rémond, *Léon Blum. Chef de gouvernement. 1936-1937*, Paris, Presses de la Fondation nationale des sciences politiques, 1981 (première édition : 1967), p. 40.

de nouvelles attributions données par exemple à Léo Lagrange, nommé sous-secrétaire d'État à la Santé publique en intégrant les « Loisirs » et les « Sports » ou encore la nomination de trois femmes au gouvernement, également comme sous-secrétaires d'État… à l'heure où celles-ci n'avaient même pas le droit de vote ! Irène Joliot-Curie (à la « Recherche scientifique », elle impulse la création d'une structure qui deviendra le CNRS), Suzanne Lacore à la Protection de l'enfance et Cécile Brunschvicg à l'Éducation nationale font une entrée remarquée. L'impulsion de Blum a été décisive sur ce point.

Mais la préoccupation première de ce gouvernement, c'est l'agitation ouvrière, qui prend rapidement de l'ampleur. Le président du Conseil se retrouve en effet bientôt confronté à une immense vague de grèves qui déferle sur le pays, avec de nombreuses occupations d'usines. L'élection d'une nouvelle majorité de gauche suscite en effet beaucoup d'espoirs dans une partie de la population. La philosophe Simone Weil écrit alors :

> […] dans ce mouvement il s'agit de bien autre chose que de telle ou telle revendication particulière, si importante soit-elle […]. Il s'agit, après avoir toujours plié, tout subi, tout encaissé en silence pendant des mois et des années, d'oser enfin se redresser. Se tenir debout. Prendre la parole à son tour. Se sentir des hommes, pendant quelques jours[5].

À l'écoute du mouvement, mais aussi sous pression et avec la ferme intention de ne pas se laisser déborder, le gouvernement réunit les acteurs sociaux et signe ce qui restera dans l'Histoire comme l'« accord Matignon » du 7 juin 1936. Ce dernier impulse un nouveau système de relations professionnelles

5. S. Galois [Simone Weill], « La vie et la grève des ouvrières métallos », *La Révolution prolétarienne*, 10 juin 1936, p. 7-151.

permettant aux syndicats d'avoir plus de poids. Dans le même esprit, le 24 juin est votée la généralisation des conventions collectives. Suivant cette dynamique, le gouvernement fait voter quelques grandes lois qui vont au-delà du programme minimum prévu par le rassemblement populaire, dans un contexte où les grèves ne cessent de s'étendre. La plus spectaculaire et mémorable de ces lois est celle relative aux congés payés. Pour la première fois, de nombreux Français pourront partir en vacances. Mentionnons également la réduction du temps de travail avec la semaine de quarante heures qui marque un véritable tournant dans l'histoire sociale du pays. Moins retenue par la postérité, la création d'un Office national interprofessionnel du blé n'a rien d'anodin dans la France de l'époque, où la moitié de la population évolue encore dans un milieu rural. Le nouvel organisme public a pour fonction de contrôler les importations et les exportations de blé comme son prix sur le marché.

Fin juin, la vague de grèves décroît enfin. Le PCF lui-même appelle au calme. Son secrétaire général, Maurice Thorez, prononce dès le 11 juin ces mots qui auront une grande postérité : « Il faut savoir terminer une grève dès que satisfaction a été obtenue. » Malgré le rétablissement de l'ordre, toutes ces concessions affolent une partie de la société française. C'est bien trop pour tous ceux qui voyaient déjà d'un mauvais œil la constitution de ce « rassemblement populaire ». Le patronat est largement méfiant, pour ne pas dire plus, même s'il accepte le compromis de juin. Blum s'en prend aux « 200 familles » (les plus riches) en voulant notamment réformer le fonctionnement de la Banque de France. En représailles, certains organisent très vite une fuite des capitaux. Par ailleurs, une partie de l'administration publique est également hostile au gouvernement. Pierre Cot, ministre de l'Air, affronte par exemple dans l'armée des résistances qui l'inquiètent, notamment du côté de la marine, demeurée très conservatrice[6].

Au niveau politique, la frange la plus « dure » de la droite nationaliste n'oublie jamais de ramener le ministre à ses origines. Dès le 6 juin, Xavier Vallat, de la Fédération républicaine, n'y va pas par quatre chemins : « Ce vieux pays gallo-romain qu'est la France va, pour la première fois, être gouverné par un Juif. [...] Pour gouverner la France il vaut mieux avoir quelqu'un dont les origines, si modestes soient-elles, se perdent dans les entrailles de notre sol qu'un talmudiste subtil[7]. » La confrontation prend de l'ampleur lorsque Blum procède à la dissolution des ligues d'extrême droite qui avaient attaqué l'Assemblée deux ans plus tôt, le 6 février 1934. La palme de l'opposant le plus virulent revient à Charles Maurras et son journal *L'Action française*. Il multiplie les attaques contre Blum, jusqu'à l'appel explicite au meurtre. Le célèbre dirigeant de la droite nationaliste écrit dès le 9 avril 1935 : « C'est un homme à fusiller, mais dans le dos. » Avant de surenchérir le 15 mai 1936 : « C'est en tant que Juif qu'il faut voir, concevoir, entendre et *abattre* le Blum. »

Économiquement, le gouvernement est rapidement en butte aux pires difficultés. Il met fin à une certaine austérité, mais la hausse des prix annule *de facto* l'augmentation des salaires, ouvrant la voie au mécontentement populaire. La volonté de réaliser en quelque sorte un « New Deal à la française » ne manque pas, mais les contradictions à l'œuvre minent le gouvernement. Les raisons politiques ne peuvent pas être sous-estimées : les grèves ont déclenché une « grande peur » qui élargit le front de ceux qui, au sein des élites économiques, veulent faire tomber le nouveau pouvoir.

---

6. Sabine Jansen, *Pierre Cot. Un antifasciste radical*, Paris, Fayard, 2002.
7. Cité par Pierre Renouvin et René Rémond, *op. cit.*, p. 82.

Un autre élément important concerne le réarmement du pays. Dès l'été 1936, le ministre de la Défense nationale, Édouard Daladier, affirme sa détermination sur cette question. Lorsque, le 24 août 1936, Adolf Hitler porte à deux ans le service militaire obligatoire, le gouvernement français ne tergiverse pas. Dans ses Mémoires, le ministre souligne qu'il fit « valoir à Léon Blum que les dernières décisions d'Hitler en matière de réarmement étaient non seulement inacceptables, mais qu'elles constituaient pour nous une menace réelle pour la sécurité de la France. Il nous faut un plan de réarmement[8] ». Un plan est donc prévu pour les années 1937-1940, notamment pour l'armée de terre, impliquant un financement massif. Blum affirme que l'idée du désarmement reste pourtant à terme son objectif, contribuant à alimenter la légende selon laquelle son gouvernement n'aurait pas suffisamment réarmé, alors qu'il accomplit l'effort le plus important en ce sens depuis les années 1920.

Pris en étau, Blum finit par assumer une « pause » des réformes en mars 1937, d'autant que l'environnement international se dégrade. Cette notion de « pause » montre que Blum n'entend pas se passer de la logique parlementaire. Il ne souhaite pas subvertir les institutions d'une manière ou d'une autre comme l'en accusent certains de ses adversaires. Il demeure bien un ministre « légaliste » et refuse de suivre les appels à la révolution sociale d'une partie de ses troupes. Cette tempérance n'est pas vraiment récompensée puisque ladite pause précède la chute : quelques mois plus tard, après un vote défavorable du Sénat, le 21 juin 1937, Blum présente sa démission au président de la République. Nombre de projets – l'amélioration du système de retraites, la création d'une caisse spécifique pour aider

---

8. Cité dans Élisabeth du Réau, *Édouard Daladier 1884-1970*, Paris, Fayard, 1993, p. 183.

les agriculteurs et d'un fonds pour les chômeurs – sont reportés *sine die*.

L'instabilité politique continue ensuite, lui permettant de retenter sa chance le 13 mars 1938, date à laquelle il forme un nouveau gouvernement. Face au danger hitlérien de plus en plus pesant, Blum estime nécessaire un gouvernement d'union nationale. Ce « front français » recueille l'approbation du PCF, mais la plupart des autres forces s'y refusent. Il doit se contenter d'une majorité de gauche fragile, qui cherche malgré tout à impulser une nouvelle politique économique. Mais le Sénat le fait trébucher de nouveau, moins d'un mois plus tard. Le second gouvernement Blum s'achève le 10 avril 1938.

L'équation impossible de Blum : entre majorité parlementaire et projet révolutionnaire

Si Blum chute à deux reprises, c'est parce qu'une partie des radicaux le « lâchent » et se tournent vers la droite. Il ne dispose alors plus de majorité pour sa politique. Mais il doit aussi faire face à une série de procès en modération sur sa gauche. Une partie des militants socialistes et d'extrême gauche lui reprochent de ne pas avoir fait la révolution, et d'avoir trop tergiversé avec les dominants sans réellement vouloir rompre avec le capitalisme. À ces critiques le socialiste Daniel Mayer, alors proche de Blum, répond dans ses Souvenirs que les réformes du Front populaire ont malgré tout un caractère « révolutionnaire », car elles ont changé durablement la vie quotidienne des Français. Il cite deux lettres qui l'ont particulièrement marqué : « une petite fille de huit ou neuf ans remerciant le président du Conseil parce que pour la première fois son père ayant un congé va lui permettre, en la conduisant, de connaître enfin sa grand-mère qu'elle n'avait jamais vue ; et à l'autre extrémité des âges, d'une écriture également malhabile, un vieux travailleur écrivait : "Pour la première fois je vais voir la montagne[9]" ». Mais rien n'y fait puisqu'une partie de l'aile gauche quitte le Parti socialiste en 1938, et Blum manque même de perdre le contrôle sur la majorité de son organisation.

Le Parti communiste constitue quant à lui un allié encombrant. D'abord parce que, s'il le soutient, il ne participe pas au gouvernement. La majorité dépend donc de lui, mais le PCF n'a aucun ministre, ce qui empêche d'avoir un lien permanent. Thorez aurait souhaité aller au gouvernement, mais Moscou et le Komintern imposent la non-participation. Rapidement, même s'ils se refusent à « lâcher » le président du Conseil dans les votes au Parlement, les communistes prennent leurs distances. Le plus important point de discorde est l'Espagne. Thorez et ses troupes mènent une campagne pour intervenir militairement afin de soutenir le Front populaire à Madrid, une coalition qui ressemble à son *alter ego* en France mais confrontée là-bas à un début de guerre civile, avec le putsch de Franco. L'aile gauche remuante du Parti socialiste est aussi sur cette ligne, souhaitant aider ses camarades espagnols à se défendre. Blum décide finalement, pour éviter l'embrasement généralisé du continent et pour ne pas s'éloigner de l'Angleterre (il juge impensable de se séparer diplomatiquement d'elle, sous peine d'isolement), de soutenir une politique de « non-intervention ». On sait depuis que, malgré tout, le gouvernement français a facilité la transmission d'armes en direction du camp républicain en Espagne, mais dans des proportions limitées ne pouvant pas réellement inverser le cours de la guerre. Après cela, l'image de Blum se dégrade : Thorez, qui évoque un temps le « camarade Blum », se ravise et l'appelle

9. Cité dans Pierre Renouvin et Rene Rémond (dir.), *op. cit.*, p. 94.

dans ses discours « Blum »... qui ne semble donc plus être un « camarade ». En 1940, ce même Thorez publiera un pamphlet contre lui particulièrement haineux et injurieux (« Blum tel qu'il est »). Ce procès peut sembler d'autant plus injuste que le PCF a plutôt joué la carte de la modération contre les « gauchistes » en 1936. Mais, galvanisé par son score électoral – il pèse désormais 15 % des voix –, le PCF entend se débarrasser de son rival historique à tout prix.

Blum se défend et se justifie contre toutes ces attaques. À ses « amis » de la gauche, le chef du Front populaire affirme qu'il n'entend pas renoncer à la perspective socialiste. Blum conserve en effet le projet, du moins dans les mots, d'en finir avec le capitalisme. Aussi, pour légitimer sa pratique gouvernementale sans renoncer à son utopie, Blum défend l'idée d'une distinction entre l'« exercice du pouvoir » et sa « conquête ». Cela fait alors une dizaine d'années qu'il emploie ces termes dans les congrès socialistes. Qu'est-ce que cela signifie ? D'après lui, la majorité qui permet au Rassemblement populaire de gouverner, c'est l'« exercice du pouvoir » : soit une situation permettant d'obtenir des réformes dans un contexte d'alliances larges, sans pour autant aller vers la socialisation des moyens de production, et en respectant la légalité républicaine. La « conquête », c'est une visée plus lointaine réunissant « des conditions optimales pour permettre la transformation du régime de propriété[10] ». Bref, changer de fond en comble le régime politique et surtout les structures sociales pour réaliser le vieux rêve socialiste. Mais cette « conquête » n'est pas à l'ordre du jour en juin 1936. Aussi, Blum se montre parfaitement légaliste et se défend de vouloir renverser la République. Il déclare par exemple à la Chambre des députés le 6 juin :

10. Alain Bergounioux, *op. cit.*, p. 28.

> Tandis que nous nous efforcerons ainsi, en pleine collaboration avec vous, de ranimer l'économie française, de résorber le chômage, d'accroître la masse des revenus consommables, de fournir un peu de bien-être et de sécurité à tous ceux qui créent, par leur travail, la véritable richesse [...], nous aurons à gouverner le pays. Nous gouvernerons en républicains. Nous assurerons l'ordre républicain [...]. Nous appliquerons avec une tranquille fermeté les lois de défense républicaine [...]. Nous montrerons que nous entendons animer toutes les administrations et tous les services publics de l'esprit républicain[11].

Quoi que l'on pense de la distinction et de sa pertinence, il faut le souligner : Blum est un des très rares (le seul ?) chefs de gouvernement français en exercice à avoir poussé aussi loin une justification doctrinale de son action. Une manière de montrer qu'il se considère toujours (et peut-être avant tout) comme un théoricien engagé en politique à la manière de son mentor, Jean Jaurès. D'ailleurs, si cet aspect de sa personnalité le singularise *a posteriori* et le place sans aucun doute au-dessus de la mêlée par rapport à nombre de ministres sans bagage intellectuel, à l'époque nombreux sont ceux estimant qu'il n'est pas vraiment à sa place. Blum n'est pas du sérail, on ne le voit pas comme un « vrai » politique. Son caractère semble peu compatible avec les qualités requises par une telle fonction : sa capacité à réfléchir longuement en toutes circonstances apparaît comme une faiblesse, et sa tendance à théoriser alors qu'il occupe un poste exigeant beaucoup de pragmatisme semble trop prononcée. Pierre Cot, ministre de l'Air en 1936-1938, le décrit ainsi avec une certaine finesse : « Léon Blum [...] n'était pas un homme de couloir [...] aussi y avait-il peut-être plus de gens qui l'estimaient

11. Discours de Léon Blum à la Chambre des députés, 6 juin 1936, cité par Alain Bergounioux, *op. cit.*, p. 115.

intellectuellement que de gens sur lesquels il pouvait agir directement [...]. Il n'avait pas le contact ou tout au moins le tutoiement facile, et cela a pu jouer dans une certaine mesure[12]. »

(Brèves) expériences ministérielles

La suite est tragique : aucune recomposition ne permet le retour de la gauche au pouvoir et la Chambre élue en 1936, amputée des communistes interdits depuis le pacte germano-soviétique à l'été 1939, finit par voter les pleins pouvoirs au maréchal Pétain dans un contexte de débâcle militaire. Blum, lui, fait partie des trente-six députés qui s'opposent au vainqueur de Verdun. Il devient alors une cible de choix persécutée par les autorités : arrêté le 14 septembre 1940, il est incarcéré. Il se lance dans la rédaction de Mémoires et d'un essai politique, *À l'échelle humaine*. Il est déporté à Buchenwald d'avril 1943 à avril 1945.

À la Libération, honoré d'un certain prestige, Blum, âgé et affaibli, refuse de participer au gouvernement malgré l'insistance du général de Gaulle. Il n'est pas inactif pour autant et accepte de représenter le gouvernement en certaines circonstances. Il participe par exemple aux négociations avec les États-Unis sur l'aide financière devant être donnée à la France ; une des clauses facilite l'introduction du cinéma américain dans l'Hexagone (ce sont les accords dits « Blum-Byrnes »), ce qui lui vaut une campagne virulente occasionnant des résurgences d'antisémitisme. Il redevient même président du Conseil d'un gouvernement de transition dans l'attente de la mise en place de la nouvelle Constitution de la IVe République. Il gouverne ainsi du 12 décembre 1946 au 17 janvier 1947. Très court, ce nouveau passage au sommet ne le

12. Cité *ibid.*, p. 169.

voit pas inactif : il tente d'imposer une baisse des prix pour casser l'inflation. Mais ces dernières expériences lui valent une flambée de haine particulière des communistes, pour lesquels il représente la « trahison » par excellence. À une époque où les gouvernements éphémères se succèdent, il rate de peu en novembre 1947 une ultime investiture (à neuf voix près) en cherchant à rassembler un ensemble hétéroclite de députés refusant de suivre les gaullistes ou les communistes. Il occupe quand même la vice-présidence du Conseil du gouvernement d'André Marie en juillet 1948, s'intéressant particulièrement aux premiers pas de la construction européenne et à la création de l'État d'Israël, qu'il soutient avec enthousiasme. Mais cette vice-présidence reste avant tout honorifique : sa carrière de ministre est définitivement terminée. Encore actif intellectuellement bien qu'affaibli par la maladie, il n'entend pourtant pas céder d'un pouce idéologiquement aux « moscoutaires », se réclame d'un humanisme socialiste tout en célébrant le *Manifeste communiste* de Marx – mais pour l'actualiser – un siècle après sa parution. Il meurt moins de deux ans plus tard, en mars 1950.

Finalement, Blum aura bien peu gouverné la France : moins de deux ans. Une longévité qui a même quelque chose de dérisoire par rapport à d'autres ministres célèbres. Pourtant il n'a pas exercé le pouvoir pour rien. Un de ses héritages est peut-être de montrer qu'être aux responsabilités pendant un laps de temps très court n'empêche pas de voter des lois symboliques et pérennes marquant plusieurs générations. En ce sens, malgré un bilan qui prête au débat, il fut bien un des plus importants ministres français du XXe siècle.

Bibliographie sélective

Berstein Serge, *Léon Blum*, Paris, Fayard, 2006.

Monier Frédéric, *Léon Blum. La morale et le pouvoir*, Paris, Armand Colin, 2016.

Renouvin Pierre et Rémond René, *Léon Blum. Chef de gouvernement. 1936-1937*, Paris, Presses de la Fondation nationale des sciences politiques, 1981 (première édition : 1967).

Vigreux Jean, *Le Front populaire*, Paris, PUF, coll. « Que sais-je ? », 2011.

19

Robert Schuman (1886-1963)

L'horizon européen

par Jean-Pierre Rioux

Robert Schuman a été de ceux qui, après deux guerres mondiales épouvantables, ont été en première ligne pour faire avancer un projet politique et moral unique dans l'Histoire : construire une Europe délivrée des violences inouïes et inhumaines des nationalismes et des totalitarismes, et au sein de laquelle les individus et les peuples pourraient s'unir et s'épanouir librement tout en se dépassant peut-être un jour dans un ensemble confédéral. En 1950, c'est lui, assurément, qui a sonné le branle du côté français, avec Jean Monnet.

Catholique et lorrain, toujours

C'est un Lorrain des frontières, avec des ancêtres paysans bien implantés entre Thionville et Luxembourg. Il est ainsi à la fois l'enfant du grand-duché, où il est né et dont il parle le dialecte, de la Lotharingie carolingienne, qui sera sa meilleure référence européenne, et aussi du Reichsland d'Alsace-Moselle de 1871 qui a fait de lui un avocat pétri de langue et de culture allemandes, et de la France, dont sa mère d'origine alsacienne lui a transmis le parler et dont il est devenu citoyen de cœur et de plein droit en 1918. Il est aussi un chrétien fervent qui songea un temps à la prêtrise, engagé précoce dans l'Action catholique et les œuvres caritatives, pèlerin assidu, ami de clercs dynamiques et d'évêques influents, ayant même ses entrées au Vatican : « l'homme à la soutane invisible », le mot est de l'anticlérical Vincent Auriol, non seulement a osé conjuguer sa foi et son action politique, mais est resté un serviteur de Dieu, au point qu'un procès en béatification est instruit aujourd'hui encore à Rome. Cette double allégeance mosellane et chrétienne va singulariser à belle hauteur un homme du centre, transfrontalier de nature et à l'âme ardente. Il nomadisera du côté du Zentrum, le grand parti catholique modéré, mais sans plus.

Vient la Grande Guerre que, réformé, il fait sur place dans un hôpital puis dans des bureaux, sans jamais porter l'uniforme allemand. Elle le convainc dès l'automne 1914, en visitant ses cousins de Belgique et au vu des atrocités, d'ouvrir les yeux et de choisir la France. « J'étais en somme, dira-t-il, un cosmopolite, un indifférent comme il y en a beaucoup dans nos pays frontaliers, où le sang se mélange et les caractères nationaux se confondent. » Mais le voilà « séparé à jamais intérieurement de l'Allemagne, de son régime, de son caractère national, de ses principes, où je vis la nécessité de me défaire de ma neutralité, de me solidariser avec ceux qu'opprimaient l'injustice et la barbarie ». Au 11 novembre 1918, il est plein « d'une confiance et d'une affection sans réserve pour la grande famille qui nous accueille » et il entend servir sa nouvelle patrie autant que la précédente. En novembre 1919, il est élu député de la Moselle à la tête d'une liste de l'Union républicaine lorraine et entre donc au Palais-Bourbon.

Il n'y brillera guère. Débarquant dans un monde politique et un milieu parisien inconnus, sans charisme ni éloquence, il intervient rarement à la tribune et préfère travailler dans la commission d'Alsace-Lorraine et celle de la législation civile, où sa capacité à examiner les dossiers en juriste scrupuleux est appréciée. Et d'abord celui, épineux, de l'inscription de l'Alsace-Lorraine recouvrée dans les lois de la République sans qu'elle soit dépossédée des avantages religieux, législatifs et sociaux acquis sous le Reichsland depuis Bismarck. À la tête des parlementaires locaux, très divisés entre les Alsaciens tentés par l'autonomisme et les Lorrains germanophones ou francophones plus départementalistes ou fédéralistes mais tous soutenus dans leur diversité par le clergé, les associations et la presse régionale, Schuman négocie et compose avec les uns et les autres, fait avancer pas à pas leur cause à la Chambre et auprès des gouvernements.

Sa conviction, qui va renforcer désormais les vieilles propensions girondines au cœur de tous les hommes du centre droit, est que, si « la République est une et indivisible, elle ne doit pas être uniforme. La démocratie bien comprise a des formes souples, non seulement elle respecte les libertés individuelles, mais elle favorise les libertés régionales ». Sa démarche pragmatique refuse de faire des anciennes provinces perdues un État dans l'État, mais elle défend leur personnalité, préserve leur singularité en matière de code civil et de code du commerce aménagés, d'assurance sociale plus solide, d'enseignement du fait religieux à l'école publique et de fonctionnarisation des clergés. La bataille est rude, notamment contre le Cartel des gauches en 1924, qui veut une application stricte de la loi de séparation des Églises et de l'État de 1905. Le gouvernement Poincaré débloque la situation à partir de 1926, et Schuman, toujours prudent et attentionné, devient le protecteur attitré des Alsaciens-Lorrains, le conciliateur tenace et le réconciliateur potentiel, tout en restant hostile à toute idée d'autonomie. Ce qui lui vaut la reconnaissance fervente de la Moselle, malgré une forte poussée des communistes dans les zones de sidérurgie. Avec le retour du scrutin uninominal d'arrondissement en 1928 et fort de ses anciennes amitiés religieuses et civiles, il conquiert Thionville-Est l'année suivante puis le département après 1945, et il y sera réélu sans grande difficulté jusqu'à son retrait de la vie politique en 1962.

En politique générale, il n'est pas homme de parti. Il reste favorable à la droite et au centre droit à l'heure de la négociation des majorités, mais il tient à être aussi ce député qui court les cérémonies religieuses et encourage les associations de jeunesse de l'Action catholique : il est d'abord un chrétien-social plus qu'un clérical, un descendant direct de l'encyclique *Rerum novarum* de Léon XIII, un républicain venu d'ailleurs et pas tout à fait à l'aise avec les révérences obligées aux immortels principes de 89, à la laïcité de combat et à l'affrontement mécanique entre la gauche et la droite. Élu à la Chambre « bleu horizon » puis soutien du gouvernement Poincaré, on le retrouve ensuite en député lorrain proche de la Fédération républicaine et, de 1931 à 1938, apparenté sans passion particulière au groupe émanant du petit Parti démocrate-populaire (PDP). Toujours modéré et discret, il a soutenu tous les gouvernements d'union nationale jusqu'en 1940, combattu le Cartel des gauches comme le Front populaire, souhaité une profonde réforme de l'État et des finances publiques, approuvé les accords de Munich. Car il est resté un homme de paix, soutien de la Société des Nations, favorable à la politique d'Aristide Briand, croyant que les appels à la raison pratique suffiraient pour faire face à Hitler : depuis 1933, il a minimisé le péril national-socialiste avec bonne conscience. Et, terrible retournement de l'Histoire, c'est lui, si averti du dossier des frontaliers, que choisit Paul Reynaud en mars 1940 comme sous-secrétaire d'État aux Réfugiés qui affluent de toute l'Europe piétinée par l'hitlérisme.

De mai à août, pendant la débâcle, il gère au moins mal le sort des réfugiés et des étrangers repliés vers Poitiers, il accepte de poursuivre sa tâche en juin dans le gouvernement Pétain, il vote à Vichy les pleins pouvoirs au Maréchal le 10 juillet et à Laval le 11. Démissionnaire dès le 13, il rentre à Metz avec ses Mosellans, où, premier des députés français à subir ce traitement, les Allemands l'arrêtent le 14 septembre. Incarcéré à Metz jusqu'en avril 1941, puis assigné à résidence dans le Palatinat, il refuse de « foncer à l'aveugle » mais s'évade pourtant en août 1942, revient à Vichy pour protester contre l'incorporation des jeunes Alsaciens-Mosellans dans la Wehrmacht puis entre dans la clandestinité et se réfugie dans des couvents pour y attendre la Libération, sans entrer en résistance active ni rejoindre, comme le radical Henri Queuille, la France libre et Alger. Ce qui lui vaudra de graves ennuis comme « produit de Vichy » à l'automne 1944, la haine viscérale des communistes et la grogne des gaullistes, avec en prime un confinement à Metz où on l'a d'ailleurs retrouvé avec plaisir. Jusqu'à ce que le général de Gaulle lui-même fasse prononcer un non-lieu en sa faveur en septembre 1945. Dès le 23 du même mois, il a retrouvé son siège de conseiller général dans un canton de sa chère Moselle. Le 21 octobre, le voilà de nouveau député à l'Assemblée constituante.

Cette fois, plus d'atermoiements : il rentre en politique nationale par la grande porte, sans renier son particularisme lorrain. Il adhère du bout des lèvres au parti le plus prometteur du moment, le MRP, et d'abord pour y défendre ses Alsaciens-Lorrains, faire valoir ses capacités financières et juridiques, et, cela va de soi, avoir la haute main sur la fédération de la Moselle : « C'est un modéré entré au MRP », dira, perplexe, Francisque Gay, la conscience morale et sociale du jeune mouvement. Très vite, au parti comme au groupe parlementaire, on apprécie néanmoins ce rescapé de la IIIe République qui n'a pas été un résistant, comme Edmond Michelet ou Georges Bidault, mais qui apporte « sa culture, sa sérénité, son sens politique et sa diplomatie alliée à une ruse paysanne et à un humour malicieux », dira son ami Ernest Pezet.

En juin 1946, après la démission de Pierre Mendès France, qui l'apprécie, et le départ du général de Gaulle, Georges Bidault, nouveau chef du gouvernement provisoire, lui confie le portefeuille de la rue de Rivoli puisqu'il est déjà à la tête de la commission des Finances à l'Assemblée et paraît capable de combattre le marché noir et l'inflation, de négocier l'aide américaine, de faire une pause dans les nationalisations, de réduire les déficits et de prêcher l'austérité : bref, de faire face à une situation très alarmante par l'orthodoxie financière. Mais, en dépit de la compétence de son directeur de cabinet François Bloch-Lainé, pris dans les contraintes budgétaires, impuissant à réunir dans son ministère les finances classiques et l'économie nouvelle, fief de la gauche socialiste, livrant des batailles au jour le jour, l'ami de Bidault puis de Ramadier a dû se contenter d'endosser l'impopularité et de mettre au net des solutions que nul ne songeait à appliquer. Finalement, il a refusé à la fois, en bon chrétien social, le dirigisme dogmatique et le libéralisme doctrinal, mais sans pouvoir dénouer l'écheveau.

En novembre 1947, dans un pays bousculé par les grèves et un régime menacé par les communistes et les gaullistes, le président Vincent Auriol, avec l'aval de Léon Blum, l'appelle à Matignon pour faire face à une crise qui prend une allure prérévolutionnaire et pour imposer coûte que coûte les solutions proposées par la nouvelle coalition de Troisième force. Les socialistes et les radicaux ne lui sont pas défavorables, le MRP suit, les Indépendants applaudissent : sa modération, son sens du compromis en imposent. Alors, il fait face avec une « tranquille vigueur », gagne ses galons d'homme d'État, lave son honneur attaqué par Jacques Duclos, qui le traite à plusieurs reprises de « Boche ». Face à un mouvement social qui s'essouffle, tenant bon jour après jour en décembre sans sortir de la légalité pour contenir violences et attentats, soutenu par une opinion lasse du désordre, il triomphe des factieux à la Noël.

Le PCF sort affaibli, la CGT éclatée, mais sans que le désordre économique et financier soit limité et que les crises ministérielles cessent. Puisqu'il faut relever les salaires sans hausser les prix ni aggraver les déficits, une dévaluation du franc est nécessaire en janvier 1948, de Gaulle reste intraitable dans son hostilité au « régime des partis », la querelle scolaire reprend, on chipote sur les crédits militaires, le MRP perd sa force d'entraînement : Schuman dispute une course d'obstacles qui tient de la quadrature du cercle, avant d'être renversé par les socialistes en juillet 1948. En septembre, dans la confusion, un nouveau retour à Matignon lui est interdit. Sans regrets de sa part : il sent peut-être déjà qu'il va donner sa pleine mesure au Quai d'Orsay. C'est que, sous des dehors discrets et sa silhouette prématurément voûtée, piéton de Paris repoussant les facilités du pouvoir, pouvait se cacher un humour parfois féroce ; à Georges Bidault persiflant qu'il était « un moteur à gaz pauvre », il répondait doucement : « Tout le monde ne peut pas avoir un moteur à alcool... »

L'égoïsme ne paiera plus

Il a été ministre des Affaires étrangères de juillet 1948 à janvier 1953 dans neuf gouvernements de Troisième force, dont ceux d'Henri Queuille, René Pleven, Edgar Faure et Antoine Pinay. Cette longévité exceptionnelle l'a singularisé, mais sans qu'il ait eu tout à fait les mains libres, pris qu'il était dans les rivalités au sein des gouvernements et au MRP même, dans les démêlés avec une administration à l'ancienne bousculée par les experts modernisateurs et dans l'*imbroglio* de la guerre froide et de la décolonisation. Du moins pouvait-il compter sur des collaborateurs de grande classe, comme Alexandre Parodi, Hervé Alphand ou Jacques de Bourbon-Busset. Mais c'est son coup de maître de 1950 sur l'Europe qui le fera passer à la postérité.

Il n'y a guère à dire sur son action défensive d'une Union française minée par la guerre d'Indochine et les luttes d'émancipation en Afrique du Nord : c'est Pierre Mendès France qui réglera la question indochinoise à Genève en 1954, après le désastre de Diên Biên Phu, et qui fera évoluer plus favorablement celles de la Tunisie et du Maroc. Sa vision d'une décolonisation « progressive », son aptitude à négocier, son refus du colonialisme et du protectorat à l'ancienne, rien n'y fait : sa recherche têtue d'un moyen terme outre-mer est une impasse, puisque seul désormais l'événement commande.

Il en est de même pour son action diplomatique entre les États-Unis et l'URSS et dans les grandes instances internationales. Mal à l'aise à Washington comme à l'ONU, répugnant à suivre toutes les subtilités des diplomates, il n'acquiert pas la stature d'un arbitre ou d'un entraîneur. Néanmoins, à l'heure du blocus de Berlin, de la bombe A soviétique et de la crainte de voir éclater un troisième conflit mondial, il a conforté l'ancrage occidental et l'alliance atlantique de la France. Il a accueilli avec gratitude l'aide Marshall américaine en dollars et en équipements et, par concertation active avec les Anglais, fait avancer les négociations qui aboutissent en avril 1949 à la signature du traité de l'Atlantique Nord et à la création de son bras armé, l'OTAN : la France affaiblie se devait, selon lui, de rester dans le sillage des États-Unis si elle ne voulait pas céder au communisme. Avec l'URSS de Staline, il s'est défendu de vouloir la guerre, comme le prétendaient les communistes français surexcités contre lui. À l'ONU, en novembre 1951, il affirma même pouvoir composer avec le régime soviétique : « Nous n'entreprendrons contre lui aucune croisade, aucune action violente ; nous n'excluons pas, par contre, une évolution intérieure. En attendant, nous sommes prêts à accepter un *modus vivendi* pourvu qu'il écarte toute ingérence dans nos propres affaires. » Ce qui restera un vœu pieux.

Sa meilleure ambition fut de hâter la réconciliation entre la France et l'Allemagne et, fort de celle-ci, de lancer la construction d'une Europe de paix et de coopération entre les peuples :

> Les frontières qui nous séparent aujourd'hui, disait-il dès 1942, ne doivent pas être des barrières entre les peuples, entre des hommes qui, en fin de compte, n'ont jamais été eux-mêmes à l'origine des conflits. Il faut en finir avec la notion d'ennemi héréditaire et proposer à nos peuples de former une communauté qui sera, un jour, le fondement d'une patrie européenne. [...] Si nous agissons de la sorte, nous aurons accompli les dernières volontés des morts de tous les pays.

En mai 1949, il a soutenu l'initiative de Winston Churchill créant un Conseil de l'Europe installé à Strasbourg : un premier pas, mais qui n'aura pas d'effet d'entraînement. Car il a compris bientôt que tout passerait par une politique allemande réaliste acceptée par les Américains et les Soviétiques, puis par le tissage de liens avec les pays qui pourraient œuvrer de concert avec la France : l'Allemagne d'Adenauer, l'Italie de De Gasperi et le Benelux de Spaak. Ce qui sera fait, en n'imposant pas au vaincu de 1945 un nouveau traité de Versailles humiliant, mais en acceptant que la partie orientale du pays passe derrière le rideau de fer communiste. Délimitation des zones d'occupation y compris à

Berlin, statuts de la Sarre et de la Ruhr, naissance en 1949 de la République fédérale, installation d'un gouvernement à Bonn, refus d'un réarmement allemand mais élaboration en 1952 d'un traité de la Communauté européenne de défense (CED) que, d'ailleurs, la France rejettera deux ans après : tout fut difficile à expliquer et à négocier. Mais le Lorrain des frontières, multipliant ses contacts amicaux outre-Rhin, contribua fortement à l'avancement raisonné de ces dossiers si sensibles.

Il s'est singularisé davantage et eut son heure de gloire passée à la postérité le 9 mai 1950 au salon de l'Horloge du Quai d'Orsay par une déclaration-surprise, en solitaire, lue de sa voix monocorde, à l'écart des médias et qui ne fut même pas filmée ni enregistrée mais qui fit grand bruit en Europe et dans laquelle il proposait une mesure concrète dont le secret avait été bien gardé : placer sous une Haute Autorité commune, indépendante des gouvernements, la production de charbon et d'acier de la France et de l'Allemagne, puis de tout pays européen qui voudrait adhérer à cette idée. Celle-ci avait été étudiée et proposée par Jean Monnet et son équipe du Plan, Schuman l'avait aussitôt acceptée. L'ambition était grande : contre les cartels fauteurs de guerre, il s'agissait de réguler un marché clef, de moderniser et produire davantage pour sortir de la pénurie, de solidariser l'effort de tous pour relever le niveau de vie. L'espérance était là :

> Il n'est plus question de vaines paroles. Cinq ans, presque jour pour jour, après la capitulation sans conditions de l'Allemagne, la France accomplit le premier acte décisif de la construction européenne et y associe l'Allemagne. [...] L'Europe naîtra de tout cela, une Europe solidement unie et fortement charpentée. Une Europe où la Ruhr, la Sarre et les bassins français travailleront de concert et feront profiter de leur travail pacifique, suivi par les observateurs des Nations unies, tous les Européens sans distinction, qu'ils soient de l'Est ou de l'Ouest, et tous les territoires, notamment

d'Afrique, qui attendent du vieux continent leur développement et leur prospérité.

Coopération pacifique, mise en commun, certitude que l'Europe se ferait « par des réalisations concrètes créant d'abord des solidarités de fait » : Schuman a réactivé l'esprit du christianisme social, confié pragmatiquement aux experts issus du planisme des années 1930, de Vichy ou de la Résistance le soin d'agencer puis de négocier le projet à petits pas bien comptés, ce qui fut fait sans trop utiliser les diplomates, sans songer à consulter les peuples ni à mobiliser les opinions publiques, en jouant par surprise la carte de la proposition constructive par elle-même.

L'accueil fut favorable chez les décideurs et dans la presse, sauf à Londres qui restera à l'écart, furieux de n'avoir pas été consulté tandis que les Américains ont fait bonne figure à l'abri de leur plan Marshall. En France les communistes, les gaullistes et une partie des milieux d'affaires et des patrons de la sidérurgie ont tempêté, mais sans avancer d'idée de rechange. Pourtant le fait est là, grâce à l'habileté tranquille de Schuman, l'Europe a un premier point d'arrimage concret : le projet d'une Communauté européenne du charbon et de l'acier (CECA) est rapidement ratifié et, surtout, le « pool charbon-acier » voulu par Schuman va peu à peu permettre d'avancer l'idée d'un Marché commun et de dessiner une Europe à six États qui, pour fonctionner, se donnera des formes politiques transnationales qui iront bien au-delà de la Haute Autorité de la CECA : une Assemblée commune, un Conseil des ministres, une Cour de justice et, bien plus tard, une Constitution.

Après 1955, et un dernier passage au ministère de la Justice dans le gouvernement Edgar Faure, Robert Schuman est très logiquement devenu le premier grand commis voyageur de l'idée européenne, auprès des Six mais aussi des pays candidats à l'élargissement, des neutres, des Anglo-Saxons stupéfaits et même des adversaires à l'Est. Longtemps président du Mouvement européen, il a poussé à l'adoption de tout ce qui est « restreint mais constructif » en matière douanière et économique, jusqu'au Marché commun de 1957 et, croit-il, a concrétisé ainsi la promesse d'une économie enfin au service de l'homme. Il a combattu à la fois le protectionnisme et le libre-échange et, plus encore, le « fétichisme nationaliste » qui ignore le bien commun. « Le supranational, aimait-il à dire, repose sur le national; il n'y a aucun renoncement à un passé glorieux, mais un épanouissement nouveau des énergies nationales par leur mise en commun au service de la communauté internationale. Un tel idéal est bien français; il est conforme au génie d'un peuple qui a toujours tendu vers l'universalisme. » Il a pourtant senti, et douloureusement, que cette Europe en marche souffrait déjà d'un déficit démocratique et n'intéressait pas les citoyens. Demain, pensait-il, il nous faudra parler plus haut de politique, de culture, de religion et d'héritages : de supplément d'âme en somme. Sinon l'idée européenne périclitera.

Quoi qu'il en soit, ajoutait-il en 1953 à Rome :

> Il faut préparer les esprits à accepter les solutions européennes en combattant partout non seulement les prétentions à l'hégémonie et la croyance à la supériorité, mais les étroitesses du nationalisme politique, du protectionnisme autarcique et de l'isolationnisme culturel. À toutes ces tendances qui nous sont léguées par le passé il faudra substituer la notion de la solidarité, c'est-à-dire la conviction que le véritable intérêt de chacun consiste à reconnaître et à accepter dans la pratique l'interdépendance de tous. L'égoïsme ne paie plus.

C'est cette conviction que le défenseur du particularisme des Alsaciens-Lorrains, le chrétien soucieux de subsidiarité, de coopération, de réconciliation et de paix, le chef de gouvernement pugnace, le ministre prudent et habile a brusquement fait inscrire au plus fort des ambitions non seulement du MRP et de ses descendants démocrates, mais de tous les centristes. Avec eux, jusqu'à une date récente et malgré le doute qui a monté, nombreux sont ceux qui ont su et qui ont cru comme lui qu'aller jusqu'à l'Europe politique, fédérale ou non, était dans la logique du monde nouveau d'après 1945.

Après lui, Jean Lecanuet sera son disciple le plus fidèle. Simone Veil, présidente en 1979 du premier Parlement européen élu au suffrage universel, ou Jacques Delors, président de la Commission européenne de 1985 à 1995, sauront eux aussi se souvenir de lui. Et Raymond Barre, vice-président de la Commission de 1967 à 1973, a tenu à le singulariser et à l'honorer en ces termes :

> Robert Schuman n'a jamais transigé sur ses convictions, il a inscrit son action dans une perspective spirituelle. Ainsi, par une constante ascèse, l'homme d'État fut en même temps un « apôtre laïc ». Il justifie la proposition de Max Weber : « L'éthique de conviction et l'éthique de responsabilité ne sont pas contradictoires, mais elles se complètent l'une et l'autre et constituent ensemble l'homme authentique, c'est-à-dire un homme qui peut prétendre à la vocation politique. »

Bibliographie sélective

Poidevin Raymond, *Robert Schuman*, Paris, Beauchesne, 1988.

Rioux Jean-Pierre, *Gouverner au centre. La politique que nous n'aimons pas*, Paris, Stock, 2020.

Roth François, *Robert Schuman. Du Lorrain des frontières au père de l'Europe*, Paris, Fayard, 2008.

Schuman Robert, *Pour l'Europe*, Paris, Nagel, 1963.

Soutou Georges-Henri (dir.), *L'Europe de Robert Schuman*, Paris, Presses de l'université de Paris-Sorbonne, 2001.

20

Antoine Pinay
(1891-1994)
La politique de la confiance

par Sylvie GUILLAUME

« Des quinze personnalités qui, sous la IVᵉ République, entre le 23 janvier 1947 et le 1ᵉʳ janvier 1958, ont essayé pour quatre d'entre elles à deux reprises de gouverner la France, deux seulement, Antoine Pinay et Pierre Mendès France, sont parvenues à susciter sympathie, intérêt et confiance au-delà de la classe politique, dans une large part de l'opinion », écrit François Goguel[1].

Si la IVᵉ République est celle pendant laquelle Antoine Pinay exerce le plus de fonctions gouvernementales, sa longévité politique couvre trois Républiques, de la IIIᵉ à la Vᵉ, avec des fonctions locales et nationales. Pour un homme qui répétait : « Je n'aime pas la politique, j'aime l'administration » et qui rappelait qu'il ne sollicitait aucun poste mais qu'on venait le chercher, l'exploit ou le paradoxe est assez remarquable, mais toute popularité se construit, et Antoine Pinay a très vite su comment gagner la confiance du Français moyen.

1. François Goguel, Préface, dans Sylvie Guillaume, *Antoine Pinay ou la Confiance en politique*, Presses de la Fondation nationale des sciences politiques, 1984.

De son enracinement local aux premières fonctions gouvernementales

Antoine Pinay avait déjà connu une belle carrière locale avant sa première participation à un gouvernement en 1948. Né en 1891 à Saint-Symphorien-sur-Coise, non loin de Chazelles-sur-Lyon, ce fils de chapelier a fait de courtes études chez les Frères maristes sans obtenir le baccalauréat. Il est blessé à la bataille de la Marne pendant la Première Guerre mondiale, il perd l'usage d'une main et sa bravoure lui vaut d'être décoré de la médaille militaire. Marié à Marguerite Fouletier, fille d'un entrepreneur de tannerie, il en assure très vite la gestion et devient un notable de Saint-Chamond qu'on vient solliciter pour se présenter aux municipales de 1929 ; il est élu maire le 12 mai et en 1935 il est réélu avec 82 % des suffrages. En 1936 il est élu député face au candidat communiste Marcel Thibaud. En 1934, il est élu sénateur. Il est maire presque sans interruption jusqu'en 1977, date à laquelle il ne se représente pas à cause de son âge mais aussi à cause des succès croissants de la gauche ; il est destitué de sa fonction de maire à la Libération pour avoir voté les pleins pouvoirs au maréchal Pétain, en qui il reconnaissait le héros de Verdun et aussi parce qu'il n'était pas opposé à l'idéologie de la Révolution nationale ; il a été nommé au Conseil national de Vichy sans y siéger, mais, relevé très vite de son inéligibilité par René Cassin après la guerre, il peut donc se présenter avec succès aux cantonales de 1945. Il retrouve sa mairie en 1947. Il est élu député de la Loire dès 1946.

Celui qu'on nomme affectueusement « le Toine » dans la Loire s'est constitué un véritable fief, menant une vie simple, voire austère, dans une maison bourgeoise sans ostentation, route du Coin, et conduisant lui-même une voiture modeste jusqu'à un âge avancé. C'est dans son territoire qu'il cultive son physique de monsieur Tout-le-monde avec son chapeau, la pochette à la boutonnière et accessible à tous ses administrés. Or, dans le régime parlementaire de la IVe République, l'enracinement local jouait un rôle important en préalable à une carrière nationale.

Ses premières fonctions gouvernementales comme secrétaire d'État aux Affaires économiques en 1948 dans le gouvernement Queuille ne sont pas marquées par des décisions importantes. Maurice Petsche, ministre des Finances, est davantage connu, mais cette nomination lui permet de se constituer un entourage qui lui sera fidèle tout au long de sa carrière avec Henri Yrissou, Antoine Partrat et Raymond Arasse, surnommés « les chiens de garde ». Yrissou est inspecteur des finances ; Arasse, normalien et agrégé de lettres ; et Partrat est le seul natif de la Loire. Pinay cultive également ses relations avec les grands directeurs comme Louis Franck, à la direction des Prix, François Bloch-Lainé, alors directeur du Trésor, qu'il retrouve tout au long de sa carrière nationale, et se fait connaître du monde politique, notamment des radicaux comme Henri Queuille, qu'il rencontrait pendant ses cures à Aix-les-Bains.

Il conforte ses réseaux au ministère des Travaux publics, des Transports et du Tourisme, ministère technique qu'il apprécia, car, dit-il, « ce n'est pas un poste politique et l'on se trouve dans la même situation qu'un président-directeur général d'une grande administration » ; il y demeura de 1950 à 1952 dans les gouvernements successifs de René Pleven, d'Henri Queuille et de Georges Bidault. Il y joue un rôle important, avec la réorganisation de la SNCF et la coordination du rail et de la route, avec le soutien de René Pleven. Ainsi, en 1952, Antoine Pinay, lorsqu'il fut pressenti par le président de la République Vincent Auriol pour la présidence du Conseil, s'il n'est pas très connu du grand public à l'exception des populations de la Loire, a tissé des liens utiles avec les mondes politique et économique.

« L'expérience Pinay » de 1952

Le 6 mars 1952, Antoine Pinay est investi président du Conseil par l'Assemblée nationale à l'issue d'une longue crise ministérielle, habituelle sous la IVe République, marquée par la chute du gouvernement Edgar Faure le 29 février et les échecs ou les renoncements de plusieurs candidats proposés par Vincent Auriol. En fait, son succès est le résultat d'un effet de surprise et de ce que le président de la République a qualifié de « journée des Dupes » pour les partis politiques qui, à l'exception du Centre national des indépendants et paysans, parti de Pinay, mais aussi des radicaux, ne croyaient pas véritablement à son élection. Le MRP apporte son soutien, non sans conditions sur la politique étrangère, la SFIO réserve sa réponse jusqu'à la déclaration d'investiture, mais la plus grande surprise vient du Rassemblement du peuple français, RPF, le parti créé par le général de Gaulle en 1947, dont vingt-sept membres vont voter en faveur de Pinay malgré l'opposition du Général qui avait déclaré : « Je n'ai pas sauvé la France pour la confier à M. Pinay. »

Le discours d'investiture, l'un des plus brefs de la IVe République, a emporté la décision de ces vingt-sept députés, qui ont souhaité également sortir de l'opposition systématique aux gouvernements successifs. Ce discours de combat est destiné à mettre fin à une grave crise économique résumée ainsi par Pinay : « Voilà le constat, nous sommes en présence d'un triple déficit : les devises, le Trésor, le budget », et pour y remédier il propose des solutions qui ne sont « ni de droite, ni de gauche et qui n'ont pas d'étiquette parlementaire » ; il s'agit d'un programme libéral qui opte pour l'emprunt, préféré à un relèvement de la fiscalité, qui propose de lutter contre la hausse des prix par une politique de persuasion – « méthode Coué », disent les critiques –, un programme basé sur la confiance, maître mot dans ses discours.

Après son discours d'investiture, Antoine Pinay s'emploie à convaincre les hauts fonctionnaires plutôt sceptiques sur les méthodes comme Roger Goetze au Trésor, Louis Franck aux Prix, François Bloch-Lainé au Budget. Il est plus proche de l'économiste libéral Jacques Rueff ou de Wilfrid Baumgartner, gouverneur de la Banque de France. Il entretient de bonnes relations avec Georges Villiers, le président du Conseil national du patronat français (CNPF) ou encore avec celui de la Confédération générale des petites et moyennes entreprises (CGPME), Léon Gingembre. *Le Figaro*, *L'Aurore* contribuent largement à entretenir les espoirs de ce président du Conseil qui en appelle au soutien de l'opinion publique. Même le journal *Le Monde*, plus sceptique, lui accorde un répit lorsque Jacques Fauvet écrit le 13 mars, soit une semaine après l'investiture : « Nous serions tenté de dire aux détracteurs du nouveau gouvernement : Ne tirez pas sur le pianiste, il fait ce qu'il peut. Ce n'est peut-être pas un grand virtuose, mais on pourrait se demander si le pays a de tels besoins. Il nous semble que le président du Conseil est un homme de bon sens. Lucide et honnête, placé devant une tâche très lourde qui dépasserait sans doute bien des esprits de génie. Réussira-t-il à l'accomplir ? M. Pinay a de la chance et pas seulement au Parlement. Nul ne contestera sa popularité grandissante. »

Quel est donc le bilan de ce que très vite la presse et les commentateurs qualifient d'« expérience Pinay » ? L'emprunt, qui est la mesure phare de son programme, est lancé avec la participation du célèbre publiciste Marcel Bleustein-Blanchet, qui conçoit cette formule très attractive : « De l'or qui rapporte. » Le capital de l'emprunt est en effet rattaché au cours de l'or, ce qui est une garantie pour le capital investi, et le revenu des souscripteurs est fixé à 3,5 % de la valeur nominale. L'emprunt bénéficie d'exonérations fiscales et les souscriptions peuvent être faites en numéraire, en bons du Trésor, en bons de la Défense nationale, en titres de rente. La clôture, fixée au 17 juillet, est suivie d'une allocution du président du Conseil. Sur le total des souscriptions s'élevant à 429 milliards de francs, 195 milliards seulement le sont en « argent frais », dont 15 milliards en or, et 234 milliards en titres, ce qui tempère le succès incontestable du total puisque ces 234 milliards sont passés de la dette perpétuelle à la dette amortissable, augmentant ainsi les charges de l'État. Il n'empêche, l'emprunt a fait la popularité de son auteur. Autre mesure, la révision du budget 1952. Pinay, qui s'était engagé à ne pas augmenter la pression fiscale pour réaliser l'équilibre budgétaire, préconise de faire 110 milliards d'économies et de bloquer 95 milliards de crédits ; or il s'agit surtout de crédits d'investissement, ce qui nuit à la croissance économique. Mais la mesure la plus critiquée par les experts fut l'amnistie fiscale pour les fraudeurs passés tout en assurant de la sévérité des sanctions les fraudeurs futurs. Pinay justifie cette décision par l'objectif de faire revenir les capitaux et de simplifier les procédures, mesures de bon sens certes mais contestables sur le plan moral et qui eurent pour conséquence la démission de François Bloch-Lainé, directeur du Trésor, qui fut muté à la Caisse des dépôts et consignations après la chute du gouvernement. La politique des prix fut menée non pas par des mesures autoritaires, mais par la persuasion auprès des organisations professionnelles. Là aussi les résultats furent contrastés, car, si les prix de gros baissent grâce aussi à la conjoncture internationale, les prix de détail résistent, surtout dans la seconde partie du mandat du gouvernement, qui doit prendre des mesures plus coercitives comme la fixation du prix du blé, provoquant la colère de la FNSEA. La loi sur l'échelle mobile, votée le 8 juillet, s'applique au SMIG, et son augmentation est liée aux variations de l'indice des prix à la consommation familiale, calculé par l'INSEE. La nouvelle loi précise que cette augmentation n'interviendra que si l'indice mensuel des prix est supérieur à 149 ; il était alors de 142,3.

La rentrée de septembre 1952 est marquée par les difficultés dues à la résistance des prix de détail mais aussi à la politique étrangère et aux crises dans l'Union française. Pinay a largement fait confiance à Robert Schuman aux Affaires étrangères et à René Pleven à la Défense. Le 27 mai avait été signé le traité sur la Communauté européenne de défense (CED), qui ne fait pas l'objet d'un consensus. L'opinion n'est pas prête à accepter un réarmement allemand, même contenu dans le cadre européen. Le processus qui devait aboutir au vote au Parlement est repoussé à cause des divisions, mais le MRP ne pardonne pas à Pinay ces atermoiements. La crise marocaine s'aggrave avec le refus par le sultan Mohammed ben Youssef des réformes proposées et les émeutes à Casablanca les 7 et 8 décembre, la guerre d'Indochine s'enlise et son financement dépend très largement de l'aide des États-Unis. Enfin, les propositions pour le budget 1953 suscitent les oppositions d'une partie de l'Assemblée nationale qui se traduisent par la défection du Parti radical et du MRP. Le gouvernement Pinay démissionne le 22 décembre.

Ainsi, la politique économique menée en 1952 a permis la réalisation d'un certain équilibre financier, au détriment cependant de l'expansion économique avec le gel et le blocage de crédits d'investissement ; mais, comme le soulignent les experts, une autre politique eût-elle été possible ? Certainement pas par une augmentation des impôts, dont la simple annonce avait contribué à renverser le gouvernement d'Edgar Faure en février 1952.

Pour autant cette politique basée sur le recours à l'emprunt plutôt que sur la fiscalité, cherchant à gagner la confiance et la mobilisation de l'opinion par la presse mais aussi par des allocutions accessibles à tous, a eu un impact psychologique notable.

Pinay est nommé en 1953 président d'honneur du Centre national des indépendants et paysans (CNIP), parti libéral de droite créé en 1948 par Roger Duchet. Ce titre lui convient très bien, car il ne voulait pas apparaître prisonnier d'un parti ; il laisse Roger Duchet s'occuper de la gestion, mais ne manque pas d'intervenir dans les orientations de la formation ; ainsi, au congrès de décembre 1954, il prononce un discours qui devient la charte du parti et y affirme l'attachement à « la civilisation occidentale, civilisation humaniste, chrétienne, dominée par une exigence : celle du respect de la personne humaine », et au nom des libertés il dénonce les mythes totalitaire, technocratique et doctrinaire.

Ministre des Affaires étrangères en 1955

Désormais, Antoine Pinay est une personnalité politique de premier plan à qui l'on pense pour résoudre les crises ministérielles comme celle de juin 1953 après la chute du gouvernement de René Mayer, mais il refuse de se porter candidat, sachant que les équilibres politiques à l'Assemblée nationale ne lui sont pas favorables ; il en sera de même en 1955 après la chute de Pierre Mendès France, mais il accepte le poste de ministre des Affaires étrangères dans le gouvernement d'Edgar Faure le 23 février 1955.

Son action à ce ministère est loin d'être négligeable, mais elle ne lui a pas apporté la même popularité que son action économique de 1952 pour deux raisons : d'abord parce qu'il partage les décisions avec le président du Conseil Edgar Faure, et aussi parce que la politique étrangère suscite moins l'intérêt de l'opinion. Européen de raison, atlantiste convaincu, Pinay agit avec pragmatisme. Il fait adopter en mars par le Conseil de la République la ratification des accords de Paris, qui instituent l'Union de l'Europe occidentale (UEO), solution de remplacement de la CED. L'Assemblée nationale s'était déjà prononcée en sa faveur en décembre 1954. Il contribue au règlement du problème sarrois grâce à ses rencontres et à sa bonne entente avec le chancelier Adenauer. La Sarre, qui avait été rattachée économiquement à la France après la guerre, doit se prononcer sur un statut européen prévu par l'UEO, mais les Sarrois vont le rejeter en décembre 1955 puis finalement voter en faveur de leur rattachement à la République fédérale d'Allemagne. Antoine Pinay est jugé à tort responsable de ce résultat, et il est qualifié de « bradeur de la Sarre ». À la conférence de Messine de juin 1955, qui avait pour objectif de relancer la construction européenne, il obtient la nomination de René Mayer à la présidence de la Haute Autorité de la Communauté européenne du charbon et de l'acier (CECA) pour succéder à Jean Monnet, démissionnaire.

Il joue un rôle important dans les affaires marocaines, car l'Union française est rattachée à son ministère à partir d'octobre. En accord avec Edgar Faure, il fait revenir de son exil malgache l'ancien sultan Mohammed ben Youssef, qui avait été destitué par la France au profit de Ben Arafa, très contesté par les Marocains. Il s'entretient avec lui à La Celle Saint-Cloud le 6 novembre 1955 pour le rétablir au Maroc le 16, étape importante avant l'indépendance. Européen, atlantiste, libéral au moins par réalisme sur l'Union française, Antoine Pinay a pris ces décisions à l'encontre de son parti, plus divisé et plus conservateur.

Il accepte enfin de se porter candidat à la présidence du Conseil à l'issue de la plus longue crise ministérielle de la IVe République, qui dura trente-six jours à partir du 30 septembre 1957, après la chute des gouvernements de Guy Mollet puis de Bourgès-Maunoury. Pinay est sollicité par le président de la République René Coty et justifie sa candidature par cette phrase : « Je n'avais pas le droit de me dérober. » Il y est poussé par son parti, mais il échoue face à l'opposition de la SFIO et à l'abstention d'une majorité du MRP, sans lequel aucune majorité parlementaire n'est possible. En réalité, ce sont les partis qui sortent discrédités de cette crise, et non pas la personnalité d'Antoine Pinay, qui faisait figure d'homme providentiel. Mais très vite, en 1958, c'est le général de Gaulle qui lui ravit ce qualificatif.

Ministre sous la Vᵉ République

Pinay joue un rôle non négligeable dans la crise de mai 1958. Après avoir soutenu l'éphémère gouvernement de Pierre Pflimlin, investi alors que se forme un comité de salut public le 13 mai à Alger, Antoine Pinay est le premier parlementaire à se rendre le 22 mai à Colombey-les-Deux-Églises pour demander au général de Gaulle non pas de « revenir au pouvoir », dit-il, mais « de ramener l'armée à la raison ». Cette visite est très commentée, même si ses intentions ne sont pas clairement établies. Prudent, il demeure dans l'expectative jusqu'au 1er juin, date à laquelle le général de Gaulle est investi par l'Assemblée nationale et fait appel à Antoine Pinay dans son gouvernement. Une autre époque commence alors pour ce dernier.

En réalité, le général de Gaulle avait pensé confier les Finances à des experts, Wilfrid Baumgartner ou François Bloch-Lainé, qui refusent, car il n'était pas d'usage à cette époque que de hauts fonctionnaires acceptent des postes politiques. De Gaulle justifie son choix en faveur de Pinay dans ses *Mémoires* en reconnaissant ses qualités : « personnage éminent, notoire pour son bon sens, considéré pour son caractère populaire, pour son dévouement à l'intérêt public », et il ajoute : « C'est parce que sa présence à mes côtés doit renforcer la confiance qui, seule, nous évitera peut-être la catastrophe imminente. » La situation en effet est grave, avec un déficit budgétaire et un déficit extérieur considérables, alors que la France doit se préparer aux mesures de libéralisation des échanges décidées par les traités de Rome signés en 1957. Une politique d'urgence est annoncée, d'abord par le général de Gaulle le 13 juin puis par son ministre le 17. S'ajoute à cela le lancement de l'emprunt, car, comme en 1952, il s'agit de rétablir la confiance. L'emprunt de 1958 est à 3,5 % indexé sur le cours du louis d'or assorti d'exonérations fiscales sur la surtaxe progressive et surtout sur les droits de succession. Sa clôture est fixée au 12 juillet et rapporte beaucoup plus d'argent frais que celui de 1952. Dès les quatre premiers jours sont recueillies 34 tonnes d'or thésaurisé. Le succès en est dû au tandem de Gaulle-Pinay alors que la publicité et les commentaires avaient été peu nombreux en raison de la priorité accordée aux problèmes institutionnels et aux événements d'Alger. À la différence de 1952, la politique des prix est plus réglementaire, et on recourt à la création d'impôts nouveaux compensatoires. Ces mesures font l'objet des travaux du comité Rueff, créé le 30 septembre à l'initiative des membres du cabinet du général de Gaulle avec Georges Pompidou et Roger Goetze. Antoine Pinay s'y rallie non sans hésitation, car il est peu favorable à l'augmentation des impôts et à l'annonce d'une dévaluation prévue en décembre, prélude à la création d'un nouveau franc, qui entrera en vigueur le 1er janvier 1960. Il conteste la suppression partielle de la retraite des anciens combattants. Il se heurte aussi aux réserves, pour ne pas dire à l'hostilité, du CNIP à ces mesures et il est partagé entre la solidarité gouvernementale et la fidélité à son parti. Sa participation au gouvernement de Michel Debré le 8 janvier 1959, consécutive à l'installation de la Ve République avec de Gaulle à l'Élysée, accentue ce malaise et conduit au divorce entre Antoine Pinay et le nouveau régime.

Au ministère des Finances, Antoine Pinay est secondé par deux secrétariats d'État, celui des Finances, occupé par Valéry Giscard d'Estaing, qu'il connaissait, notamment par son grand-père Jacques Bardoux, député du Puy-de-Dôme sous les Républiques précédentes, et celui aux Affaires économiques, occupé par un ami de longue date, Max Fléchet. Peu à peu, Antoine Pinay est marginalisé et prend ses distances. C'est Valéry Giscard d'Estaing qui est chargé de la préparation du budget de 1960, basé sur la rigueur, et mène les discussions à l'Assemblée nationale alors que Pinay est en Extrême-Orient pour négocier un accord avec le Sud-Vietnam. Pour lutter contre la tension sur les prix, certains préconisent une politique beaucoup plus contraignante qu'en 1952. C'est aussi et surtout la création du comité Rueff-Armand, du nom de ses deux organisateurs, qui marginalise Pinay, peu favorable à une politique économique interventionniste. Il s'oppose à ce qu'il appelle une dérive technocratique. Ce comité a pour objectif d'étudier « les obstacles à l'expansion économique » et préconise des mesures à plus long terme. Il rend ses conclusions le 21 juillet 1960, après le départ de Pinay du gouvernement Debré le 13 janvier.

La cause immédiate de son départ est son différend avec Jean-Marcel Jeanneney, ministre de l'Industrie désireux de créer un Bureau de conversion et de développement industriel, projet qui heurte le libéralisme d'Antoine Pinay. Michel Debré arbitre en faveur du ministre de l'Industrie et Pinay rend le conflit public le 8 janvier. Mais il n'est plus au cœur de la politique économique. En effet, il ne jouit plus de la même popularité, comme le montre le sondage de février 1959 où il n'obtient l'adhésion que d'une minorité de 27 % contre 41 % de mécontents et 32 % qui ne se prononcent pas alors qu'en juin-juillet 1958 il obtenait 40 % de satisfaits. Il perd également son prestige auprès des organisations patronales, CNPF et même CGPME, qui l'avaient soutenu en 1952, sans parler de son propre parti dont la majorité critique une politique économique jugée trop interventionniste et surtout qui reste favorable à l'Algérie française. Or Pinay ne s'oppose pas à la politique algérienne du général de Gaulle, convaincu d'une évolution inéluctable vers l'autonomie, voire l'indépendance.

Autre point de discorde, cette fois avec le général de Gaulle. Pinay critique en Conseil des ministres une politique étrangère distante vis-à-vis de l'OTAN et des États-Unis. Or la politique étrangère relève du domaine réservé du président, et les interventions de chacun des ministres doivent se limiter à leur domaine de compétence. Ses relations avec Michel Debré se détériorent également, car il estime celui-ci trop interventionniste. Bref, Pinay se sent de plus en plus mal à l'aise dans ce régime trop présidentialiste et interventionniste à son goût, car il était plus proche d'une démocratie parlementaire, même un peu brouillonne. Il quitte le gouvernement après une rencontre avec le général de Gaulle, et le décret annonçant son départ est publié le 14 janvier 1960. Max Fléchet le suit, contrairement à Valéry Giscard d'Estaing, qui demeure au gouvernement. Wilfrid Baumgartner lui succède au ministère des Finances. Ainsi qu'il l'avait assuré au général de Gaulle, Pinay se retire de la politique nationale, ne conservant que ses fonctions locales à la mairie de Saint-Chamond et au conseil général de la Loire.

Le Sage de Saint-Chamond

Il n'est pas complètement absent de la scène politique, comme en témoigne sa participation au dîner de l'Alma le 16 janvier 1962 qui réunit à l'initiative de Pierre Uri, collaborateur de Jean Monnet, des partisans d'une Europe différente de celle que préconise le général de Gaulle. Pinay refuse néanmoins les appels à sa candidature aux présidentielles de 1965 et à celles de 1969 suscités par des personnalités centristes et européennes. Le refus se justifie par son âge et aussi parce qu'il est conscient de ses faibles chances de succès. Après s'être prononcé en faveur de la candidature de Georges Pompidou en 1969, il accepte d'être nommé, pour une année, médiateur, fonction créée par la loi du 3 janvier 1973. Le 30 décembre 1976, à l'occasion de son anniversaire, il annonce qu'il cesse de briguer un mandat de maire, et en 1979 il met fin à ses fonctions au conseil général de la Loire.

Il se complaît dans sa renommée de sage, reçu à l'Élysée par Valéry Giscard d'Estaing, à Matignon par Raymond Barre ou encore Édouard Balladur.

Il reste une référence ; n'a-t-on pas surnommé Pierre Bérégovoy « le nouveau Pinay » ?

Pinay prend un réel plaisir à donner des leçons. Le 27 mars 1973 il se confie à Jean Cau dans *Paris Match* avec cette phrase : « Il faut comme moi dire la vérité aux Français. » Le 2 novembre 1976, il précise : « Moi je prétends qu'en matière financière 50 % au moins du succès d'une formule est dû à la psychologie, une très bonne formule qui n'a pas le support de l'opinion publique ne donnera rien. Une médiocre formule qui aura le support de l'opinion donnera des résultats. » Dans *Paris Match* du 15 mai 1981, il se prononce en faveur de la candidature de Giscard d'Estaing contre François Mitterrand, mais seulement avant le second tour, car, dit-il : « C'est ma sagesse qui vous le dit : il y a danger pour la France, c'est pourquoi je vous demande avec gravité de voter pour Monsieur Valéry Giscard d'Estaing. » À quatre-vingt-dix-huit ans, il accepte un entretien de trois heures avec les journalistes Philippe Boegner et Christiane Rimbaud publié dans *Le Figaro magazine* du 13 janvier 1990. Il ne cache pas « qu'il n'a eu ni bachot, ni certificat d'études », dit regarder les émissions comme

7 sur 7 et *L'Heure de vérité*, où il a été invité le 22 décembre 1991 alors qu'il avait cent ans à quelques jours près. Il lit quotidiennement le journal local et *Le Figaro*.

Antoine Pinay s'est éteint à Saint-Chamond à l'âge de cent deux ans le 13 décembre 1994. Ses obsèques religieuses ont eu lieu en présence de plusieurs personnalités comme Valéry Giscard d'Estaing, Jacques Chirac, Claude Chirac, Édouard Balladur et une foule de Saint-Chamonais. Il repose au cimetière de Saint-Symphorien-sur-Coise.

Comment expliquer l'aura de ce personnage, qui s'amenuise certes au fil des ans ? Sa longévité politique sous trois Républiques, son allure de Français moyen toujours bien vêtu – il jouait aux boules avec sa cravate, son chapeau, la pochette à la boutonnière –, son sens de l'opinion et son souci d'expliquer sans relâche son action. Pinay est l'homme de la quotidienneté mais aussi l'homme de son temps, d'une époque où la République était parlementaire, ce qui explique sa marginalisation sous la République gaullienne.

Bibliographie sélective

Garrigues Jean, *Les Hommes providentiels. Histoire d'une fascination française*, Paris, Seuil, 2012.

Garrigues Jean, Guillaume Sylvie et Sirinelli Jean-François (dir.), *Comprendre la Ve République*, Paris, PUF, 2010.

Guillaume Sylvie, *Antoine Pinay ou la Confiance en politique*, Paris, Presses de la Fondation nationale des sciences politiques, 1984.

Richard Gilles, *Histoire des droites en France de 1815 à nos jours*, Paris, Perrin, 2017.

Rimbaud Christiane, *Pinay*, Paris, Perrin, 1989.

Rioux Jean-Pierre, *La France de la Quatrième République*, 2 : *L'Expansion et l'Impuissance 1952-1958*, Paris, Seuil, 1983.

21

Pierre Mendès France
(1907-1982)
Un grand destin inachevé

par Éric ROUSSEL

Né à Paris le 11 janvier 1907, Pierre Mendès France n'a occupé le pouvoir qu'un très bref moment sous la IVe République. Mais l'œuvre réformatrice qu'il a accomplie en quelques mois, tant sur le plan intérieur que dans le domaine international, a profondément marqué les esprits. À la fois sérieux et moderne, attentif à la justice sociale comme à l'équilibre des finances publiques, soucieux aussi de tenir les Français informés des politiques suivies, celui que l'on a vite surnommé PMF est ainsi devenu une figure respectée non seulement dans sa famille d'origine, la gauche modérée, mais dans une large partie de l'opinion. Entouré d'une équipe brillante, appuyé par de nombreux intellectuels, Mendès France ne reviendra jamais aux affaires. Au fil du temps, la magistrature morale qu'il exerçait à gauche se heurtera de plus en plus aux ambitions de François Mitterrand, mais il est resté une référence tant pour sa génération que pour de nombreux jeunes avides d'action collective.

L'engagement

Issu d'une très vieille famille juive d'origine portugaise établie à Bordeaux dès 1684, Pierre Mendès France était le fils de Cerf-David Mendès France, négociant en tissu de confection. Élève très doué, bachelier à seize ans, avocat à dix-neuf ans après un passage à l'École libre des sciences politiques et une thèse de droit consacrée à la stabilisation du franc par Poincaré, il se fait remarquer par un engagement précoce, conforme aux traditions de sa famille : dirigeant de la Ligue d'action universitaire républicaine et socialiste, il milite très tôt au Parti radical. Établi à Louviers au début des années 1930, il est élu député de l'Eure – le plus jeune de France – en mai 1932, maire de la ville en 1935, conseiller général en 1937. Appartenant à l'aile gauche du Parti radical et au groupe dit des « Jeunes Turcs », remarqué très vite par les notables du parti, en particulier Herriot et Daladier, il soutient le Front populaire et devient, en mars 1938, sous-secrétaire d'État au Trésor du second gouvernement de Léon Blum, renversé un mois plus tard. Clairement engagé, il fait malgré tout figure d'indépendant, ne dissimulant pas son admiration pour Poincaré et Joseph Caillaux, et affirmant surtout l'urgence d'une prise en compte des données économiques par le parti du mouvement.

En juin 1940, Pierre Mendès France fait partie des rares parlementaires qui, refusant la défaite, s'embarquent à bord du *Massilia* pour continuer la lutte en Afrique du Nord. Arrêté le 31 août 1940, accusé de désertion, il est condamné en mai 1941 à Clermont-Ferrand à six ans de réclusion. Il est également déchu de ses mandats électifs en tant que Juif. Dès juin 1941, il réussit à s'évader, gagne Londres et, en mars 1942, courageusement, intègre l'escadrille Lorraine, ce qui l'amène à participer à plusieurs combats dans le nord de la France.

En 1943, le général de Gaulle l'appelle à Alger pour y être commissaire aux Finances du Comité français de la Libération nationale. Ministre de l'Économie nationale du Gouvernement provisoire de la République française à partir de septembre 1944, il met au point un plan de rigueur destiné à juguler l'inflation, mais de Gaulle estime ce train de mesures impossible à supporter par les Français et tranche en faveur de René Pleven, partisan d'une relance par la fiscalité et l'emprunt. Pierre Mendès France quitte alors le gouvernement pour se consacrer à son mandat de député de l'Eure, à des missions auprès du Fonds monétaire international et des Nations unies. Le caractère dont il a fait preuve ne sera pas oublié.

Chef du gouvernement

Simple parlementaire, à l'écart des combinaisons ministérielles, son prestige grandit, notamment dans les milieux intellectuels. Il dénonce sans cesse le caractère illusoire de la guerre menée en Indochine par la France contre le Viêt-minh. Appuyé par l'hebdomadaire *L'Express*, Pierre Mendès France fait ainsi de plus en plus figure de recours. En juin 1953, il manque de peu d'être investi en tant que président du Conseil, mais, après le désastre de Diên Biên Phu, en mai 1954, il apparaît plus que jamais comme le seul homme capable d'assumer le pouvoir. C'est dans ces conditions qu'il est appelé par le président de la République René Coty à former un gouvernement et qu'il reçoit la confiance de l'Assemblée nationale le 18 juin 1954. Il ne restera au pouvoir que sept mois et dix-sept jours, mais son gouvernement sera l'un des temps les plus forts de la IVe République ; une majorité de gauche n'existant pas au Parlement, ce cabinet réunit des modérés comme le jeune André Bettencourt, des gaullistes tels que le général Kœnig, quelques radicaux dont Edgar Faure et François Mitterrand, alors membre d'un petit parti charnière : l'Union démocratique et sociale de la Résistance (UDSR). Dès sa prise de fonctions, PMF, comme le surnomme la presse, marque son intérêt pour la diplomatie en prenant aussi le portefeuille des Affaires étrangères et en s'installant au quai d'Orsay.

La première initiative diplomatique de Pierre Mendès France concerne évidemment le problème indochinois. Dans sa déclaration d'investiture, il proclame qu'il veut faire la paix, mais pas à n'importe quel prix. Si la défaite de Diên Biên Phu est à ses yeux indéniable, la France possède toujours de sérieux atouts dans la négociation, à commencer par l'appui de ses alliés anglo-saxons et la valeur de ses troupes. La sécurité du corps expéditionnaire est un objectif prioritaire. Pour le reste, il s'efforce de se placer en position favorable. En souhaitant que sa majorité « ne comprenne que ceux qui n'ont jamais, directement ou indirectement, épousé la cause de ceux qui nous combattent », autrement dit en récusant les suffrages communistes lors de son investiture, il affirme d'abord son indépendance. En imposant, à la surprise générale, un délai de quatre semaines au succès de la négociation avec le Viêt-minh, il reprend en fait l'avantage, contrairement à ce que certains prétendent. Il est vrai qu'on ne connaît pas alors la vraie raison pour laquelle Pierre Mendès France a adopté cette attitude : tout de suite après sa prise de fonctions, les chefs militaires lui ont fait valoir que la situation en Indochine était très critique et qu'ils n'étaient même pas sûrs de tenir quatre semaines. À leurs yeux, s'il y avait une imprudence, elle consistait non pas à se hâter de conclure l'armistice, mais à attendre au contraire un mois pour l'obtenir. Un fait est sûr : la détermination de PMF à aboutir à un accord oblige Hanoï à renoncer à toute opération militaire d'envergure susceptible de provoquer l'intervention des États-Unis, mais pas forcément celle de la Chine.

Pour la paix

La conférence de Genève qui, depuis le 26 avril, s'efforce, en présence des délégués de dix-neuf pays, de régler les problèmes coréen et indochinois, est dans une impasse totale lorsque Pierre Mendès France arrive aux affaires : contrairement à l'espoir de Georges Bidault, ministre des Affaires étrangères du gouvernement Laniel, les Soviétiques ne se sont jamais entremis pour obtenir du Viêt-minh des conditions acceptables pour la paix. Très efficacement épaulé par l'ambassadeur de France à Berne, Jean Chauvel, chargé de cette négociation délicate, le président du Conseil nouvellement nommé se tourne vers les Chinois. Dès le 23 juin, il rencontre Chou En-lai dans la capitale de la Confédération helvétique, et le contact est relativement positif.

En fait, c'est la double pression russe et chinoise qui va amener Hanoï à plus de compréhension. Pour Moscou, la Communauté européenne de défense est alors l'affaire dominante : pour le pouvoir communiste à Pékin, la question de Taïwan est prioritaire. Dès lors, Russes et Chinois ont intérêt à voir l'affaire réglée. De fait, assez vite, après un tête-à-tête difficile entre les négociateurs français et vietnamiens, Hô Chi Minh, par la voix de son représentant Pham Van Dong, assouplit ses exigences. Alors qu'il demandait à l'origine que la limite des deux Vietnams fût fixée au 14e parallèle, Pierre Mendès France obtient en définitive *in extremis* que la frontière passe par le 17e parallèle. Outre qu'ils stipulent un cessez-le-feu et le partage du Vietnam, avec des élections libres dans tout le pays dans un délai de deux ans, les accords de Genève reconnaissent l'indépendance et l'intégrité du Laos et du Cambodge, ces deux États ayant la possibilité, en cas de péril, de faire appel à une aide étrangère ; les prisonniers devront être libérés, les réfugiés obtiennent le droit de passer librement d'un Vietnam à l'autre. L'entente acquise ne comporte pas de document signé, car le secrétaire d'État américain Dulles refuse tout geste pouvant passer pour un début de reconnaissance de la Chine de Mao. Les États-Unis acceptent cependant de garantir unilatéralement le fonctionnement des accords et stipulent que leur gouvernement considérera comme une menace pour la paix du monde toute agression hors des zones fixées par le procès-verbal d'entente.

Comme le reconnaîtra Pierre Mendès France, la paix obtenue n'est pas parfaite, les conditions acceptées par la France sont à certains égards cruelles, mais tout ce qui pouvait être défendu et sauvé l'a été.

La défense européenne

L'autre grande affaire que Pierre Mendès France doit prendre en main lors de son arrivée au quai d'Orsay est la CED. Conçu par Jean Monnet en 1950 pour répondre à une initiative américaine tendant à réarmer l'Allemagne, le projet d'armée européenne proposé par René Pleven, président du Conseil de l'époque, a connu de multiples vicissitudes. Il n'en a pas moins pris corps et a abouti à un traité signé à Paris le 27 mai 1952. À partir du printemps 1953, ce traité a été ratifié sans difficulté par tous les pays concernés, à l'exception de la France où il suscite des controverses passionnées, les plus vives depuis l'affaire Dreyfus. Au-delà des critiques visant un système très complexe, coupant l'armée française en deux – une armée métropolitaine désormais intégrée et une armée d'outre-mer, sans communication entre les deux –, la querelle a pour ressorts essentiels la perspective de voir l'Allemagne réarmée et la mise en œuvre de la supranationalité. Pierre Mendès France, pour sa part, n'a pas une position de principe tranchée. Dès sa jeunesse, il s'est voulu « européen » et, à la différence du général de Gaulle, il n'est pas hostile à certains transferts de souveraineté. Depuis les débuts de la construction européenne avec le lancement du plan Schuman en 1950, il redoute simplement que la France ne soit pas prête à affronter la concurrence extérieure. Le renforcement du potentiel économique du pays est donc à ses yeux un objectif prioritaire. Très anglophile, admirateur de la démocratie britannique, il est vrai en revanche que sa méfiance à l'égard de l'Allemagne est réelle. Elle a été évidemment renforcée par le souvenir de la Shoah, au cours de laquelle de nombreux membres de sa famille périrent dans les camps nazis. S'il n'est pas aussi hostile à la CED que peut l'être son ami et collaborateur Georges Boris, ses sentiments sont réservés. Il redoute surtout, et il le dit à certains interlocuteurs dont Jean-Marie Soutou, le directeur adjoint de son cabinet, que le traité ne soit ratifié à une très courte majorité, ce qui provoquerait, à son avis, un grave traumatisme dans l'opinion. « J'étais pour l'Europe, dira-t-il plus tard, mais je n'aimais pas qu'elle ait un caractère essentiellement militaire. Il est vrai qu'en février 1952 j'avais voté le principe d'une armée européenne. Mais j'étais à la recherche d'une organisation plus économique. »

Pierre Mendès France adopte donc dans le débat une attitude circonspecte. Face à une opinion et à un Parlement divisés, il juge impossible de faire accepter le texte tel qu'il se présente. Il faut, selon lui, le modifier, et, le 13 juillet, il le déclare à Dulles de passage à Paris. Le problème est que les positions des uns et des autres sont déjà très figées. Dulles répète donc à son interlocuteur que si la CED est repoussée, les États-Unis réarmeront l'Allemagne et reconsidéreront leur politique en Europe. Le clan des « Européens », dont Paul-Henri Spaak se fait alors volontiers le porte-parole, voit par ailleurs en PMF un traître.

Mais Mendès France est obstiné. Il est convaincu que le texte en l'état ne sera pas approuvé par l'Assemblée nationale. La seule solution est, à ses yeux, d'enlever au projet son caractère résolument supranational. Ainsi élabore-t-il un protocole accordant à chaque pays membre un droit de *veto* pendant huit ans. Ce faisant, le président du Conseil mécontente tout le monde. Les ministres gaullistes, le général Kœnig et Chaban-Delmas notamment donnent leur démission, estimant que les modifications envisagées sont dérisoires. Inversement, les « Européens » crient à la trahison, Robert Schuman en tête. Parallèlement, les États-Unis ne cessent de faire pression en faveur de la CED. Haut diplomate américain en poste à Paris, David Bruce fait preuve d'un activisme excessif et maladroit. Harcelé de toutes parts, Mendès France s'irrite de ces manœuvres souterraines. C'est donc dans de mauvaises conditions qu'il se rend à Bruxelles le 19 août pour une conférence qui doit examiner les amendements proposés par la France. Comme il s'y attendait, ses partenaires ne veulent rien céder. Plus tard, Spaak regrettera de ne pas avoir compris que Mendès avait besoin d'un succès pour revenir devant le Parlement et essayer de faire passer le traité. La réunion se clôt sur un échec. Avant de rentrer à Paris, Pierre Mendès France se rend auprès de Churchill aux Chequers et il comprend à demi-mot que les Britanniques, allergiques à la supranationalité, se consoleraient vite de l'échec de la CED pourvu qu'une solution au réarmement allemand soit trouvée dans le cadre atlantique. De retour en France, il est résolu à ne s'engager ni d'un côté ni de l'autre, et, le 30 août, l'Assemblée enterre la CED sans même l'examiner, en utilisant les artifices de procédure.

Dès lors, Mendès France devient la bête noire des partisans de l'Europe, singulièrement des démocrates-chrétiens. Longtemps, on ne lui pardonnera pas le « crime du 30 août ». Les passions sont alors trop vives pour que l'on admette dans le camp des

Européens que la CED était sans doute une bonne idée prématurée, irréaliste compte tenu de l'état de l'opinion en France. Mais force est de reconnaître que, le traité enterré, Pierre Mendès France se montra le chaud partisan d'une alliance militaire de type classique, seule solution susceptible, à ses yeux, de fournir un cadre adapté pour le réarmement de l'Allemagne.

PMF « Superman »

Officiellement, la solution de rechange est proposée peu après par Anthony Eden, ministre des Affaires étrangères britannique, mais le chef du gouvernement français a grandement contribué à son élaboration. Le système purement intergouvernemental est d'autant mieux accueilli qu'il n'y a guère alors d'alternative. Les accords de Londres du 3 octobre transformeront le Conseil consultatif du pacte de Bruxelles, étendu à l'Italie et à l'Allemagne fédérale, en un organisme doté de pouvoirs de décision, le Conseil de l'Union de l'Europe occidentale. Ils créeront une Agence centrale des armements, qui n'opérera que sur le continent. La Grande-Bretagne est ainsi soudée dans la défense de l'Europe à ses alliés occidentaux, tandis que l'Allemagne réarmée est strictement contrôlée. Du même coup, Pierre Mendès France manifeste sans équivoque sa volonté de rester dans le cadre atlantique. Partant, le voyage qu'il effectue aux États-Unis du 17 au 20 novembre est un succès. La presse américaine salue le « *superman* » français. Le chef de gouvernement devient en revanche la cible privilégiée des communistes et des Soviétiques : l'écrivain russe Ilya Ehrenbourg le dénonce comme le « camelot qui a donné la Wehrmacht en étrennes aux Français ». Conclus le 23 octobre, les accords de Paris jetant les bases du nouveau système seront ratifiés, non sans remous, le 30 décembre 1954.

Les mêmes accords, dans leur partie relative au problème de la Sarre, ont marqué une étape notable sur la voie de l'apaisement franco-allemand : le caractère allemand du territoire étant proclamé avant même l'organisation d'un référendum.

L'Afrique du Nord

Dans toutes ces affaires, et il le reconnaissait lui-même, Pierre Mendès France a dû régler, le plus habilement possible et au mieux des intérêts du pays, des situations malsaines héritées des gouvernements antérieurs. Tout autre est l'attitude qu'il adopte très vite face au problème tunisien et qui va marquer très fortement son passage au pouvoir. Bien informé du contexte interne du protectorat, il décide d'agir rapidement et de manière spectaculaire. En matière de décolonisation, il n'est pas un doctrinaire. Formé à l'école de la IIIe République, il reconnaît quelques mérites à la présence française, mais est convaincu de la nécessité d'une émancipation du peuple sous tutelle dans le cas précis de la Tunisie. Tout y va mal depuis qu'en décembre 1951 le gouvernement français a stoppé le processus vers l'indépendance. Le chef nationaliste Habib Bourguiba a été jeté une nouvelle fois en prison le 18 janvier 1952 et le pays est en proie à la violence. Conscient de tout cela, Pierre Mendès France s'empare du dossier dès son investiture. S'il estime l'indépendance prématurée, il croit aux vertus de l'autonomie interne, sur le modèle du « *self-government* » britannique. Sa stratégie est fondée sur trois points capitaux : restaurer l'autorité morale du bey, garant de la continuité tunisienne ; associer aux négociations le Néo-Destour d'Habib Bourguiba ; rassurer la population française. Avant même le règlement de la question indochinoise, il s'emploie discrètement à jeter les bases de cette politique, notamment en améliorant les conditions de détention de Bourguiba.

Le 31 juillet au matin, l'affaire étant mûre, Pierre Mendès France décide de prendre une initiative de nature à frapper l'opinion et à faire évoluer les choses dans le sens qu'il souhaite. Accompagné du maréchal Juin et du gaulliste Christian Fouchet, ministre des Affaires marocaines et tunisiennes, il arrive à Tunis. Reçu sur-le-champ par le bey Sidi Lamine, il lui annonce la mise en œuvre de l'autonomie interne. Sur le fond, la déclaration n'est pas inédite, mais la résolution du président du Conseil marque les esprits. Les réactions un peu partout sont favorables. Bientôt un nouveau gouvernement présidé par le libéral Tahar Ben Ammar est mis en place à Tunis. Si le problème tunisien n'est pas entièrement réglé, la solution s'annonce du moins sous de meilleurs auspices. Le succès de Pierre Mendès France est incontestable. Les Tunisiens ne l'oublieront pas, comme l'atteste le souvenir de l'ancien président du Conseil dans l'ancien protectorat. Il n'en ira malheureusement pas de même au Maroc, où la situation explosive créée par l'exil forcé du sultan Mohammed V ne sera réglée que plus tard par Edgar Faure, ni surtout en Algérie, alors réputée partie intégrante de la France, où éclateront, à la Toussaint 1954, des violences suscitées par le FLN et énergiquement réprimées. « L'Algérie, c'est la France », proclame François Mitterrand, le ministre de l'Intérieur, qui s'engage tout de même dans une voie libérale, malheureusement trop tardivement.

L'économie

Les débuts de l'insurrection algérienne porteront un coup sévère au gouvernement Mendès France, fragilisé aussi par les séquelles de la CED. Il sera renversé le 6 février 1955, le président du Conseil ayant abandonné à Edgar Faure, le 20 janvier, le portefeuille des Affaires étrangères. Les partisans du *statu quo* en Algérie, les démocrates-chrétiens qui n'ont pas pardonné à Mendès France le « crime du 30 août » ont mené l'hallali.

Du fait de sa brièveté, le bilan du gouvernement Mendès France, dans le domaine économique et financier, apparaît modeste. Il n'est pourtant ni négligeable ni dénué de signification. Admirateur de la stabilisation monétaire opérée par Poincaré en 1926, Pierre Mendès France, on l'oublie souvent, a d'abord été un économiste libéral. Par la suite, les théories de Keynes l'ont passionné, sans le conduire à renier complètement ses convictions premières. « L'originalité de sa pensée, a très bien résumé Nicolas Baverez, apparaît pleinement avec la combinaison d'une régulation keynésienne de l'économie, d'une perspective libérale de productivité des entreprises, de l'intervention de l'État dans l'organisation à long terme du développement. »

La tonalité générale de la loi sur les orientations économiques datée du 29 juillet 1954 reflète ces principes. Mendès France y affirme ses objectifs de justice sociale, mais, conscient des perspectives offertes par la croissance, il donne nettement la priorité au long terme, aux réformes susceptibles de permettre à l'économie française de combler ses retards. Le mot d'ordre est clair : il s'agit de moderniser l'économie par la libéralisation des échanges et la suppression des protections, de favoriser la reconversion des entreprises et des exploitations agricoles non viables et de reclasser leurs salariés.

Le mythe a figé, voire altéré la figure de Pierre Mendès France. On le célèbre parfois pour des réussites improbables tout en négligeant de prendre en compte quelques-uns de ses succès bien réels. Cette distorsion est particulièrement flagrante dans le domaine économique et financier, où l'on omet souvent de souligner les impulsions fécondes et importantes qu'il sut donner en très peu de temps. « Son mérite essentiel, soulignait son ami Simon Nora, a été d'avoir pris conscience des retards français et amorcé une politique, poursuivie plus tard, visant à réinsérer la France dans les échanges internationaux. »

Dire la vérité

Mais Mendès France n'aurait sans doute pas laissé une trace si profonde dans la mémoire collective s'il n'avait su imprimer un style. Dès son arrivée au pouvoir en juin 1954, il fait contraste avec ceux qui l'ont précédé par sa manière de communiquer. Ce grand parlementaire, attaché au régime représentatif, met un point d'honneur à tenir informée l'opinion. À la manière de Roosevelt avant la guerre, il s'adresse aux Français à l'occasion de causeries radiophoniques très régulières. Ainsi conçoit-il la démocratie qui, à ses yeux, doit s'adapter aux nouveaux moyens de communication. Cela pour la forme. Quant au fond, il s'attache à dire la vérité, de façon que ses compatriotes puissent juger en connaissance de cause. Autour de lui, une brillante équipe l'épaule : aux côtés de son ami Georges Boris, ancien de la France libre et journaliste engagé, on y remarque l'inspecteur des finances Simon Nora, Jean-Marie Soutou, ancien résistant qui deviendra un grand diplomate, et surtout les deux cofondateurs de *L'Express* : Jean-Jacques Servan-Schreiber et Françoise Giroud.

Le retour au pouvoir du général de Gaulle en 1958 marginalisera Pierre Mendès France. Partisan au départ d'un appel à l'homme du 18 Juin, il n'acceptera pas les conditions de son arrivée aux affaires, marquée par une pression de l'armée. Dès lors, sauf un bref moment entre 1967 et 1968, en tant que député de Grenoble, il ne siégera plus au Parlement. Son magistère intellectuel et moral restera cependant incontestable jusqu'à sa mort le

18 octobre 1982 et au-delà, et d'abord à gauche. Pour en prendre la mesure, on soulignera que deux des plus importants *news magazines*, *L'Express* et *Le Nouvel Observateur*, ont été fondés pour soutenir ses idées.

Bibliographie sélective

Lacouture Jean, *Pierre Mendès France*, Paris, Seuil, 1981.
Mendès France Pierre, *Œuvres complètes*, Paris, Gallimard, 6 vol., 1984-1990.
Roussel Éric, *Pierre Mendès France*, Paris, Gallimard, 2007.

22

Georges Pompidou
(1911-1974)
L'héritier

par Arnaud TEYSSIER

« Il succédait à un conquérant. Ne pouvant être un grand homme, il voulut être un prince heureux. » À ce portrait de l'empereur Auguste par Chateaubriand semble répondre celui que Georges Pompidou fit de lui-même, en juin 1969, au moment où s'engageait son mandat présidentiel : « Les peuples heureux n'ayant pas d'histoire, je souhaiterais que les historiens n'aient pas trop de choses à dire sur mon mandat. Pas de guerre, pas de révolution notamment. [...] Ce qui compte, c'est que mon mandat soit pour la France une période de sécurité et de rénovation, de bonheur et de dignité. »

Pour être très certainement sincère, cette profession d'humilité, que les circonstances à dire vrai imposaient – de Gaulle était encore vivant et, par son voyage en Irlande, venait de laisser à la politique et aux institutions son empreinte shakespearienne –, n'était pas dénuée d'habileté. Et de fait, le temps passant, et la nostalgie aidant – plusieurs publications en témoignent aujourd'hui –, la figure de Georges Pompidou a pris l'allure qu'il semblait espérer alors, au point qu'on le présente souvent comme le véritable fondateur de la Ve République, l'homme qui aurait pérennisé les institutions en les dépouillant de l'emphase gaullienne, un chef d'État qui se souciait non seulement de la France, mais aussi des Français. En somme, une figure de « modéré », mais rehaussée des couleurs du gaullisme. Et, en poussant encore l'effet, d'aucuns n'hésitent pas à le présenter comme un libéral convaincu qui voulait libérer son pays de son État omnipotent et de sa bureaucratie qui ne cessait pas – selon une pauvre boutade qui lui est prêtée mais dont l'authenticité n'est même pas avérée – d'« emmerder » les Français.

Pourtant, la dimension de Georges Pompidou était tout autre, sans doute plus proche du modèle gaullien qu'on ne l'imagine. Le vœu de tranquillité qu'il avait formé au début de son septennat interrompu ne se réalisa pas. Quoi de surprenant, au reste ? La manière dont il aborda et commença de pratiquer la politique, les principes qui, au fond, ne cessèrent de le guider, d'abord comme Premier ministre – car il ne fut jamais ministre –, puis comme président de la République, ne se comprennent qu'à travers son rapport avec de Gaulle, dont il servit constamment les desseins profonds tout en cherchant à leur imprimer sa marque. En fait de bonheur, de tranquillité et de quiétude, son destin fut marqué par une certaine forme de tragédie, qui ne tient pas qu'à la maladie qui l'emporta. Car, si Georges Pompidou fut assurément un véritable homme d'État, il ne cessa jamais, jusqu'à sa mort, d'être un héritier dans le cours d'une Histoire qui, elle, n'avait jamais cessé d'être tragique.

« L'ambitieux nonchalant »

D'emblée, rien ne serait plus faux que d'imaginer Georges Pompidou comme un simple homme du terroir, jovial et bon enfant, proche du peuple et porté naturellement au compromis par sa formation et son caractère. Son humanité profonde allait de pair avec une âme ambitieuse et un esprit tranchant, qui le firent, très tôt, remarquer et apprécier par de Gaulle. Il était né le 5 juillet 1911, à Montboudif, dans le Cantal, un village de six cents habitants, qui se situait à 1 000 mètres d'altitude et, selon la formule de Pierre Rouanet, « au croisement de l'Auvergne et de l'École laïque et obligatoire ». Ses grands-parents étaient paysans ou commerçants, ses parents sont instituteurs. Mais son enfance a pour vrai décor Albi, où son père et sa mère sont en poste. Le village natal est réservé aux vacances. Comme ses parents, qui n'oublieront jamais leurs racines, l'homme d'État restera attaché à la terre sèche et austère de ses ancêtres. Son image publique en demeurera inséparable – et il y veillera. À Albi, la vie est douce et confortable. « Mon père et ma mère appartenaient profondément à la race française, dure au travail, économe, croyant au mérite, aux vertus de l'esprit et aux qualités du cœur. Je n'ai pas eu une enfance gâtée. Mais, si loin que je remonte, je n'ai reçu que des leçons de droiture, d'honnêteté et de travail. » Muni d'un tel viatique, et surtout d'une brillante intelligence, l'élève Pompidou travaille bien, avec facilité aussi, trop parfois, et avec l'idée, précocement installée, qu'il enseignera. Mais ce pur littéraire ne va donner sa véritable mesure qu'en entrant en khâgne à Louis-le-Grand. Au second essai, il est reçu huitième à l'École normale supérieure. Le jeune homme venu de sa province va se couler avec aisance dans le rôle du normalien passablement dilettante, voire mondain, travaillant peu et se mêlant intensément à la vie intellectuelle et artistique de la capitale. Peu avant d'entrer à l'École, il avait écrit à un ami : « on aimerait tant avoir une certitude, une seule ». Car il se méfie des idéologies – même s'il professe, comme son père, des sympathies socialistes mesurées et ne prise guère le nationalisme, qu'il juge fauteur de guerres. Plus tard, le journaliste Pierre Viansson-Ponté saisira fort bien l'esprit du jeune normalien que fut Pompidou : « En réalité, son détachement d'esthète et sa décontraction ne l'empêcheront pas d'être reçu premier à l'agrégation, sans les félicitations du jury dont le président exprime même quelque regret d'être contraint, en raison de ses notes brillantes, d'inscrire en tête de classement ce dilettante qui n'a pas donné l'impression de s'épuiser à la tâche. »

À l'École normale, Pompidou se liera avec Louis Poirier – le futur Julien Gracq –, son aîné d'un an, qu'il recevra plus tard à l'Élysée et qui disait de lui qu'il était un « ambitieux nonchalant ». Gracq, dans les *Carnets du grand chemin* (1992), se souviendra de sa jeunesse normalienne et dira qu'au-delà de quelques figures d'exception, qu'il appelle les « hommes spéciaux », pour les autres « les jeux roulaient toujours ; le champ des possibles, pour les carrières, débordait de beaucoup celui des probabilités ». Pompidou était vraisemblablement de ceux-là – sans vocation clairement affirmée, mais ambitieux, observant toujours le champ des possibles. Pour l'heure, à l'issue de sa scolarité, il imite le gros de la troupe – l'enseignement –, mais non sans avoir suivi les cours des « Sciences po », voie d'accès alors privilégiée pour les grandes charges publiques. À l'issue de sa scolarité normalienne, il effectue son service militaire comme élève officier. À l'occasion d'une permission, il rencontre à Paris celle qui deviendra sa femme, et dont il restera toute sa vie profondément épris : Claude Cahour, la fille d'un médecin de Château-Gontier. Mariés, ils s'installent à Marseille, où Georges a été affecté en lycée. Puis c'est le prestigieux lycée Henri-IV, à Paris. Vient la guerre, Pompidou se comporte brillamment au feu. De retour dans Paris occupé, il prend soin de sa jeune famille et n'entrera pas dans la Résistance : « Désireux d'agir, redoutant néanmoins l'absurde aventure, je ne trouvais pas la porte qui conduisait à l'action. [...] Mais il est évident que je manquais d'esprit d'aventure. » Le futur héritier de De Gaulle ne gagnera donc pas ses quartiers de noblesse dans la Résistance.

La rencontre avec de Gaulle

À la Libération, il entreprend de rejoindre le cabinet de De Gaulle, chef du Gouvernement provisoire. Il y parvient grâce à ses amitiés normaliennes, séduit le Général et se détache progressivement du lot, grâce à la finesse politique de ses notes. Lui-même est fasciné par le grand homme : « Jusqu'alors, il était une voix qui, à la radio, disait la France. Il apparaissait comme un être de légende, un héros mythique, un personnage hors de l'ordre commun. Et tout à coup l'image se matérialisait... » C'est le début d'une entente exceptionnelle : elle décidera de son destin. Lorsque de Gaulle quitte le pouvoir en janvier 1946, il fait en sorte que son ancien collaborateur puisse être nommé au Conseil d'État et reste ainsi à proche disposition, au sein de l'appareil d'État. Pendant la période du Rassemblement du peuple français, Pompidou prend la direction de son cabinet, en marge des instances du mouvement. Il est l'homme de confiance qui « arrange les choses », garde un regard sur les publications (*Liberté de l'esprit*), observe les intrigues et les tensions internes, veille au grain en toutes circonstances – tout en gardant ses distances. C'est pendant ces années courtes mais décisives qu'il apprend vraiment à connaître l'homme du 18 Juin, avec ses emportements, ses doutes passagers, mais surtout son extraordinaire volonté. Il en est peu qui auront accès de si près au paysage intérieur de De Gaulle.

C'est donc fort naturellement que ce dernier, devenu l'ultime président du Conseil de la IVe République, l'appelle auprès de lui, en juin 1958, pour diriger son cabinet à Matignon. Ce n'est pas le littéraire qui l'intéresse – autre idée fausse –, mais le technicien, et peut-être aussi le négociateur. À ce poste, pendant sept mois, Pompidou joue le rôle d'un vice-Premier ministre, préparant les principales décisions et faisant l'interface avec une haute administration qui est enfin libérée des pesanteurs de la IVe. Sa connaissance de l'administration et des milieux dirigeants, qu'il a parfaite grâce à plusieurs années passées chez Rothschild, est précieuse pour de Gaulle, qui est accaparé par la guerre d'Algérie, la préparation de la nouvelle Constitution et les grandes décisions stratégiques (le plan Rueff). C'est, en réalité, la première expérience gouvernementale de Pompidou. Bientôt, le nouveau régime, ratifié par le peuple français, peut s'installer avec le Général à sa tête. Le 8 janvier 1959, à l'Arc de Triomphe, pour redescendre les Champs-Élysées – la deuxième fois depuis août 1944 –, de Gaulle fait monter auprès de lui Pompidou, exceptionnelle marque de reconnaissance. Mais il ne le nomme pas pour autant Premier ministre, lui préférant dans l'immédiat Michel Debré. Pompidou – qui n'était sans doute pas vraiment candidat – repart chez Rothschild, sans s'éloigner vraiment : le Général le nomme au Conseil constitutionnel, le consulte, lui confie une mission de négociation délicate avec le FLN.

Au moment où la guerre s'achève, où le régime semble plus solidement installé, le normalien d'autrefois semble suffisamment aguerri pour envisager de plus hautes responsabilités. Mais il est habité par une puissante et constante contradiction, une incertitude presque existentielle qui le faisait déjà hésiter dans sa jeunesse entre plusieurs destins possibles et qui devient, à l'approche du pouvoir, une sorte d'injonction paradoxale. Il a la tentation d'une vie familiale confortable, avec la perspective d'une vie sociale et mondaine active, et aussi un goût prononcé pour les lettres et les arts, en particulier l'art contemporain, qui est devenu sa passion. Mais il est aussi irrésistiblement attiré, depuis 1944, par la vie publique, par le désir d'une forme d'aventure ou de gloire. Pendant toute sa vie, Georges Pompidou oscillera constamment entre ce désir de quiétude et l'appétit d'action, hanté par la sensation du temps qui s'écoule trop vite, en cette époque dramatique où, avec de Gaulle, l'Histoire s'accélère.

L'osmose

Dès l'été 1961, l'hypothèse d'une entrée au gouvernement se précise, comme ministre des Finances. Mais il décline. C'est en fin de compte le 14 avril 1962 qu'il est nommé à Matignon. Pour l'opposition, notamment le très actif François Mitterrand, Pompidou n'est pas un élu, mais un collaborateur du Général : beaucoup prédisent un effacement rapide de la fonction de Premier ministre au profit de l'Élysée. Pour de Gaulle, pourtant, l'idée est tout autre : après le règlement de l'affaire algérienne, il veut avoir à ses côtés un homme habile et manœuvrier, capable de traiter le milieu parlementaire et son « ragoût », mais aussi un technicien de haut vol – un juriste et un financier – qui soit à même de porter les grands projets de modernisation de la France. De toutes ces qualités, Pompidou va faire preuve pendant le premier mandat du Général. Il est à ses côtés, avec une pleine loyauté et une totale efficacité, pour conduire la dure bataille de la révision constitutionnelle qui instaure l'élection du président de la République au suffrage universel direct. L'opposition prend vite la vraie mesure du nouvel homme de Matignon, qui se révèle un redoutable bretteur. Pendant les trois années qui suivent, il est certes l'exécutant du grand projet gaullien de redressement du pays. Mais il lui imprime aussi sa marque, et à aucun moment ne se laisse dominer par la figure écrasante du Général. Il montre aussi sa grande habileté politique en installant son contrôle sur la majorité présidentielle, dont il s'efforce d'organiser le progressif élargissement, et en faisant de l'UNR-UDT (Union pour la nouvelle République–Union démocratique du travail), le parti gaulliste, une puissante et cohérente formation électorale. Il dirige admirablement le gouvernement, sachant écouter, mais décidant toujours, dans la nécessaire solitude du pouvoir.

Peu à peu, il se compose un personnage auprès des Français. En novembre 1963, François Mauriac, dans un article de presse, évoque « la causerie du coin de l'écran » que vient de pratiquer le Premier ministre, rebaptisé par lui « Raminagrobis ». Il évoque « ce ton d'un père qui comprend bien des choses et qui pardonne tout d'avance parce qu'il croit les enfants incapables de rien faire de pire que de mettre un peu de désordre mais sans rien casser, on m'assure que les syndicats n'en ont pas été contents ». Mais le Premier ministre, dit Mauriac, ne visait pas les syndicats : son public cible, à la télévision, « c'était la masse du public paysan, artisan, petit-bourgeois », qui a soif de « stabilité ». À un certain moment « les gros sourcils se froncent », « la patte montre un peu (très peu), mais enfin montre ses griffes ». Il ajoute : « elles sont vite rentrées. N'importe, on les a vues ».

Déjà, à cette époque, auprès d'un de Gaulle toujours très populaire mais vieillissant, il fait figure de dauphin, ou d'héritier. Un héritier qui semble se libérer peu à peu de la grande ombre de son mentor, est regardé avec faveur par les milieux patronaux et pourrait permettre à la Ve République, après tant de tumultes initiaux, de s'installer doucement dans la stabilité et la prospérité. Pompidou est prêt à assurer cette succession, et ne décourage pas les journalistes qui commencent à caresser cette hypothèse.

Pourtant, lorsque, à la fin de l'année 1965, après bien des hésitations, le Général se décide enfin à se représenter – cette fois devant le peuple français tout entier –, son Premier ministre se tient loyalement à ses côtés, l'encourage, le pousse à faire campagne. Mis en ballottage – très favorable, mais en ballottage tout de même – au premier tour, de Gaulle est déçu, et doute de nouveau. Il se reprend pourtant et entame un second mandat de sept ans, avec toujours Pompidou à Matignon, qui a réussi à écarter du gouvernement son potentiel rival, Valéry Giscard d'Estaing. L'âge du Général – soixante-quinze ans – fait que les pronostics sur sa succession reprennent aussitôt. Pour de Gaulle, qui le sait, le temps est désormais compté. Le moment est venu pour lui de lancer une nouvelle phase, décisive, de son œuvre : la participation. C'est le point qui provoque avec son Premier ministre la fin de l'osmose et le début d'un désamour.

Le désamour

De Gaulle porte en lui depuis longtemps un grand projet de société. Il est convaincu que le capitalisme souffre d'une « infirmité morale » que le progrès technique et la mécanisation vont aggraver en faisant naître de nouvelles formes d'aliénation pour le travailleur. De là, l'idée de prolonger la citoyenneté politique par une citoyenneté dans l'entreprise : ce sera la « participation », qui, pour lui, va bien au-delà d'un simple partage des fruits de la croissance entre le salarié et l'actionnaire. C'est toute une conception, nouvelle et ambitieuse, de l'entreprise, permettant de dépasser la lutte des classes, qu'il entend promouvoir. Or Pompidou – comme d'ailleurs le patronat et la plupart des organisations syndicales – le suit difficilement sur ce terrain, qui lui semble abstrait et nébuleux. Pour le Général, la participation dans l'entreprise s'inscrit aussi dans une vision plus vaste de la société. Il envisage une grande réforme administrative permettant de créer de nouvelles entités – les régions – qui ne seraient pas véritablement décentralisées, mais permettraient aux forces vives de la société de dialoguer avec l'État et de faire connaître leurs attentes. Avec les institutions de 1958, la France dispose d'une singulière et immense cathédrale politico-administrative dont l'efficacité réformatrice est puissante. Mais la société, pour laquelle la guerre, les difficultés, les privations même, ne sont déjà plus que des souvenirs, éprouve désormais le désir du progrès et du bien-être. De Gaulle en est conscient, et Pompidou plus encore. Mais ce dernier – plus conservateur – croit dans les vertus des réformes progressives, volontaires mais prudentes, s'inscrivant dans une temporalité plus proche que les analyses de De Gaulle, qui sont toujours à longue portée. Il pense d'abord en termes de croissance et de négociation sociale. Dès le 15 novembre 1964, il justifiait ses positions dans une note très explicite : « Comme vous-même, je suis conscient de la nécessité d'affirmer le caractère social de votre politique [...] Mais il faut bien être conscient qu'en France politique sociale et politique démagogique sont machinalement confondues. Qu'au surplus, dans le passé et plus encore depuis 1958, les mesures sociales prises en France ont été très nombreuses, dépassant de très loin tout ce qui se fait dans n'importe quel pays étranger, qu'il s'agisse d'allocations vieillesse, d'allocations familiales, d'assurances sociales, d'allocation logement. » Pompidou lâche alors la phrase décisive : « L'expérience montre que les réformes qui vont contre la réalité économique échouent toujours. »

Après les élections législatives de 1967, qui donnent une très courte majorité au gouvernement, la divergence se fait plus visible. Le poids politique de Pompidou, qui s'est fait élire député du Cantal, s'est encore accru. Jusque-là, de Gaulle l'a toujours laissé exercer pleinement ses responsabilités de Premier ministre, mais en maintenant fermement les orientations d'ensemble. Désormais Pompidou joue un rôle plus décisif encore, du fait même de l'étroitesse de la majorité dont il est le chef incontesté. Ce sont les événements de mai 1968 qui redistribuent les cartes. Les deux hommes sont surpris par la manière dont l'agitation étudiante prend les dimensions d'une crise nationale avant même d'être rejointe par un mouvement social et syndical de très grande ampleur. Mais ils réagissent différemment : le président de la République souhaiterait une réponse de fermeté quand le Premier ministre veut privilégier la négociation. On croit, vers la fin du mois de mai, que Pompidou, à qui de Gaulle a laissé les rênes, a la maîtrise de la situation : les négociations de Grenelle se concluent par un accord historique entre le patronat et les syndicats. Mais pour autant, le pays ne sort pas de sa paralysie. Au milieu du désarroi général, de Gaulle disparaît, puis revient de Baden-Baden pour « ressaisir » le pays après s'être lui-même « ressaisi ». L'arme de la négociation sociale n'avait donc pas suffi : c'est encore de Gaulle qui a dénoué la crise.

Les relations entre le chef de l'État et le Premier ministre en sortent assez profondément atteintes : dans cette crise sans précédent, loin d'être en osmose comme par le passé, les deux hommes ont agi et décidé selon des instincts différents, des analyses divergentes de la société. Dans *Pour rétablir une vérité*, ouvrage posthume publié à partir d'éléments écrits laissés par Pompidou, le sentiment domine que le Premier ministre a mieux compris alors la nature des événements de mai, et mieux réagi, par une attitude ouverte à la négociation, quand le Général, lui, penchait, vers une fermeté de principe. C'est l'interprétation généralement retenue. Pourtant, ce ne sont pas les accords de Grenelle, conclus sous l'égide du gouvernement, qui mettent un terme au mouvement social considérable qui est venu grossir les rangs de la contestation étudiante. C'est le retour du général de Gaulle de Baden-Baden, suivi du spectaculaire discours du 30 mai 1968 (« je ne me retirerai pas, je ne changerai pas le Premier ministre, je dissous aujourd'hui l'Assemblée nationale ») qui signe le dernier acte de la pièce : comme l'écrit Raymond Aron, « un homme parle et la comédie est finie ». Ce jour-là, le personnage historique et héroïque l'emporte sur l'homme d'État gestionnaire et héritier putatif. Pourtant, Pompidou et de Gaulle avaient tous les deux raison : il faudrait désormais compter avec la Société, ce personnage oublié du gaullisme.

Mais les deux hommes n'en tirent pas la même conclusion. Pour Pompidou, il faut poursuivre l'entreprise d'ouverture vers le centre qu'il a engagée, et rester dans la ligne d'un réformisme prudent, mais déterminé. Pour de Gaulle, il faut précipiter cette forme de révolution sociale et territoriale qu'il baptise « participation ». Dans ces conditions, et malgré un succès éclatant aux élections législatives anticipées de juin – les élections de la peur –, de Gaulle décide de remplacer Pompidou par Couve de Murville. Il entend désormais conduire lui-même son œuvre de redressement national jusqu'à son terme, plus convaincu que jamais, après les événements de mai, que la crise de civilisation est certaine et qu'il doit mettre en œuvre sans tarder son grand projet de participation. Pompidou, malgré le désamour qui s'est installé, se tient plus que jamais dans la position du dauphin. Ses résolutions sont prises, d'autant que de Gaulle lui-même ne voit guère de successeur qui soit plus capable et légitime. Mais un sombre scandale – l'affaire Marković –, dans lequel une partie de la presse et sans doute certaines officines ont cherché à le compromettre avec son épouse creuse un peu plus le fossé avec le Général, qui, aux yeux d'un Pompidou meurtri, n'a pas été assez prompt à dénoncer ces manœuvres. Du coup, au début de 1969, et alors que le chef de l'État s'est engagé dans la délicate entreprise d'un référendum décisif pour l'accomplissement de ses desseins, il fait connaître à deux reprises qu'il est prêt, le jour venu, à prendre sa succession. Beaucoup – dont de Gaulle lui-même – lui attribueront pour une large part l'échec du référendum du 27 avril 1969. En franchissant si tôt le Rubicon, et en donnant ainsi l'assurance à l'électorat conservateur que le départ du Général n'ouvrirait pas sur le chaos, il fait figure désormais de « politique » authentique, prêt à assumer sans états d'âme son destin national.

L'héritier

Lorsque Georges Pompidou est élu président de la République en juin 1969, de Gaulle est pourtant soulagé : le véritable adversaire était à ses yeux le président du Sénat, le centriste Alain Poher, qui aurait fait dévier le régime de la ligne qu'il avait tracée. Il sait que son successeur aura à cœur de maintenir les grands équilibres d'une Constitution qu'il a contribué à ses côtés à inscrire dans la vie du pays. Mais il sait aussi que, sur d'autres sujets, son ancien Premier ministre pourrait être trop tenté d'« arranger les choses » – une qualité et une utilité qu'il lui reconnaissait jusque-là, mais qui, une fois installé dans la fonction présidentielle, pourraient se retourner contre les intérêts durables du pays. La logique n'est pas la même dès lors qu'on est au sommet de l'État et que l'on répond directement de ses décisions devant le peuple français. Le choix de Jacques Chaban-Delmas comme Premier ministre semble d'abord lui donner raison. Certes, il s'agit d'un « baron » du gaullisme, que le Général estime, mais dont il n'a pour autant jamais fait un ministre. « Chaban » est marqué par son passé de parlementaire « radical » et arrive au pouvoir avec une dynamique de conquête, fondée sur un projet de « nouvelle société ». Or, précisément, Pompidou comprend vite qu'il a fait une erreur : celui qu'il voyait comme un homme de compromis, capable de l'aider à ouvrir sa majorité vers le centre, semble avoir des ambitions tout autres. Le président prend vite ses distances avec un discours réformiste qu'il trouve trop dans l'air du temps. Il ne croit pas à la « société », mais à « la France » et « aux Français ». À cet égard, Chaban est tout ce que Pompidou n'est pas. La dénonciation par le nouveau Premier ministre, dans son discours d'investiture, de l'« État tentaculaire » l'agace. Rien de bien révolutionnaire, au reste : le discours brasse un certain nombre d'idées très à la mode dans les années 1960, se calant sur une sociologie de la « société bloquée » teintée de mendésisme et habilement vulgarisée. On est dans une confusion idéologique qui ne sied guère à Pompidou, qui, par ailleurs, n'entend nullement laisser Matignon empiéter sur ses prérogatives. Il manifestera toute la force de celles-ci en renvoyant Chaban, trois ans plus tard, de sa seule initiative, et en lui donnant comme successeur Pierre Messmer, l'ancien ministre des Armées du Général, un gaulliste d'airain passé par le service de l'État le plus exigeant.

On a souvent observé que Georges Pompidou avait accentué la lecture « présidentialiste » des institutions. Il s'en est expliqué dans ses écrits. Le régime conçu par de Gaulle devait rester fidèle à ses principes fondateurs, mais l'émergence du fait majoritaire et la constitution d'une opposition de gauche consistante et unie conduiraient nécessairement soit à une inflexion présidentialiste, soit à un retour en force du parlementarisme – deux tendances possibles que recelait la Constitution en elle-même, surtout depuis la révision de 1962. Pour Pompidou, l'évolution vers un régime plus « présidentiel » était infiniment préférable, et c'est sans doute la raison pour laquelle il a entrepris, sans pouvoir le faire aboutir, un projet d'institution du quinquennat. Cette entreprise a été mal comprise à l'époque[1], et fort critiquée, car son dessein n'a jamais été clairement explicité. Peut-être l'ancien Premier ministre de De Gaulle, convaincu par ailleurs que le « temps » de la politique se rétrécissait à due proportion de sa médiatisation, avait-il entrevu les risques que pourrait présenter une cohabitation future, et croyait-il les conjurer en faisant coïncider l'élection présidentielle avec les élections législatives.

Pendant les cinq années que durera la présidence Pompidou, interrompue par la mort, la continuité avec de Gaulle domine dans bien des domaines, à l'exception de l'Europe : discordance qui était prévisible du vivant même du Général et qui se confirme avec l'entrée de la Grande-Bretagne dans le Marché commun. En levant cette hypothèque, le nouveau président sait qu'il ouvre la voie à un renforcement de l'Europe communautaire sur un axe plus résolument atlantique. Il sait aussi que les pratiques juridiques en Europe pourraient subir une influence accrue du droit anglo-saxon. Mais en réalité, sur le plan européen comme sur le plan diplomatique en général, Pompidou est pragmatique et favorable à tout ce qui peut, à ses yeux, favoriser la modernisation et la croissance de l'appareil productif français. Georges-Henri Soutou a fort bien résumé, à propos de l'« Est »[2], ce qui rapproche Pompidou de De Gaulle et ce qui l'en éloigne : le premier ne s'écarta jamais des principes fondamentaux du second, mais procéda à un recentrage. Fidèle à la politique d'entente et de

1. L'idée, souvent évoquée, que ce projet aurait été motivé par la maladie du chef de l'État n'a guère de sens, puisque à l'évidence le nouveau dispositif ne l'aurait pas concerné.

2. Dans sa contribution à l'ouvrage collectif *Dans l'intimité du pouvoir. La présidence de Georges Pompidou*, publié en 2019 pour le cinquantième anniversaire de l'élection, sous la direction de Christine Manigand et Vivien Richard.

coopération avec Moscou, il poursuivit le rapprochement avec Nixon engagé par de Gaulle. Mais, « alors que de Gaulle pensait que la fin des idéologies et le retour au primat des intérêts nationaux et à un système européen de type classique étaient proches, Georges Pompidou était beaucoup plus prudent : il ne pensait pas voir disparaître rapidement le clivage idéologique entre l'Occident et le bloc soviétique ».

Sur le reste, et alors que le choc pétrolier de 1973, le conflit israélo-arabe, les tensions de la guerre froide donnent une tonalité nouvelle, presque crépusculaire, à son mandat, Pompidou maintient avec fermeté les principes gaulliens les plus intangibles. En remportant les élections législatives de 1973, il a gagné du temps, mais il sait que la gauche, enfin unie sous l'impulsion de François Mitterrand, peut tout remettre en cause. Intuitivement rétif à la décentralisation, il croit avec force dans le rôle décisif de l'État, même s'il lui arrive ponctuellement d'en critiquer les dérives bureaucratiques. Dès le 28 avril 1970, du vivant même de De Gaulle, il prononce une véritable profession de foi, en forme d'avertissement, devant le Conseil d'État, qui traduit l'essence même du gaullisme et inscrit résolument son auteur dans la lignée des grands « ministres d'État » sur le modèle de Richelieu : « La conception d'où est issu tout notre droit était naguère celle d'un État fort [...] Juge des relations entre un État fort et des citoyens isolés, il était inévitable et souhaitable que le Conseil d'État devînt progressivement le protecteur des libertés individuelles, et pour cela soumît l'action de l'État au respect, sous son contrôle, d'un certain nombre de principes généraux progressivement définis [...] La défense de l'individu doit demeurer l'une de vos préoccupations dominantes. Mais notre société et donc notre droit ont changé depuis un siècle [...] En présence d'intérêts collectifs multiples, le citoyen reste démuni et exposé aux plus graves atteintes. Dès lors, le temps n'est plus où dans un pays tel que le nôtre, l'autorité de l'État pourrait apparaître comme une menace pour la liberté du citoyen, elle en constitue au contraire aujourd'hui la plus solide et la meilleure garantie [...] Aujourd'hui plus que jamais sa force n'est pas seulement indispensable à la nation pour assurer son avenir et sa sécurité, mais aussi à l'individu pour assurer sa liberté. »

De même, angoissé par les temps qui allaient suivre, laissera-t-il un singulier testament, le 27 mars 1974, lors de son ultime Conseil des ministres, tenu moins d'une semaine avant sa mort, au terme d'une mise en garde sans équivoque sur l'évolution de l'Europe et de la politique internationale. Selon le témoignage de plusieurs ministres – dont Jean Mauriac, correspondant de l'AFP à l'Élysée, se fit l'écho ensuite –, il parla « avec une détermination remarquable », invitant le gouvernement, en matière de politique étrangère, à « ne se laisser faire ni par les Anglais ni par les Américains », en montrant sérénité et fermeté. Il conclut : « Ne vous abandonnez pas aux compromis. Ne vous abandonnez pas à la médiocrité. Prenez de la hauteur. Ne commettez pas l'erreur que je fis quand, jeune Premier ministre, je voulus gagner deux voix pour éviter une motion de censure. » On aurait cru entendre les propos mêmes que Claude Mauriac, frère de Jean, avait entendus chez de Gaulle vingt ans plus tôt : « L'essentiel, voyez-vous, en politique (il parlait cette fois de la politique dans son acception la plus noble), est de ne jamais transiger sur nos certitudes, de ne pas faire le malin, de ne pas jouer au plus fin, de ne pas calculer : tel est le devoir, mais aussi la sagesse, car les habiles finissent toujours par avoir tort. »

Jusqu'au bout, Pompidou aura donc bien été un « héritier », qui s'est imposé comme tel, même s'il s'inscrivait dans une autre temporalité que celle du Général. Comment, du reste, faire autrement quand il fallait assumer une telle succession ? Il fit passer la politique dans l'ordre du moyen terme, alors que de Gaulle voyait le présent et l'avenir avec plus de hauteur, plus d'élévation au sens presque physique du terme. Mais, pour Pompidou comme pour l'homme du 18 Juin, la politique et les rapports de force qu'elle se devait de susciter n'avaient de sens que s'ils permettaient d'assurer le maintien de la France dans toute sa substance face aux crises qui étaient appelées à se succéder. L'ancien normalien qui s'était formé au gouvernement des hommes savait que le pouvoir est comme un sacerdoce, une ascèse. Chez lui, on oublie trop souvent le fond, qui était sévère et grave, pour ne garder que l'écorce. Son proche collaborateur Pierre Juillet avait bien saisi tout le sens d'une vie qui avait fait de l'« ambitieux nonchalant » une haute figure de l'Histoire : « Il tenait de l'exemple du Général son apprentissage dans l'art de gouverner, mais c'était un savoir inculqué par une pratique constante et non pas suscité par la soif d'apprendre. Sans doute ne lui manquait-il que l'orgueil de son ambition. Devenu Premier ministre, il se haussa au niveau de ses nouvelles responsabilités sous l'œil attentif et sans complaisance du Général, mais il était resté lui-même, sous-estimant peut-être le nécessaire dépassement de soi qu'exige la fonction. C'est seulement au jour où il fut président de la République qu'il en découvrit l'ampleur. »

Bibliographie sélective

Collectif, *Le Dictionnaire Pompidou*, sous la direction de Christine Manigand et Olivier Sibre, Paris, Robert Laffont, 2017.

Lisnard David et Tardieu Christophe, *Les Leçons de Pompidou. 50 ans après, un modèle*, Paris, L'Observatoire, 2024.

Pompidou Georges, *Le Nœud gordien*, Paris, réédition Perrin, coll. « Tempus », 2024, avec une préface d'Éric Roussel.

—, *Lettres, notes et portraits / 1928-1974. Témoignage d'Alain Pompidou*, Paris, Robert Laffont, 2012.

Roussel Éric, *Georges Pompidou*, Paris, réédition Perrin, coll. « Tempus », 2004.

Teyssier Arnaud, *L'Énigme Pompidou-de Gaulle*, Paris, Perrin, coll. « Tempus », 2024.

Notices biographiques

Isabelle ARISTIDE-HASTIR, archiviste-paléographe, conservateur général du patrimoine, a soutenu en 1988 une thèse sur la fortune de Sully, publiée en 1990. Depuis 2010 elle est responsable du département des Archives privées des Archives nationales. À ce titre, elle est chargée de la correspondance de Marie-Antoinette et Axel de Fersen, achetée par les Archives nationales en 1982, et a publié en 2021, aux Éditions Michel Lafon, *Marie-Antoinette & Axel de Fersen. Correspondance secrète*. En 2023, elle participe à *Versailles. Histoires, secrets et mystères* (Perrin) sous la direction de Jean-Christian Petitfils.

Christophe BELLON est professeur d'histoire contemporaine à l'Université catholique de Lille. Vice-doyen de faculté, il est membre permanent du Centre de recherche sur les relations entre le risque et le droit (C3RD, ED PHF 635). Membre correspondant du Centre d'histoire de Sciences po Paris, il est également membre de la rédaction des revues *Parlement(s)* et *France-Forum*. Il est président des Semaines sociales du Nord-Pas-de-Calais. Il est l'auteur, notamment, des ouvrages suivants : *La République apaisée* (Paris, Cerf, 2015, réédition en 2016), *Aristide Briand* (Paris, CNRS Éditions, 2016), *Waldeck-Rousseau*, Paris, CNRS Éditions (à paraître) et, avec Jacques Barrot, *De l'indignation à l'engagement. Foi et politique* (Paris, Cerf, 2012).

Éric Bournazel, professeur émérite de l'université Paris-II Panthéon-Assas, agrégé de droit romain-histoire du droit, médiéviste, est spécialiste du Haut Moyen Âge et des recherches sur le gouvernement royal, auteur de *Louis VI le Gros*, coauteur avec Jean-Pierre Poly de *La Mutation féodale (x^e^-xiie siècle)* et codirecteur avec Jean-Pierre Poly de *Les Féodalités*.

Sylvie Brodziak est professeure émérite des universités en littératures française et francophone, histoire des idées à CY Cergy Paris Université, membre de l'UMR-CNRS Héritages. Docteure en histoire contemporaine, docteure en langue et littérature françaises, spécialiste de Georges Clemenceau, elle est la rédactrice en chef de *L'Année Clemenceau*, CNRS Éditions (revue annuelle). Ses recherches sont consacrées à l'expression des groupes et individus dits minoritaires ou marginaux et francophones, l'écriture de l'histoire et des mémoires. Elle a écrit ou codirigé *Clemenceau*, PUV, 2015 ; Georges Clemenceau, *Correspondance (1858-1929)*, avec Jean-Noël Jeanneney, Paris, Robert Laffont-BnF, 2008 ; le *Dictionnaire Clemenceau*, avec Samuël Tomei, Paris, Robert Laffont, 2017 ; « Clemenceau ou le choix de la gauche réformiste » dans *Les Figures de proue de la gauche depuis 1789*, sous la direction de Michel Winock, Paris, Perrin, 2019, p. 217-230 ; *La Pensée politique de Georges Clemenceau*, avec Samuël Tomei, Paris, CNRS Éditions, 2020 ; *Clemenceau et la paix 1871-1929*, avec Samuël Tomei, La Geste, 2021.

Jean-Numa Ducange est professeur d'histoire contemporaine à l'université de Rouen-Normandie et membre de l'Institut universitaire de France. Spécialiste de l'histoire des gauches, il a notamment publié : *Jean Jaurès* (Perrin, 2024), *Quand la gauche pensait la nation* (Fayard, 2021).

Professeur à l'université de Bourgogne-Franche-Comté (Besançon), membre du Centre Lucien-Febvre, Edmond DZIEMBOWSKI est spécialiste de la culture politique du XVIIIe siècle. Son livre *La Guerre de Sept Ans 1756-1763* (Perrin / ministère de la Défense, 2015) a été couronné par le prix Chateaubriand et le prix Guizot de l'Académie française. Il a également publié *La Main cachée. Une autre histoire de la Révolution française* (Perrin, 2023) et *Le Siècle des révolutions 1660-1789* (Tempus, 2024).

Professeur honoraire à l'université Bordeaux-Montaigne, Sylvie GUILLAUME est membre honoraire de l'Institut universitaire de France et de l'Académie nationale des sciences, belles-lettres et arts de Bordeaux. Spécialiste d'histoire contemporaine et des relations franco-allemandes, elle a publié en 1984 sa thèse de doctorat relative à *Antoine Pinay ou la Confiance en politique*. Paru en 2022, son plus récent ouvrage est intitulé *Les Rebelles de la politique. Posture ou sincérité ?*

Normalien, agrégé et ancien membre de la Casa de Velázquez, Philippe JOSSERAND est professeur d'histoire du Moyen Âge à Nantes Université. Spécialiste de la croisade et des ordres religieux-militaires, il a dirigé une douzaine d'ouvrages, dont *Prier et combattre. Dictionnaire européen des ordres militaires au Moyen Âge* (Fayard, 2009), et *D'Orient en Occident. Les Templiers des origines à la fin du XIIe siècle* (Snoeck, 2023). Il a publié une demi-douzaine de livres, dont *Jacques de Molay. Le dernier grand-maître des Templiers* (Les Belles Lettres, 2019, rééd. 2023), distingué par le prix d'histoire Daniel-Ligou, et *Les Sept Vies de Jacques de Molay* (Les Belles Lettres, 2023).

Didier LE FUR est spécialiste des XVe et XVIe siècles français, sur lesquels il a publié *Le Royaume de France en 1500*, ainsi que *Marignan 1515* et *Une autre histoire de la Renaissance*. Auteur de biographies remarquées – Louis XII, Charles VIII et Henri II –, son travail sur François Ier, aboutissement de quinze années de réflexion, a été unanimement salué par la critique.

Spécialiste de la Première Guerre mondiale et du XXe siècle, Jean-Yves LE NAOUR est notamment l'auteur chez Perrin de *1919-1921. Sortir de la guerre* ; *1922-1928. Les années folles*, et *1929-1935. La crise.*

Historien, docteur d'État en science politique, Jean-Christian PETITFILS est l'auteur de plus d'une trentaine de livres, essais et biographies, dont celles des rois Bourbons, d'Henri IV à Louis XVI. Il a dirigé chez Perrin cinq ouvrages collectifs : *Le Siècle de Louis XIV* (Perrin / *Le Figaro Histoire*), *Les Énigmes de l'histoire de France* (Perrin / *Le Figaro Histoire*), *Les Énigmes de l'histoire du monde* (Perrin / *Le Figaro Histoire*), *Marie-Antoinette. Dans les pas de la reine* (Perrin / château de Versailles) et *Versailles. Histoire, secrets et mystères* (Perrin / *Le Figaro* / château de Versailles).

Olivier PONCET, archiviste paléographe et ancien membre de l'École française de Rome, est professeur à l'École nationale des chartes (Archivistique, diplomatique et histoire des institutions de l'époque moderne) et directeur d'études à l'École des hautes études en sciences sociales (Pratiques et théories des archives). Il a récemment publié *Mazarin. L'art de gouverner* (Perrin/Bibliothèque nationale de France, 2021).

Jean-Pierre RIOUX a été directeur de recherche au CNRS, enseignant à l'université et à Sciences po Paris, inspecteur général de l'Éducation nationale. Il est l'auteur de très nombreux ouvrages et dictionnaires sur la France contemporaine (histoire culturelle, histoire politique), dont *Nos villages. Au cœur de l'histoire des Français* (Tallandier, 2019).

Président de l'Institut Pierre-Mendès-France de 2007 à 2016, membre de l'Institut (Académie des sciences morales et politiques), Éric ROUSSEL a consacré des biographies remarquées aux principales personnalités politiques de notre temps : Jean Monnet, Georges Pompidou, Charles de Gaulle, François Mitterrand, Valéry Giscard d'Estaing et, naturellement, Pierre Mendès France.

Archiviste paléographe, docteur habilité de l'université Paris-I, Thierry SARMANT est conservateur général du patrimoine aux Archives nationales. Il a publié notamment : *1715. La France et le monde* (Perrin, 2014), *Le Régent. Un prince pour les Lumières* (Perrin / BnF, 2023) et *L'Envers du Grand Siècle. Madame Palatine, le défi au Roi-Soleil* (Flammarion, 2024).

Jean-François SOLNON, professeur émérite d'histoire moderne à l'université de Besançon, est l'un des meilleurs spécialistes de l'Ancien Régime. Il est notamment l'auteur chez Perrin de *Catherine de Médicis* (Tempus, 2009), *Les Couples royaux dans l'histoire. Le pouvoir à quatre mains* (Tempus, 2012), *Histoire des favoris* (Perrin, 2019) et *Anne d'Autriche* (Perrin, 2022).

Arnaud TEYSSIER, historien et haut fonctionnaire, président du Conseil scientifique de la Fondation Charles-de-Gaulle, est spécialiste de l'histoire de l'État, de la Ve République et du gaullisme. Il a notamment publié chez Perrin *De Gaulle, 1969. L'autre révolution* (2019), *L'Énigme Pompidou-de Gaulle* (2021, réédition Tempus 2024) et *Charles de Gaulle. L'angoisse et la grandeur* (2024).

Ancien élève de l'ENS, agrégé et docteur en histoire, Laurent THEIS a consacré deux ouvrages à François Guizot, dont il a aussi réédité plusieurs textes. Il est président honoraire de la Société de l'histoire du protestantisme français.

Samuël TOMEI est docteur en histoire contemporaine de l'Institut d'études politiques de Paris. Sa thèse sur le protestantisme libéral, la foi laïque et le radical-socialisme de Ferdinand Buisson (1841-1932) a reçu le prix de thèse de l'Assemblée nationale (2004). Il est corédacteur en chef de la revue *L'Année Clemenceau* (CNRS Éditions) et a notamment publié *Clemenceau le combattant* (La Documentation française, 2008), *Le Pouvoir, symboles et mythes* (Éditions du Palais, 2011), *Clemenceau au front* (Pierre de Taillac, 2015). Il est depuis 2005 haut fonctionnaire à l'Assemblée nationale.

Georges VALANCE a dirigé *L'Expansion*, *La Vie financière* et a été directeur délégué de *L'Express*. Il a notamment publié des biographies de Thiers, Haussmann et Valéry Giscard d'Estaing, ainsi que *France Allemagne. Le retour de Bismarck*.

Charles-Éloi VIAL, archiviste paléographe, docteur habilité en histoire, est conservateur à la Bibliothèque nationale de France, au département des Manuscrits. Il a notamment publié *Les Derniers Feux de la monarchie. La cour au siècle des révolutions 1789-1870* (Perrin, 2016), *15 août 1811. L'apogée de l'Empire* (Perrin, 2021), une *Histoire des Cent-Jours* (Perrin, 2021), *Napoléon et les bibliothèques. Livres et pouvoir sous le Premier Empire* (CNRS Éditions, 2021), ainsi qu'une biographie de Marie-Antoinette (Perrin, 2024).

Pour en savoir plus
sur les Éditions Perrin
vous pouvez consulter notre site Internet

www.editions-perrin.fr

lisez!

et nous suivre sur les réseaux sociaux

Editions Perrin

@EditionsPerrin

@editionsperrin

#lisez! engagé

www.lisez.com

Pour plus d'information :

Imprimé sur du papier issu de forêts gérées durablement.

CET OUVRAGE A ÉTÉ ACHEVÉ D'IMPRIMER SUR ROTO-PAGE
PAR L'IMPRIMERIE FLOCH À MAYENNE EN OCTOBRE 2024

N° d'édition : K10777/01
N° d'impression : 105647
Imprimé en France